이름 없는 왕

율법의 장:
십계명

이름 없는 왕 율법의 정: 십계명

초판 1쇄 : 2026년 02월 28일
지은이 : 김인석
펴낸이 : 이희열
펴낸곳 : 바이블네비게이션 ㈜
출판신고 : 2006. 12. 07. NO 272
홈페이지 : www.biblenavigation.com
전화 : 010-4822-3217

ISBN : 978-89-93667-31-8 (03230)

이름 없는 왕

율법의 정: 십계명

이전 이야기 …

이름 없는 왕

어둠 속의 빛

리안은 깊은 잠에 빠지지만, 그 밤은 단순한 휴식이 아니라 계시의 시간으로 열렸다. 그는 꿈속에서 하늘에서 쫓겨난 용과 두 짐승을 보게 된다. 용은 하늘의 신을 흉내 내어 권세를 나누어 주고, 두 짐승은 그 권세로 세상을 미혹한다. 첫째 짐승은 진리를 흉내 내어 사람의 이성을 속이고, 둘째 짐승은 영을 흉내 내어 감정과 체험으로 사람을 흔든다. 리안은 이것이 단순한 상징이 아니라, 현실을 움직이는 구조임을 깨닫는다.

그 꿈은 사르그 종교 체계의 본질을 드러내는 열쇠가 된다. 겉으로는 경건해 보이지만, 실제로는 사람 안에 이미 자리 잡은 타락한 법 위에 세워진 구조였다. 이름과 의식이 인격과 말씀을 대신하고 있었고, 체험은 많았으나 진리는 없었다. 겉의 평화는 유지되었지만, 중심은 이미 사로잡혀 있었다.

꿈속에서 본 600 · 60 · 6의 수는 단순한 숫자가 아니라 하나의 질서였다. 용의 법, 체제를 세우는 권세, 사람 안에서 작동하는 감정의 구조가 서로 연결되어 사람을 지배하고 있었다. 이 표는 밖에 찍히는 표식이 아니라, 사람 안에서 작동하는 법이었다. 리안은 그 구조가 이미 자신 안에도 자리 잡고 있었음을 깨닫고 충격을 받는다.

트루드는 구원은 행위를 고치는 일이 아니라 왕좌가 바뀌는 일이라고 가르친다. 사람 안의 거짓 법이 무너지고, 말씀의 인격이 왕으로 자리할 때만 참된 자유가 시작된다고 말한다. 이름은 틀이 아니라 인격을 향한 고백이어야 하며, 경전은 개념이 아니라 살아 계신 분을 증언하는 말씀임을 밝힌다.

리안은 사르그를 떠나 좁은 문을 지나 길을 걷는다. 그러나 감정과 죄책감에 흔들려 길을 잃고 늪에 빠진다. 프시엘의 도움으로 다시 일어난 그는 죄와 회개의 본질을 배운다. 죄는 행위의 문제가 아니라 말씀과의 관계 문제이며, 회개는 감정의 눈물이 아니라 말씀께 돌아서는 것임을 깨닫는다.

결국 리안은 알게 된다. 정죄는 행위 때문이 아니라, 말씀이 중심에 없는 상태에서 비롯된다. 내면의 법이 무너질 때에만 말씀이 왕좌에 오를 수 있다. 그렇게 그는 말씀을 왕으로 모시겠다는 결단과 함께 첫 번째 관문인 율법의 성을 향해 나아간다.

CONTENTS

제 1 장

죄의 길을 지나 맞이한 율법의 성

죄의 길이 끝나갈 무렵, 그는 그동안의 깨달음을 조용히 되새겼다. 죄는 감정에서 드러나는 것이 아니라 말씀과의 관계가 끊어진 자리에서 드러난다는 사실을 그는 분명히 이해하고 있었다. 그는 마음이 괴로우면 죄를 지었다고 여기고, 마음이 평안하면 괜찮다고 생각했던 지난날의 기준이 더 이상 진리가 아니라는 것을 인정했다. 죄는 인간이 정하는 것이 아니라, 말씀으로부터 멀어진 상태 자체였다.

그래서 그는 자신의 감정이나 생각을 기준 삼아 말씀을 해석하지 않도록 해 달라고 하늘의 신께 조용히 기도했다. 그동안 그는 말씀을 자기 방식대로 판단하며 이해하려 했고, 그 태도가 오히려 진리를 흐리게 했다는 사실을 인정했다. 이제 그는 말씀 앞에서 스스로 판단하려 하지 않고, 겸손히 듣는 자로 살기를 바랐다.

광야에서 프시엘과 걸었던 시간은 그의 마음에 깊이 남아 있었다. 그 시간 동안 그는 말씀이 억지로 해석하는 대상이 아니라, 경청하고 순종해야 할 인격이라는 사실을 배웠다. 그 깨달음은 하나의 기억으로 머무르지 않고, 지금도 그를 붙들며 말씀을 대하는 태도를 새롭게 바꾸어 주고 있었다.

그 흐름 속에서, 그는 말씀을 이용하는 것과 사랑하는 것의 차이를 분명히 깨달았다. 말씀을 이용한다는 것은 사람을 이용하듯, 위로가 필요한 순간에만 마음에 드는 구절을 붙들고 자신에게 유익한 부분만을 취하는 태도였다. 그러나 말씀을 사랑한다는 것은 말씀 전체를 품고, 그 뜻을 기쁨으로 받아들이며, 그 뜻이라면 기꺼이 순종하는 마음이었다. 그에게 말씀은 더 이상 필요에 따라 꺼내 쓰는 도구가 아니라, 생명의 근원이 되는 것이었다.

이 깨달음은 그의 삶의 방향을 분명히 바꾸고 있었고, 그의 발걸음은 이제 말씀을 이용하던 삶에서 벗어나 말씀을 사랑하는 길 위로 옮겨 가고 있었다.

그래서 이제 그는 신앙이 약속을 붙드는 자리에서 시작되는 것이 아니라, 말씀 앞에서 무너지는 자리에서 시작된다는 사실을 정확히 이해했다. 사람의 기준이 내려앉는 그 자리에서 말씀의 뜻이 세워지고, 그 뜻과 하나가 될 때 약속은 비로소 그의 것이 되었다.

그 생각이 그의 마음에 가라앉자, 그는 천천히 고개를 들며 발걸음을 멈추었다. 그의 시야 앞에는 오랜 세월을 견디며 묵묵히 그 자리에 서 있는 율법의 성문이 웅장하게 펼쳐져 있었다. 성문 위에는 세월이 지나도 흐려지지 않은 글씨가 깊이 새겨져 있었다.

그는 숨을 고르고 성문 앞으로 가까이 다가갔다. 성문 위에 새겨진 글자를 바라보며 잠시 멈추었고, 그 앞에서 마음을 가다듬었다. 성은 오랜 시간 그 자리에 서 있었고, 그 역시 그 앞에 조용히 서 있었다.

그는 고개를 들어 천천히 그 말씀을 읽었다.

"이스라엘아 들으라. 우리 하늘의 신은 오직 하나인 신이시니, 너는 마음을 다하고 혼을 다하고 힘을 다하여 네 하늘의 신을 사랑하라."

성문 위에 새겨진 그 말씀은 이 성에 들어오려는 누구든 가장 먼저 마주하게 되는 문장이었다.

리안은 그 문장을 천천히 읽은 뒤 고개를 숙였다. 그는 잠시 숨을 고른 뒤, 조심스레 성문 앞으로 다가가 손을 들어 문을 두드렸다. 몇 차례 단정한 두드림이 이어지자 묵직한 나무문이 서서히 안쪽으로 열렸다. 어둑한 틈 사이에서, 성주로 보이는 한 사람이 조용히 모습을 드러냈다.

그는 마치 리안을 오래전부터 기다리고 있었던 사람처럼, 문 안쪽에 멈춰 서서 부드럽고 따뜻한 목소리로 말했다.

"먼 길을 걸어오느라 수고했네. 어서 들어오게."

리안은 짧게 고개를 숙여 감사를 표하고 조심스럽게 안으로 들어섰다. 성 안은 고요했고, 열린 문 사이로 스며든 바람은 나무의 향기를 은은하게 실어 왔다. 그 향은 광야와는 전혀 다른, 오래 머물고 싶은 평안함을 담고 있었다.

리안은 걸음을 멈추고 눈앞의 성주를 살폈다. 그는 화려한 옷과는 거리가 먼 사람이었다. 거친 짐승 가죽으로 만든 낡은 겉옷, 허리를 동여맨 가죽 끈, 오래되어 갈라진 가죽 신발. 햇볕에 그을린 얼굴과 깊게 팬 눈매는 광야의 긴 세월을 그대로 담고 있었다.

그는 다시 짧게 말을 건넸다.

"이 성에 온 것을 환영하네."

그 말은 짧았지만 따뜻했고, 낯선 이를 향한 경계보다 이해와 환영이 담겨 있었다. 리안은 마음속 깊은 긴장이 조금씩 풀리는 것을 느끼며 조용히 말했다.

"저를 따뜻하게 맞아주셔서 감사합니다."

짧은 침묵이 흘렀고, 리안은 머뭇거리며 다시 성주의 얼굴을 바라보았다. 말없이 서 있는 그의 모습에서 설명하기 어려운 위엄이 느껴졌다. 리안은 조심스럽게 입을 열었다.

"저는 리안이라고 합니다. 실례가 안 된다면 … 성주님을 어떻게 불러야 할지 여쭤봐도 될까요?"

리안의 말투에는 성주를 향한 공경이 담겨 있었다. 그 물음은 단순히 이름을 알고자 하는 호기심이 아니라, 지금 눈앞의 인물을 어떻게 부르고, 그의 존재를 어떻게 받아들여야 할지를 찾는 마음에서 흘러나온 것이었다.

성주는 잠시 리안을 바라보다가 부드럽게 미소 지으며 조용히 말했다.

"그러면 지금부터 나는 자네를 리안이라고 부르겠네. 그리고 내 이름은… 자네가 이 성에 들어설 때 성문 위 돌판에 새겨진 그 고백을 보았을 걸세. 나는 그 고백으로 자네에게 알려지길 바라네. 그 고백이 곧 내가 누구인지 보여주지."

리안은 그 말을 듣고 잠시 말을 잇지 못했다. 그 짧은 한마디 안에는 분명한 의미가 있었다. 성주는 자신의 이름으로 불리기를 원하지 않았고, 신을 향한 고백으로 자신을 드러내는 사람이라는 사실을 리안은 즉시 깨달았다.

세상에서는 이력이나 직책, 업적 같은 외적인 요소들이 이름을 규정하지만, 이곳에서는 그런 것들은 아무런 무게가 없었다. 여기에서 중요한 것은 단 하나, 그 사람이 하늘의 인격이신 말씀을 얼마나 사랑하고 그 말씀을 어떻게 고백하느냐였다. 이 성에서는 그 고백이 곧 그의 이름이 되었고, 그 고백이 그의 인격과 권위를 결정하는 기준이 되었다. 그 사실은 이 성의 질서일 뿐 아니라, 눈앞의 성주를 통해 분명히 드러나고 있었다.

성주는 자신을 드러내려 하지 않았고, 오직 말씀만을 높였다. 그는 말씀과의 관계 안에서 자신을 드러냈다. 그 모습을 바라보며 리안은 이곳에서 말하는 '이름' 이란, 입술의 소리가 아니라 말씀을 사랑하는 삶 전체의 고백이라는 것을 깨달았다.

그 순간 리안은 트루드의 말을 떠올렸다.

"하늘의 신은 사람을 이름으로 기억하지 않으신다네. 그는 그 사람이 말씀을 어떻게 고백했고, 얼마나 그 말씀을 사랑하며 살았는지를 따라 아시는 분이시지."

트루드의 말은 지금 성주의 삶을 통해 현실로 드러나고 있었다. 리안의 마음에는 하늘의 아들의 말씀이 떠올랐다. 아무리 그분의 이름으로 능력을 행하고 기적을 이루었다 해도, 말씀과의 관계가 없다면 '불법을 행하는 자' 로 판정하신다고 하신 말씀이었다.

하늘의 기준은 눈에 보이는 행위가 아니었다. 기준은 오직 말씀과의 관계였다. 그 관계가 없다면 어떤 업적도 하늘 앞에서는 불법일 뿐이었다.

리안은 그 대조를 성주의 삶에서 직접 보고 있었다. 불법을 행하는 자들은 말씀과의 관계보다 자신의 이름과 업적을 앞세우지만, 성주는 전혀 그러지 않았다. 그는 자신의 이름이나 업적을 내세우지 않았고, 하늘의 말씀을 사랑하리라는 고백만으로 자신의 삶을 설명하고 있었다.

리안은 고개를 천천히 숙이며 성문 위의 말씀을 다시 마음속으로 되뇌었다. 그 말씀은 더 이상 신명기의 한 구절이 아니라, 성주의 삶 전체를 요약하는 살아 있는 고백처럼 다가왔다.

잠시 침묵하던 성주는 조용히 리안을 바라보며 말했다.

"긴 여정을 지나왔을 텐데, 오늘은 아무것도 하지 말고 쉬게. 내가 자네가 머무를 수 있는 방을 안내해 줄 테니, 그곳에서 편히 머물게. 좁은 길을 따라 여기까지 걸어오느라 많이 지쳤을 것이니, 오늘 하루는 지금까지 오며 자네 안에 들려온 말씀을 묵상하며 조용히 머무는 시간을 갖게나."

그의 말은 오래전부터 준비된 위로처럼 다정하고 따뜻하게 울려 왔다. 리안은 감사의 마음으로 고개를 깊이 숙였다.

두 사람은 함께 성문 안으로 들어섰다. 안쪽으로 펼쳐진 공간의 한편에는 성주가 머무는 거실과 주방을 비롯한 생활 공간이 자리하고 있었고, 다른 한편으로는 외부에서 온 이들이 머물 수 있도록 마련된 방들이 이어져 있었다. 성주는 말없이 손님들이 머무는 쪽으로 방향을 틀어 걸었고, 리안은 그 뒤를 따라갔다.

두 사람은 손님방으로 이어지는 회랑을 따라 걸었다. 회랑 위로는 높은 천장이 길게 이어져 있었고, 늦은 오후의 햇살이 그 아래로 부드럽게 내려앉아 있었다. 벽을 따라서는 밤이 되면 불을 밝힐 등잔들이 일정한 간격으로 놓여 있었으며, 아직 불이 켜지지 않은 채 조용히 자리를 지키고 있었다. 회랑을 따라 난 길에는 화려한 장식은 없었으나, 오래 사용된 통로 특유의 단정함과 안정감이 느껴졌다. 이 회랑은 성 안으로 들어온 이들이 머무는 공간으로 이어지는 길이었다.

회랑을 따라 걷던 중, 성주는 벽을 따라 나 있던 한 문 앞에서 걸음을 멈추었다. 문을 열고 나서 리안을 향해 조용히 손짓했다. 들어오라는 뜻이었다.

방 안은 단출했다. 불필요한 장식은 없었고, 필요한 것들만 제자리에 놓여 있었다. 침대 하나와 작은 책상 하나가 있었고, 책상 위에는 오래된 두루마리 하나가 가지런히 놓여 있었다. 그 두루마리에는 경전의 글이 기록되어 있었다. 열린 창문으로는 햇살이 부드럽게 스며들었고, 바람은 말없이 방 안을 지나갔다. 광야에서 맞았던 거친 바람과 달리, 그 바람은 몸과 마음을 풀어 주는 듯했다. 이곳은 긴 여정 끝에 잠시 멈추어도 괜찮다고 허락받은 자리처럼 느껴졌다.

성주는 짧게 고개를 끄덕이며 휴식을 가지라고 말했다. 더 이상의 말은 없었다. 그는 조용히 문을 닫고 나갔고, 리안은 그 방 안에 홀로 남았다. 그곳은 단순히 잠을 자는 공간이 아니라, 머무르며 말씀을 품도록 준비된 자리처럼 느껴졌다.

리안은 천천히 침대에 몸을 기대었다. 아무 말도 하지 않은 채 깊은 숨을 내쉬며 눈을 감았다. 그 순간, 죄의 길 위에서 프시엘이 전해 주었던 하늘의 말씀이 그의 내면에서 다시 살아 움직이기 시작했다. 말씀은 마음 깊은 곳에서 잔잔히 울리며 되살아났고, 오래전 심겨진 씨앗이 어둠 속에서 싹을 틔우듯 차례로 피어나 그의 내면을 밝히기 시작했다.

그는 억지로 말씀을 붙잡으려 하지 않았다. 붙들지 않아도 말씀은 이미 그의 안에 자리를 잡고 있었기 때문이었다. 말씀은 그의 내면에서 진리의 향기를 내뿜고 있었다. 그것은 애써 얻어내는 것이 아니라 은혜처럼 주어지는 것이었고, 그의 쉼이자 생명이었으며, 그를 향한 사랑의 향기였다.

성 안에서의 첫날, 리안은 그 어느 때보다 깊은 위로와 영혼의 회복을 경험했다. 말씀은 소리 없이 그의 안을 비추었고, 리안은 그 말씀 안에 조용히 잠겨들며 오래 깨어나고 싶지 않은 평안을 맛보았다. 그리고 그는 어느새 깊은 잠에 빠져들었다.

새벽녘, 먼 빛이 창가로 스며들 때 리안은 천천히 눈을 떴다. 낯선 방이었다. 그러나 이상하게도 두려움이나 불안은 없었다. 밤새 이 방에 머문 공기에는 흔들림이 없었고, 아침 공기처럼 맑은 위로가 리안을 감싸고 있었다.

리안은 한동안 그대로 누워 있었다. 자신이 잠든 동안에도 누군가가 지켜 보고 있었던 것 같은 느낌이 남아 있었다. 보이지 않는 손에 안겨 있었던 것처럼, 설명할 수 없는 안도의 여운이 가슴에 남아 있었다.

잠시 뒤 리안은 몸을 일으켰다. 밖으로 나가자, 성주는 이미 식사를 준비해 두고 있었다. 리안은 조용히 자리에 앉아 성주가 준비한 음식을 마쳤다.

식사가 끝나자 리안은 조심스럽게 성을 둘러보고 싶다고 말했다. 성주는 고개를 끄덕이며 허락했다. 리안은 그 허락을 얻고 성 안으로 걸음을 옮겼다.

율법의 성은 사막 한가운데, 나무들로 둘러싸인 채 홀로 서 있었다. 모래언덕이 물결처럼 이어지고, 바위산이 멀리서 겹겹이 눌러앉은 황량한 땅 위에서, 그 성은 마치 오래전부터 그 자리를 지켜온 존재처럼 조용히 숨을 고르고 있었다. 성을 감싸고 선 나무들은 장식처럼 흩어져 있지 않았다. 일정한 간격으로 심긴 그 나무들은 성을 두르는 바람막이이자 경계처럼 자리를 잡고 있었고, 성에 가까워질수록 초록은 점점 짙어졌다. 하늘로 길게 뻗은 나무와 넓은 잎으로 그늘을 만드는 나무, 낮게 퍼지는 관목들이 층을 이루며 섞여 있었고, 그 질서는 이 성이 우연히 세워진 곳이 아님을 말해 주고 있었다.

성벽은 오랜 세월을 견뎌온 흙빛 돌들이 네모난 형상을 유지한 채 단단히 맞물려 쌓여 있었다. 손으로 다듬은 흔적이 남은 돌의 표면마다 세월이 깊이 스며 있었고, 그 성벽은 허락되지 않은 자라면 누구도 넘어 올 수 없을 만큼 높고 견고했다. 그러나 그 견고함은 위협이라기보다 분명한 경계에 가까웠다. 성 안으로 들어서는 순간, 바깥에서 느껴지던 강한 위압감은 사라지고, 오래도록 유지되어 온 질서와 평안이 차분하게 자리를 잡고 있음을 느낄 수 있었다.

성의 형태는 한눈에 보아도 분명한 질서를 드러내고 있었다. 위에서 내려다보면 성 전체는 정확한 오각형을 이루고 있었고, 그 다섯 모서리마다 성벽보다 조금 더 높게 솟은 오각형의 성루가 하나씩 자리하고 있었다. 각 성루는 자체적으로 완결된 오각의 형태를 지니면서도 성벽과 자연스럽게 맞물려, 전체 구조 안에서 또 하나의 오각을 반복하고 있었다. 성루와 성벽은 틈 없이 이어져 단단히 닫힌 구조를 이루고 있었으며, 성벽 안쪽으로는 돌기둥 위에 세운 회랑이 성의 윤곽을 따라 끊김 없이 이어져 성 전체를 조용히 감싸고 있었다.

회랑은 단순한 통로가 아니라, 성 안쪽 면을 따라 오각형을 이루는 긴 복도였다. 한 번 들어서면 성 안을 한 바퀴 돌아 다시 제자리로 돌아올 수 있는 구조였고, 천장은 돌기둥과 아치로 받쳐져 있어 비가 내려도 길은 끊기지 않았다. 발걸음을 옮길 때마다 낮은 울림이 이어졌고, 회랑을 따라 걷는 동안에도 시선은 자연스럽게 성의 안쪽을 향했다.

각 탑의 아래쪽 공간에는 오래전부터 기록되어 온 책과 그림들이 보관된 서재가 자리하고 있었다. 이 서재들은 단순한 부속 공간이 아니라, 성이 지켜 하늘의 역사와 계시가 보관된 장소처럼 느껴졌다. 탑들은 성벽과 회랑으로 끊김 없이 이어져 있었는데, 그 연결 방식은 외부를 막아내기 위한 방어보다는 내부의 흐름과 질서를 유지하는 데 초점이 맞추어져 있었다. 그 결과 성 전체는 개별 구조물이 아니라, 하나의 일관된 체계로 작동하고 있다는 인상을 분명히 드러내고 있었다.

성문의 구조 역시 그 질서의 일부였다. 문은 높고 두꺼웠으며, 단순한 출입구라기보다 안쪽으로 깊이 이어지는 통로처럼 느껴졌다. 성문이 놓인 성벽 구간은 다른 부분보다 넓게 설계되어 있었고, 그 안에는 성주가 머무는 방과 거실, 주방이 함께 자리하고 있었다. 외부에서 온 이들을 위한 방들 또한 그 안에 마련되어 있어, 성문 자체가 경계이자 거처의 중심처럼 보였다.

성 내부는 생각보다 넓게 열려 있었다. 성 안에는 다섯 개의 성루형 탑을 중심으로 각각 하나씩 이어진 길들이 놓여 있었고, 각 탑에서 시작된 길은 성 안쪽을 향해 곧게 뻗어 있었다. 시작점은 달랐지만, 그 길들은 모두 같은 곳을 향하고 있었다. 성 전체가 처음부터 하나의 중심을 향하도록 설계되어 있다는 인상을 주었다.

그 길들의 끝에는 넓게 트인 중앙 공간이 자리하고 있었고, 그 중심에는 둥근 연못이 놓여 있었다. 사막 한가운데에서 푸른 물이 고여 있다는 사실 자체가 비현실처럼 느껴졌다. 연못 가장자리는 자갈로 가지런히 정돈되어 있었고, 바닥에도 잔자갈들이 깔려 있었다. 물속에는 크고 작은 돌들이 놓여 있었는데, 어떤 돌은 반쯤 잠겨 있었고 어떤 돌은 수면 위로 얼굴을 내밀고 있었다. 물결이 움직일 때마다 돌들의 윤곽은 흐릿하게 흔들렸고, 햇빛이 닿으면 물속의 돌들은 은근히 빛나며 조용히 살아 움직이는 듯했다.

연못 옆에는 나무로 만든 테이블과 의자들이 놓여 있었다. 거창하거나 화려하지 않은, 투박하고 단순한 형태였지만 그만큼 오래된 자리처럼 보였다. 테이블의 표면은 오랜 사용으로 매끈해져 있었고, 의자들은 서로 적당한 간격을 두고 놓여 있어 누군가와 마주앉아 대화를 나누도록 조용히 자리를 내어주고 있었다. 그곳은 단순히 쉬어 가는 공간이 아니라, 성 안에 들어온 자들이 결국 멈추어 앉게 되는 자리처럼 느껴졌다.

다섯 갈래 길의 중앙 구간에는 나무들이 길을 따라 줄지어 심겨 있었다. 길 위로 그늘을 드리우는 나무도 있었고, 낮게 자라 바람에 잎사귀를 흔드는 나무도 있었다. 길과 길 사이의 빈 공간에도 식물들이 심겨 있었으며, 중앙의 연못에 가까워질수록 그 초록은 더욱 정돈되고 분명한 형태를 이루었다. 이 성은 거대한 돌의 구조물이었지만, 동시에 살아 숨 쉬는 질서였고, 하나의 길이었으며, 분명한 방향을 가진 공간이었다.

어느 방향에서 들어오든, 어느 길을 따라 걷든, 결국 모든 것은 그 중심을 향해 있었다. 율법의 성은 그렇게 처음부터 끝까지 하나의 방향을 말하고 있었다.

며칠 동안 리안은 이 성의 구석구석을 걸으며 천천히 그 안을 익혀 갔다. 낯선 구조와 질서 속을 따라 걷는 시간은 마치 새로운 세계를 탐험하는 듯한 느낌을 주었고, 그 탐색은 요란하지 않은 신비로움 속에서 이어졌다. 특별한 사건이 있는 것은 아니었지만, 그 고요함 자체가 그를 붙들고 있었다.

그 고요함 속에서 그의 영혼은 점차 쉬고 있었다. 날마다 작은 난로 곁에 놓인 따뜻한 차와 소박한 빵, 광야의 땅에서 자란 뿌리채소로 차려진 식사는 화려하지 않았지만, 이상하리만큼 깊은 온기를 지니고 있었다. 그 식탁 앞에 앉아 있는 시간은 단순한 휴식이 아니라, 긴장을 내려놓게 하는 시간이기도 했다.

그는 그곳에서 자신도 인식하지 못했던 오랜 피로가 조금씩 풀리고 있음을 느꼈다. 죄의 길을 걸으며 늘 긴장한 채 자신을 지탱해 오던 내면의 힘줄들이 서서히 이완되었고, 마음 깊은 곳에 박혀 있던 경계와 경직 또한 차츰 풀어지고 있었다. 그 변화는 갑작스러운 것이 아니라, 머무는 시간만큼 조용히 스며들고 있었다. 그곳에는 다만 '고요' 가 주는 평안이 공간 전체를 채우고 있었고, 바로 그 고요 속에서 하늘의 말씀은 끊어지지 않은 채 그의 마음 깊은 곳을 은밀히 두드리고 있었다.

리안은 자연스레 사르그를 떠올렸다. 사르그의 공간들은 언제나 복잡하고 형식적이었다. 장식과 절차가 지나치게 많았고, 사람들은 정해진 틀 안에서만 신을 예배했다. 말은 넘쳐났지만 그 안에 진심은 드러나지 않았고, 겉모습은 경건했으나 중심은 텅 비어 있었다.

그러나 지금 리안이 머무는 이곳은 달랐다. 꾸밈도 없었고, 형식도 없었으며, 종교적 의무를 강요하는 이도 없었다. 불필요한 것들이 걷히자 남은 것은 단순함과 고요함뿐이었다. 그리고 그 고요는 오히려 리안의 마음을 더 깊은 곳으로 이끌었다.

말이 사라져도 어색하지 않았다. 침묵은 비어 있는 시간이 아니었다. 도리어 리안의 마음을 하늘의 말씀을 향하여 조용히 차오르게 했다.

제 2 장

자아가 무너지는 자리가 되는 율법의 성

어느 날 리안은 성 안에 돌기둥이 일렬로 세워진 회랑을 따라 천천히 걸었다. 돌기둥 사이로 스며든 부드러운 빛이 바닥 위에 옅은 그림자를 드리우고 있었고, 바람은 회랑을 가로질러 조용히 흐르고 있었다.

리안은 그 흐름 속에서 잠시 걸음을 멈췄다. 숨을 고르고, 자신을 둘러싼 공간을 천천히 바라보았다. 그리고 그 안에 깃든 고요한 리듬을 가만히 느꼈다.

그때 반대편에서 성주가 리안을 향해 다가오고 있었다. 그는 천천히 걸음을 멈추고 리안을 바라보더니, 부드러운 목소리로 말했다.

"자네, 잘 쉬고 있는가? 불편한 것이 있으면 말하게."

리안은 갑작스러운 물음에 잠시 놀랐지만 곧 고개를 숙이며 정중하게 인사했다.

"덕분에 편히 쉬고 있습니다. 이렇게까지 배려해 주셔서 감사합니다."

성주는 리안의 얼굴을 잠시 바라보다가 회랑을 지탱하고 있는 한 돌기둥에 기대어 고개를 들어 그를 다시 바라보았다. 성주의 얼굴에는 따뜻한 환대가 스며 있었다.

잠시 고요가 흐르자 리안은 조심스럽게 입을 열었다.

"그런데 … 한 가지 여쭤봐도 되겠습니까?"

성주는 고개를 돌려 리안을 바라보며 조용히 말했다.

"물론이지. 궁금한 것이 있으면 물어보게."

그 말은 담백했지만 따뜻했다. 성주는 리안의 질문을 기다리는 듯 보였고, 그에게서 풍겨지는 조용한 여유가 공간을 감싸고 있었다.

리안은 잠시 머뭇거리다가 진지하게 물었다.

"이곳이 … '율법의 성' 이라고 불리는 데에는 분명 이유가 있을 것 같습니다. 단순히 그냥 붙여진 이름이 아닐 텐데, 그 의미가 무엇인지 알고 싶습니다."

그는 말을 멈추었다가 조금 더 깊은 표정으로 덧붙였다.

"그리고 하나 더 여쭙고 싶습니다. 제가 진리의 성으로 나아가려면 반드시 이곳을 거쳐야 한다고 들었습니다. 그렇다면 왜 진리로 가는 길에 꼭 율법의 과정을 지나야만 하는지 … 그것이 정말 궁금합니다. 제 여정에서 이 율법의 성이 어떤 의미를 가지는지 알고 싶습니다."

말을 마친 뒤에도 리안은 잠시 망설이다가, 마음속에 남아 있던 두려움을 조심스레 털어놓았다.

"저는 말씀과 연합하는 장소인 진리의 성에 가야 합니다. 그런데 그곳에 이르려면 반드시 이 율법의 성을 지나야 한다고 했습니다. 하지만 제 마음속에서 율법은 늘 저를 정죄하는 칼처럼 느껴집니다. 그래서 두렵습니다."

리안의 목소리에는 떨림이 섞여 있었고, 눈빛은 방황 끝에 선 사람처럼 진지했다. 성주는 그런 리안을 한동안 말없이 바라보았다. 그 시선에는 같은 길을 지나온 자로서의 이해와, 이제 막 첫걸음을 내딛는 이를 향한 따뜻한 공감이 담겨 있었다.

그리고 이내 조용히 입을 열었다.

"자네의 마음에 그런 두려움이 있다는 말을 들으니, 자네가 이제 비로소 참된 여정의 시작에 들어섰다는 생각이 드네. 자, 그럼 이제부터 자네의 질문에 대답해 주겠네."

성주는 리안과 함께 회랑을 천천히 걸어가며 말을 이었다.

"먼저 왜 이곳이 율법의 성이라 불리는지 물었지. 그리고 왜 진리의 성으로 가기 전에 이곳을 지나야 하는지, 그리고 왜 순례자라면 누구든 반드시 이 과정을 거쳐야 하는지를 말일세."

리안은 고개를 끄덕이며 그의 말에 귀를 기울였다.

잠시 걸음을 멈춘 성주는 리안을 바라보고 조용히 말했다.

"그리고 자네가 율법을 두렵게 느낀다고 말했지. 그 두려움은 조금도 이상한 것이 아니네. 그런데 많은 이들이 바로 그 지점에서 발걸음을 멈추고, 더 나아가지 못한 채 돌아서곤 하는게 문제일세. 그러나 나는 말하고 싶네. 그 두려움이야말로 여정의 시작이라는 것을 말일세. 율법이 주는 두려움은 자기를 비추는 거울과 같아서, 그 앞에 서지 않고서는 자신을 볼 수 없고, 자신을 보지 않고서는 결코 진리로 들어갈 수 없네."

리안은 천천히 숨을 고르며 고개를 끄덕였다. 성주는 그의 긴장을 알아차린 듯 한결 부드러운 목소리로 말을 이어갔다.

"진리와 연합하기 위해서는 반드시 먼저 율법과 마주해야 하네. 이곳은 단순히 지나가는 통로가 아니라, 자기를 직면하고 스스로 무너지는 자리일세. 자기가 누구였는지를 알지 못하면 진리와 결코 하나 될 수 없네. 자신이 어떤 존재인지도 모르는 자가 어떻게 하늘의 진리를 알아볼 수 있겠나."

성주는 잠시 시선을 돌려 성의 문 너머를 바라보다가 다시 말했다.

"그래서 이곳을 '율법의 성' 이라 부르는 것이네. 율법은 하늘로부터 온 법이며, 그 법을 통해 우리는 타락한 사람의 본질과 거룩하신 하늘의 본질을 알게 되지. 그리고 그 거룩하신 본질이 바로 하늘의 말씀이네. 그러니 율법의 성을 지나야만 율법의 깊은 뜻을 이해할 수 있고, 그래야 하늘의 말씀을 알아보는 눈이 열리는 걸세. 결국 말씀을 만날 준비는 이 자리에서부터 시작되는 것이지."

그는 잠시 멈춘 뒤 천천히 덧붙였다.

"그 준비란 곧, 자기 안에 빛처럼 보이지만 빛이 아닌 것들, 기준처럼 보이지만 기준이 아닌 것들을 무너뜨리는 데서 시작된다네. 겉으로는 의로워 보이지만 자기 만족에 불과한 기준들, 남에게 보이기 위한 경건, 말씀을 대신하는 자기 확신들 … 그것들이 그대로 서 있다면 진리와 연합하는 문은 결코 열리지 않지."

리안은 말없이 성주의 말을 곱씹었다. 성주는 그가 생각을 정리할 시간을 잠시 주었다가, 다시 차분히 말을 이었다.

"율법은 단순히 정죄하려는 도구가 아닐세. 많은 이들이 율법을 떠올리면 두려움부터 느끼지만, 그 본질은 사람을 넘어뜨리려는 데 있는 것이 아니지. 율법은 사람 안에 숨어 있는 '말씀을 대적하는 자아' 를 드러내는 빛이며, 그 자아를 무너뜨리는 검이네."

그는 천천히 걸음을 옮기며 말을 이어갔다.

"자네가 율법의 과정을 지나게 되면, 스스로 옳다고 믿었던 길이 어디서부터 잘못 엇나갔는지 보게 될 걸세. 율법은 거울과 같아서, 자네 안에 감추어진 죄와 타락한 자아를 있는 그대로 비추어 보여주지. 그 과정 속에서 자네는 자기 힘으로는 의로울 수 없다는 사실을 깨닫게 되고, 결국 자신을 의지하던 마음이 무너지게 된다네."

성주는 잠시 리안을 바라보았다. 그리고 조용하지만 단호하게 이어 말했다.

"그러나 이 과정이 없으면 자네의 내면의 법은 여전히 윤리적인 기준으로 자네를 판단할 것이네. 그러면서 자네는 스스로를 의롭다 여기게 되지. 그렇게 자아가 무너지지 않는다면, 진리는 자네에게 문이 되기는커녕 오히려 그 문 앞을 막아서는 벽이 되고 말지."

리안은 잠시 말이 없었다. 성주의 말은 단순히 '착하게 살지 못했다' 는 책망이 아니었다. 리안은 그 말이 자기 삶의 중심을 겨누고 있다는 것을 느꼈다.

리안이 조심스럽게 물었다.

"성주님, 그런데 … 사람은 율법이 없어도 죄가 무엇인지 알지 않습니까. 세상 사람들도 살인이나 간음이나 도둑질이 나쁘다는 건 알고, 거짓이나 탐욕도 잘못이라는 것도 압니다. 그렇다면 왜 굳이 율법을 지나야 합니까."

성주는 고개를 끄덕였다. 그리고 이번에는 단숨에 핵심을 바로잡았다.

"자네 말이 맞네. 윤리적인 죄는 율법이 없어도 안다네. 사람 안에는 내면의 법이 있고, 그 법이 최소한의 판단은 하게 만들지. 그래서 사회는 규칙을 세우고, 질서를 지키며, '이건 악이다' 라고 말할 수 있네."

성주는 잠시 숨을 고르고, 리안을 바라보며 말을 낮추었다.

"하지만 자네가 지금 말한 그 죄들은, 율법이 말하는 죄의 본질이 아니라네. 하늘로부터 온 율법은 사람과의 관계를 다루는 단순한 윤리 문제가 아니라, 하늘의 신과의 관계를 다루는 신앙의 문제라네."

그는 리안의 눈을 정면으로 바라보며, 경전의 문장을 인용하며 말을 이었다.

"경전에서 바울은 이렇게 말했다네. '율법이 있기 전에도 죄가 세상에 있었으나, 율법이 없을 때에는 죄를 죄로 여기지 아니하느니라.' "

리안의 눈빛이 흔들렸다. 성주는 그 반응을 놓치지 않고 이어 갔다.

"바울이 말한 '율법 이전에도 죄가 있었다' 는 말은, 그런 윤리적 죄를 말하는 게 아니라네. 바울이 말한 죄는 하늘의 신을 대적한 죄, 다시 말해 하늘의 신과의 관계가 끊어진 죄라네."

리안은 눈을 떼지 못했다. 성주의 말은 윤리를 넘어, 더 근본적인 곳으로 내려가고 있었다.

"율법이 오기 전에도 인간은 이미 자기 중심으로 서 있었네. 하늘의 신을 중심에 두지 않았고, 스스로를 기준으로 선악을 판단했지. 그 상태 자체가 죄라네. 그러니 '율법 이전에도 죄가 있었다' 는 말은, 인간이 이미 죄인으로 존재했으며 이미 타락한 상태에 있었다는 의미지. 다시 말해 인간은 태어날 때부터 타락한 본성을 지닌 존재로 태어난다는 뜻이라네."

성주는 여기서 잠시 말을 멈췄다. 마치 리안이 단순히 '지식' 으로 받아들이지 않기를 바라는 듯, 그 말의 무게가 리안에게 내려앉을 시간을 주었다.

리안은 그제야 깨달았다. 율법이 오기 전에도 죄가 있었다는 말은, 사람들이 윤리를 몰랐다는 뜻이 아니었다. 인간은 태어날 때부터 죄가 중심에 자리한 상태로 존재했고, 자기 중심으로 굳어진 상태에서 살아가고 있었다는 뜻이었다.

리안이 조용히 물었다.

"그러면 '죄를 죄로 여기지 않았다' 는 말의 의미는 무엇인가요?"

성주는 고개를 끄덕이며 답했다.

"바로 그게 핵심이지. 율법이 없을 때 사람은 죄를 늘 '사람 사이의 윤리적이고 도덕적인 문제' 로만 인식했기 때문이라네. 그래서 '나는 남을 해치지 않았다' '나는 남에게 피해를 주지 않았다' 이런 말로 자신이 죄가 없다고 생각한다네. 인간은 그렇게 말할 때 스스로가 안전하다고 느끼지. 자기가 선하다고 믿고 싶어 하니까 말일세."

성주는 멈추지 않고 곧장 결론으로 들어갔다.

"그러면 무슨 일이 일어나겠는가. 사람은 자기 내면의 기준으로 윤리만 지키면 스스로 의롭다고 여기게 되네. 그리고 그 순간, 죄는 더 이상 하늘의 신 앞에서 판단되지 않지. 죄가 오직 사람 사이의 윤리 문제로만 남아 버리네.

그래서 더 깊은 죄, 곧 하늘의 신을 대적한 죄는 죄로 여기지 않게 되지. 하늘의 신과의 관계가 끊어진 죄, 하늘의 신을 밀어낸 죄, 하늘의 왕을 버린 죄는 가려지고, 인간은 스스로 의롭다 여기며 살아가게 되는 것이네."

리안은 숨을 삼켰다. 성주의 말은 마치 자신 안에 숨겨진 뿌리를 들추어내는 듯했다.

성주는 계속했다.

"그래서 사람에게는 겉으로 드러난 도덕과 윤리만 남고, 하늘의 신과의 관계가 끊어진 뿌리는 가려지는 것이지. 결국 바울이 말한 '죄를 죄로 여기지 않았다' 는 말은, 하늘과의 관계가 끊어진 죄는 있었지만 그 죄의 본질이 죄로 드러나지 않았다는 뜻이라네."

성주의 목소리는 낮았지만 단호했다. 그는 그 의미를 더 분명하게 정리하듯 말을 이어갔다.

"그래서 율법이 필요한 걸세. 율법은 사람과의 관계 안에서 '더 착하게 살라'는 윤리 규범이 아니라, 죄를 하늘의 신과의 관계의 파괴로 끌어올린다네. 윤리의 저울이 아니라, 하늘의 신의 빛 아래에서 자신의 어둠을 보게 하지. 그렇게 해야 숨겨졌던 뿌리가 드러나고, 자네 안의 '내가 주인'이라는 자아가 무너지기 시작하는 걸세."

성주는 손끝으로 회랑의 돌기둥을 천천히 쓸었다. 그 손길이 지나간 자리처럼 말이 조용히 이어졌다.

"하지만 문제는 바로 여기에 있네. 이 무너짐이 일어나지 않는 이유는, 인간이 율법의 본질을 외면한 채 죄를 언제나 사람 사이의 문제로만 줄여 버리기 때문이라네. 그래서 죄를 하늘의 신 앞에서 보지 않고, 늘 '누구에게 피해를 주었는가'만 따지지."

성주는 잠시 숨을 고른 뒤, 인간이 스스로를 세우는 방식을 정리하듯 말했다.

"그 안에서 사람은 이렇게 말한다네. '나는 착하게 살았다. 나는 누구에게 특별히 피해 주지 않았다.' 그렇게 말하며 자신을 의롭다 여기지. 그리고 스스로 옳다고 여기는 동안에는, 그 중심이 무너질 수 없네. 자기의 내면의 법도 선과 악을 판단할 줄 알고 이미 스스로도 의롭다고 믿고 있는데, 어찌 내면의 중심에 무너짐이 일어나겠는가."

리안은 그 말이 자신을 찌르는 것을 느꼈다. 그는 무언가를 반박하고 싶었지만, 마음속에서 이미 무너지는 것이 있었다.

성주는 리안을 바라보며 계속해서 말을 이어갔다.

"기억하게, 리안. 이처럼 율법을 통해 죄의 본질을 알지 못하면 결코 진실한 회심을 할 수 없다네. 진실한 회심은 중심이 무너질 때 일어나는 것이기 때문이라네."

그 말은 단순한 가르침이 아니었다. 리안은 그 순간, 자신이 왜 늘 멈추고 주저했는지를 보게 되었다. 그는 죄를 안다고 생각했지만, 사실은 죄의 본질을 알지 못한 채 살아왔던 것이다.

리안은 바울이 로마서에서 기록한, 율법이 오지 않았더라면 죄를 알지 못하였으리라는 말의 의미가 무엇인지 이제야 알게 되었다. 율법을 통해 죄가 드러난다는 말은, 사람이 몰랐던 죄가 새롭게 생긴다는 뜻이 아니었다. 이미 자기 안에 있던 죄가 드러난다는 뜻이었다. 그것도 사람과의 관계가 무너진 윤리의 죄가 아니라, 하늘의 신과의 관계가 끊어진 죄, 하늘의 신을 대적하고 왕을 밀어낸 죄가 드러나는 것이었다.

리안은 숨을 삼켰다. 성주의 말은 더 이상 개념이 아니었다. 자신의 삶이 그대로 드러나는 듯했다.

성주는 그 틈을 놓치지 않고 이어 말했다.

"그래서 율법이 반드시 필요한 걸세. 율법은 인간의 죄를 새로 만들어 내지 않는다네. 죄를 더 확장시키지도 않지. 율법은 이미 있는 하늘의 신과의 관계가 깨지고 하늘의 신을 대적하는 죄를 드러내는 거울일 뿐이네. 이처럼 율법은 인간이 하늘의 신 앞에서 어떤 존재인지 폭로한다네. '너의 문제는 착하냐 못하냐가 아니라, 너는 주인이 아니고 그 자리는 주인이 따로 있으며 너는 왕을 밀어냈다. 너는 하늘의 신과의 관계가 끊어졌고 그분을 대적하는 자리에 앉아 있다.' 이 어둠의 사실을 드러내는 것이 바로 율법의 역할이라네."

리안은 조용히 고개를 숙였다. 자기 속에서 '나는 그래도 선하고 옳으며 괜찮다' 고 말하던 목소리가 흔들리고 있었다. 그 목소리는 늘 그를 지탱해 주는 듯했지만, 사실은 무너짐을 막는 벽이었다.

성주는 한 층 더 깊이 말했다.

"십계명을 기반으로 세워진 율법의 중심은 결국 이것이네.

하늘의 신을 마음과 뜻과 힘과 목숨을 다해 사랑하라는 것이네. 율법은 사람과의 관계의 죄를 언급하는 것이 아니라 하늘의 신과의 관계를 언급하는 것이지."

그는 리안이 이해할 수 있도록 말을 이어갔다.

"근원적인 죄 문제가 해결되지 않는다면 아무리 그가 착하게 살았다고 해도 그에게 그런 것은 아무 의미가 없다네."

성주는 잠시 리안을 바라보다가, 마치 그가 이미 알고 있을 말씀을 끌어오는 듯 조용히 덧붙였다.

"자네도 포도원과 농부의 비유를 알고 있지 않은가. 하늘의 아들께서 말씀하신 그 비유 말일세."

그는 그 비유를 단순한 이야기로 꺼낸 것이 아니었다. 리안이 지금 묻고 있는 질문, 곧 '왜 율법을 반드시 지나야 하는가'에 대한 답을 가장 분명하게 보여주는 그림이었기 때문이다.

성주는 곧바로 그 비유를 리안의 질문에 맞추어 정확히 끌어당겼다.

"생각해보게, 리안. 포도원 주인과의 관계가 깨진 상태에서, 포도원 안에서 농부들끼리 서로 질서를 세우고 평화롭게 산다는 것이 포도원의 주인 입장에서는 어떤 의미가 있겠는가."

성주는 이 세상에서의 질서나 평화가 얼마나 완벽하든, 그것이 문제를 해결하지 못한다는 점을 드러내고 있었다.

"주인의 입장에서 가장 중요한 것은 '포도원 안의 질서와 평화' 가 아니라, 주인이 다시 주인으로 인정받는 것이지."

그는 잠시 멈추었다가, 그 다음 논리를 놓치지 않도록 이어갔다.

"그런데 농부들은 어떠한가. 자기들끼리 평화를 만들고, 질서를 세우고, 윤리를 지키며 사는 것으로 오히려 이렇게 생각하게 되네. '우리는 잘하고 있다. 그러니 우리는 하늘의 신으로부터 복을 받을 것이다.' "

성주의 말이 끝나자, 리안은 그 비유의 무서움을 조금씩 이해하기 시작했다.

세상에서 사람과의 관계를 잘 유지하며 윤리와 평화와 질서가 문제를 해결하는 것처럼 보여도, 정작 가장 핵심인 '주인과의 관계' 가 깨져 있다면, 그 평화는 포도원을 빼앗은 상태에서 만들어진 평화일 뿐이었다.

성주는 그 지점을 조용히 정리하듯 덧붙였다.

"그러니 리안, 율법이 다루는 죄는 단지 '포도원 안에서 누가 누구에게 피해를 줬는가' 같은 문제가 아니라네. 율법은 처음부터 사람에게 주인과의 관계를 묻고, '주인을 버린 것' 을 죄로 드러내지. 즉 하늘의 신과의 관계가 끊어진 죄를 죄로 보게 하는 것이네."

그는 조용히, 그러나 단호하게 말을 이었다.

"바로 그때 진리, 곧 그들이 밀어냈던 주인의 목소리가 들리면 불편해지는 것이네. 주인이 '내 것을 내게 돌려라' 고 말하면, 그 말이 농부들에게는 손해처럼 느껴지지 않겠는가.

왜냐하면 그 말은 사람들이 흔히 기대하는 것처럼 '착하게 살라' 는 요구가 아니기 때문이지. 그 말은 그들이 빼앗아 앉아 있던 자리, 주인의 것을 자기 것처럼 붙잡고 있던 자리를 다시 돌려놓으라는 말이네."

성주는 회랑을 따라 천천히 걷던 걸음을 멈추고 리안을 바라보며 말을 이었다.

"리안, 사람은 진리 자체를 싫어하는 게 아니라네. 진리가 자기 삶의 주인이 바뀌어야 한다고 요구하기 때문에 그 진리를 싫어하는 것이지. 진리는 인간에게 선하게 살라고 요구하는 것이 아니라, '너는 주인이 아니니 네 자리를 내려놓고 다시 나를 섬기는 자로 돌아오라' 고 선언하는 것이네."

성주의 목소리는 조용했지만, 그 말은 칼처럼 또렷했다.

"이처럼 진리는 언제나 인간의 중심을 겨누네. 인간이 가장 빼앗기고 싶지 않은 자리, '내가 주인' 이라는 그 자리를 요구하지. 그래서 타락한 인간의 본성은 진리를 불편하게 느끼며, 그 마음 중심에서 진리와 충돌이 일어나는 것이네."

성주는 율법의 본질이 무엇인지를 명확하게 하고자 말을 이었다.

"이처럼 율법은 사람들과의 관계 안에서 서로 돕고 서로에게 피해를 주지 말자는 취지로 세워진 윤리 조항들이 아니라네. 율법은 포도원에 보내진 종들처럼, 하늘의 신께서 사람을 다시 하늘의 신과의 관계로 돌이키도록 보내신 하늘의 인격이네."

성주는 잠시 말을 멈추었다. 그 침묵은 논리를 더 강하게 만들었다.

"그런데 리안, 사람들이 이 하늘의 인격을 받아들이지 않고 핍박하는지 아는가. 바로 그들이 그들의 자리를 빼앗기기를 원치 않기 때문이지. 사람은 서로 피해를 주지 말고 평화와 질서를 지키며 더 선하게 더불어 살자는 말은 받아들이네. 그러나 자신이 하늘의 신의 것을 도둑질 했다는 말, 그래서 하늘의 신 앞에서 저주 아래 있다는 말, 그가 그분의 주권을 밀어내고 그분과의 관계가 끊어졌다는 말은 견딜 수 없지. 왜냐하면 그것은 그 존재의 사악함과, 그가 하늘의 진노 아래 있다는 것을 폭로하기 때문이네."

리안은 떨리는 목소리로 말했다.

"아 … 이제야 알 것 같습니다. 사람들이 왜 진리를 불편하게 느끼고 거부했는지 말입니다."

성주는 미소를 지으며 천천히 고개를 끄덕였다.

"그렇지. 율법이 드러내는 진리는 인간에게 손해처럼 느껴진다네. 진리는 인간에게 '너는 주인이 아니다' 라고 말하며, '네가 앉은 자리는 네 것이 아니라 주인이 따로 있다' 고 선언하지. 그러니 사람들은 이제껏 자신의 것이라 여기던 것을 내려놓아야 하고, 그것이 큰 손해인 것처럼 생각되니 그 진리를 쉽게 받아들이지 못하는 것이네."

성주는 그 이유를 더 분명히 짚어 주었다.

"그래서 사람은 자신을 도둑으로 몰아붙이는 진리를 본능적으로 피하려 하지. 그리고 진리를 맞닥뜨리면 그 진리를 향해 분노를 표하게 된다네. 그 진리가 자신이 가장 소중하다고 여기는 것을 자리 내려놓으라고 말하기 때문이지."

리안은 아무 말도 하지 못했다. 그러나 마음 깊은 곳에서 분명히 깨닫고 있었다. 그가 두려워했던 것은 윤리적인 책임감이 무거워서가 아니었다. 자신의 것이라 여기던 자기의 중심을 주인께 되돌려 드려야 한다는 그 사실이, 그에게 가장 괴로운 일이었던 것이다.

성주는 잠시 말을 멈추었다가, 더 조용한 음성으로 덧붙였다.

"그래서 사람들은 신앙이 아니라 종교를 원하고, 종교 체제를 편하게 여기지. 주인의 자리를 빼앗은 종교 체제는 사람이 하늘의 신과의 관계가 단절된 상태라는 사실을 지워 버리고, 대신 사람들끼리 윤리와 평화와 질서만 강화하게 한다네.

종교는 사람의 중심을 무너뜨리지 않은 채 '우리가 착하게 살면 된다' 고 말한다네. 그렇게 되면 사람은 자기 안에 있는 타락한 내면의 법으로 스스로를 판단하며, 그 법이 오히려 더 단단해지지.

그래서 사람은 중심이 바뀌지 않았는데도, 자기 기준으로 "나는 괜찮다" 는 결론에 도달한다네. 그 결과 무너지지 않아도 평안을 얻은 것처럼 느끼고, 안전히 거할 수 있다고 착각하게 되는 것이네.

바로 이것이 종교 체제의 가장 교묘한 속임이라네. 종교 체제는 사람을 하늘의 신께로 돌이키지 않고도, 스스로 괜찮다는 느낌을 얻게 하지. 그 결과 사람은 진리가 주는 무너짐을 피하면서도, 겉으로는 경건해 보이는 자리에 머무르게 되네.

그래서 종교 체제는 사람들을 진리로 인도하는 것이 아니라, 거짓 체제 안에 묶어두고 거짓 평화를 약속하며 그들을 이용하는 것일세. 사람의 내면은 여전히 주인을 밀어낸 채인데도 말이네.

심지어 종교 체제는 더 달콤한 말로 사람들을 붙들지. '이 종교 안에서 이 종교가 선포한 질서와 평화를 지키며 살면, 이후에 하늘의 주인이 하늘의 주인의 더 좋은 것도 주신다' 고 속삭인다네. 그러니 사람들이 얼마나 좋아하겠는가.

그 말은 결국 이런 확신을 심어 주지. 포도원도 자기가 주인이라 믿게 만들고, 죽은 후에 임하는 더 좋은 나라도 자신이 차지할 수 있을 것처럼 꿈꾸게 하네. 그러니 사람들이 얼마나 확신을 가지겠는가.

결국 그들이 붙잡는 것은 진리가 아니라, 거짓 체제가 만들어 준 허황된 약속이라네. 그것을 마치 신앙처럼 붙잡게 되는 것이지. 그러나 그것은 약속의 말씀에 기반한 신앙이 아니라, 자기 내면의 법에 기반한 신념일 뿐이네."

리안의 눈빛이 어두워졌다. 사르그가 떠올랐다. 화려한 예배와 의무와 규범들. 그러나 그 안에서 그는 단 한 번도 주인과의

'관계의 단절' 이라는 근원적인 죄를 죄로 배운 적이 없었다.

성주는 리안이 놓치지 않도록 정리하듯 말했다.

"그러니 좁은 문을 지나온 믿음의 순례자들은 반드시 율법의 성을 지나야 하네. 이 성에서 율법은 사람 안에 있는 타락한 내면의 법의 실체를 드러내고, 죄의 본질을 드러내며, 하늘의 신 앞에서 사람이 어떤 존재인지 보게 하지.

그 과정이 없이 종교 안에 머물러 있는 사람은, 율법을 보아도 자신의 실체를 보지 못하네. 죄의 본질도 깨닫지 못한 채, 율법을 사람 중심으로 세우고 그 자리에 안주하게 되지. 그래서 맹인이 된 그는 끝까지 윤리의 옷을 입은 채 사람의 의를 비판하면서도, 정작 자신은 사람의 의의 자리에 앉아 스스로를 의롭다 여기게 되네.

그 상태에선 율법이 사람을 진리로 나아가게 하는 선한 길이 아니라, 오히려 사람을 더 이상 앞으로 나아가지 못하도록 막는 장벽이 되고 말지. 그래서 자신의 중심이 무너지기를 원하지 않으면서도 허황된 약속을 붙잡고 싶어 하는 많은 사람들이 '율법에 머물고' 진리를 향해 나아가지 않는다네. 자신이 주인이 되어 사람을 중심에 세우는 자리에서 말이지. 이것이 바울 사도가 로마서에서 책망한 율법주의자들의 모습이라네."

성주는 곧바로 경전을 인용하며 그 논리를 확정했다.

"보라, 너는 유대인이라 일컬음을 받고, 율법 안에 안식을 얻으며, 하늘의 신 안에서 자랑하고, 그분의 뜻을 알고, 율법에서 가르침을 받아 더 뛰어난 것들을 승인하며,

또한 네가 스스로 눈먼 자들의 인도자요 어둠 가운데 있는 자들의 빛이며, 어리석은 자들의 교사요 어린 자들의 선생이라 확신하니,

이는 율법 안에 지식과 진리의 형태를 가졌음이라."

성주는 그 말씀을 리안 앞에 조용히 내려놓듯 덧붙였다.

"보게, 리안. 자신의 중심이 무너지기를 원하지 않는 사람이 율법을 외우고 율법을 해석하고 사람들에게 율법을 안다고 가르치기도 하면서도, 정작 그 율법 앞에서 자신은 무너지지 않으려 하지. 그래서 그러한 사람은 율법을 붙든 채 자신을 의롭다 여기며 율법의 자리에 안주하며 그곳에 멈춰 서게 되네. 그러니 그는 결코 진리로 나아가지 못하는 것이지. 이것이 바로 하늘의 아들께서 말씀하신 '소경이 소경을 인도한다' 는 의미라네."

리안은 천천히 고개를 들었다. 그의 얼굴에는 혼란이 있었지만, 그 혼란 속에서 이전과 다른 갈망이 자라고 있었다. 그는

마침내 낮게 말했다.

"저는 지금까지 하늘의 법으로 죄를 죄로 여기지 않고 제 내면의 법으로 죄를 판단했습니다."

성주는 조용히, 그러나 분명히 답했다.

"그래서 바울 사도가 '율법이 없을 때에는 죄를 죄로 여기지 아니하느니라' 고 한 것이네. 바울의 이 고백은 하늘의 율법을 통해 비로소 죄의 본질을 보게 되었다는 의미라네.

그러니 자네는 이곳에서 율법의 본질을 통해 경전에서 말하는 죄의 뿌리를 보게 될 것이네. 이곳에서 선포되는 율법은 죄를 새로 만들어내는 것이 아니라, 이미 자네 안에 있던 죄의 뿌리를 드러내지. 그래서 반드시 이 율법의 성을 지나야 한다네. 그래야 자네는 죄를 윤리로만 판단하지 않고, 하늘의 법에서 죄라고 선포하는 것을 죄로 보게 되지."

그는 회랑을 따라 걸으며 리안에게 말을 덧붙였다.

"그러니 율법은 자네를 이곳에 붙잡아 안주하게 하려는 것이 아니라, 자네 안에 감추어진 죄의 본질을 드러내어 진리와 연합하는 자리로 보내려는 것이네. 결국 율법은 자네를 정죄하여 심판하려는 목적을 가진 것이 아니라, 오히려 자네를 진리의 성으로 나가도록 길을 여는 첫 관문과 같지."

그 말이 끝나자 리안은 한동안 입을 열지 못했다. 성주의 설명은 단지 율법의 의미를 풀어내는 것이 아니었다. 리안의 삶 전체를 관통하던 혼란의 이유를 한 줄씩 밝혀내는 말이었다.

그제야 리안은 조심스레 입을 열었다.

"하늘의 진리를 대적하는 것이 결국 제 안의 타락한 내면의 법이었군요. 말씀을 따른다고 하면서도 제 생각과 감정으로 하늘의 신 중심인 하늘의 말씀을 사람 중심으로 해석한 이유가 바로 내면의 법이 무너지지 않았기 때문에 나타난 현상이었네요. 사르그에서도 그 내면의 법에 대해 들었지만, 결국 제 힘으로는 그 법을 결코 스스로 무너뜨릴 수 없는 이유를 알 것 같아요."

리안의 목소리는 작았지만 떨림이 있었다. 그는 변명하려는 마음이 아니었다. 이제야 자신이 왜 끊임없이 흔들렸는지, 왜 말씀을 붙잡는다 하면서도 끝내 자기 해석 안에서만 맴돌았는지, 그 뿌리를 처음으로 보고 있었다.

성주는 고개를 끄덕이며 조용히 웃었다.

"그렇네. 그 법은 스스로는 결코 무너뜨릴 수 없는 법이지. 사람이 자기 자신을 들어 올릴 수 없는 것처럼, 자기 안에 자리 잡은 내면의 법도 자기 힘으로는 제거할 수 없네. 자네가 스스로 옳다고 여기는 것을 자네 손으로 어떻게 부정하겠는가. 누군가 와서 그것이 잘못되었다는 것을 분명히 드러내 줄 때에야 비로소 그 법이 무너질 길이 열리는 법일세."

그리고 성주는 한층 깊은 목소리로 말을 맺었다.

"그래서 하늘께서 율법을 보내신 것이네. 율법은 자네가 참된 법이라 믿고 따르던 거짓 법들을 드러내는 빛이요, 그 거짓 법들을 꿰뚫고 잘라내는 말씀의 검이라네. 이곳은 바로 그 일이 일어나는 자리이지. 지금 이 순간에도 자네 안의 거짓 법들이 드러나고 있고, 말씀의 검이 그것들을 하나씩 제거하고 있네. 이것이 바로 하늘이 주시는 은혜의 시작일세."

그는 리안의 눈을 바라보며 조용히 덧붙였다.

"자네 안에 자리 잡은 법은 사실 하늘의 의를 떠나 자기 의로 세워진 법이네. 겉으로는 양심과 이성과 감정을 따라 판단했기에 옳고 선한 것처럼 보이지만, 그 기준들은 결국 하늘로부터 온 것이 아니라 자네 안에서 만들어진 것일 뿐이지.

그렇게 스스로 만든 기준을 의로 포장하고, 마치 하늘의 법인 것처럼 여기게 되면 어떻게 되겠나. 그 순간 그 법은 하늘의 법을 빙자한 거짓 법이 되고 마는 걸세. 겉으로는 말씀을 따르는 것처럼 보이지만, 실제로는 말씀을 기준 삼는 것이 아니라 말씀을 이용하여 자네 자신을 옳다 세우는 방식으로 바뀌게 되지.

그러니 자네가 '말씀을 따른다' 고 말해도, 그 내면의 중심에서는 이미 말씀이 왕이 아니라네. 그 실제는 자네의 생각과 감정과 판단이 왕이 되어 말씀이 말하는 뜻을 결정하고 있었던 것이지. 결국 말씀을 따른 것이 아니라, 말씀을 대신하여 자기 기준을 따르고 있었던 것이라네."

성주는 잠시 말을 멈춘 뒤, 결론을 또렷하게 내려놓았다.

"이 성은 바로 그 위선을 드러내고 무너뜨리는 곳이네. 자네 안의 거짓된 의와 스스로 세운 기준을 부수어, 자네가 더 이상 숨지 않고 진리 앞에 바로 설 수 있도록 준비시키는 자리라네."

리안은 이제야 이 성의 이름이 '율법의 성' 인 것이 단지 붙여진 표식이 아니라는 사실을 깨달았다. 이 이름은 단순한 구분이 아니었다. 진리로 나아가려는 모든 자가 반드시 거쳐야 하는 실제의 과정, 곧 그 길의 필연성을 드러내는 이름이었다.

리안은 그 의미를 가슴 깊이 받아들이며, 자신의 이해를 고백하듯 입을 열었다.

"왜 모든 믿음의 순례자들이 이 성을 지나가야 하는지 확실하게 알게 되었습니다. 그 과정을 지나지 않으면 누가 참된 진리를 전하는지 분별할 수도 없고, 무엇이 참된 진리인지도 알 수 없을 테니까요."

성주는 고개를 끄덕이며 조용히 대답했다.

"그렇네. 모든 순례자는 이 길을 반드시 지나야 하네. 메시아께서 이 땅에 오시기 전에도 율법의 시간과 예언자들의 메시지를 통해 그분의 길이 먼저 준비되었듯이 말일세. 그 길이 준비되지 않았다면 사람들은 그분을 알아볼 수조차 없었을 것이네. 마찬가지로 모든 죄인은 진리를 만나기 전에 반드시 율법으로 자신의 실존을 바라보고, 예언의 말씀으로 인도받으며, 그 과정을 지나야만 비로소 진리와 대면할 준비가 이루어지네.

따라서 경전이란 죄인이 걸어가는 여정과도 같네. 사람은 먼저 율법을 통해 자기 실체를 직면하고, 다음으로 예언을 통해 오실 분을 바라보며, 결국 그 모든 과정이 진리를 만나는 자리로 이끌리게 되지. 다시 말해 경전 전체는 죄인이 율법을 지나 예언을 거쳐 마침내 진리와 대면하도록 인도하는 하나의 완전한 과정이라 할 수 있네."

성주는 잠시 숨을 고르고는 말을 이어갔다.

"한번 생각해 보게. 율법과 예언이 먼저 길을 준비하지 않았다면, 하늘의 아들의 복음도 갑자기 시작될 수 없었네. 신약은 새로운 이야기가 아니라, 구약이 오랫동안 예비해 온 약속이 역사 속에서 성취된 기록일세. 그러니 진리를 만나려는 자는 이 질서를 벗어날 수 없네. 율법과 예언을 거쳐 준비된 자만이 하늘의 아들을 알아보고 온전히 믿게 되지."

성주는 잠시 말을 멈추었다. 돌기둥 너머로 들어오는 빛을 바라보며, 조용히 생각을 가다듬는 듯했다.

그리고 다시 리안을 향해 고개를 돌려 말을 이었다.

"사람들이 하늘의 아들에게 '어떻게 당신의 말이 진리임을 알 수 있습니까?' 하고 물었을 때, 그분은 '아버지가 내 증인이라' 고 말씀하셨지. 이는 단지 보이지 않는 하늘이 증언한다는 말이 아니네. 아버지의 말씀, 곧 기록된 구약 전체가 아들이 전하는 말씀이 참된 진리임을 증거한다는 뜻이지. 율법과 예언에는 이미 그분의 오심과 사역이 약속되어 있었고, 그분은 그 약속을 그대로 이루셨네."

성주는 조금 더 낮은 목소리로 덧붙였다.

"그러니 '아버지가 증인이다' 라는 말씀은, 구약의 말씀이 아들의 진리를 보증한다는 뜻이며, 아버지의 말씀과 아들의 말씀이 완전히 일치한다는 의미라네. 구약과 신약은 분리된 책이 아니라 맞물린 증언이지. 율법과 예언이 길을 열고, 복음이 그 길을 완성하며, 하늘의 아들은 그 성취의 중심에 서 계시는 것이네. 그리고 바로 이 과정을 거쳐 하늘의 아들이 친히 밝히신 믿음의 본질이 드러나는 것이네."

그는 잠시 리안의 눈을 바라보며 한층 더 깊은 어조로 덧붙였다.

"하늘의 아들께서도 말씀하지 않았나. '아버지의 뜻은 이것이니 아들을 보고 믿는 자마다 영생을 얻는 것이니라.' 여기서 '보고 믿는다' 는 것은 단순히 이름을 듣고 막연히 믿는 것이 아니네. 그분이 참으로 하늘로부터 오신 분임을 알아보고, 그분을 한 분의 인격으로 신뢰하는 것을 말하지.

그런데 바로 여기서 믿음이 갈리게 된다네. 당시 유대인들은 하늘의 아들을 눈으로 보았으면서도 그분을 알아보지 못했네. 그들은 그분의 음성을 들었고, 그분의 행하신 일도 보았지만, 그분을 진리로 인정하지 않았지. 결국 그들은 그분을 십자가에 못 박아 죽였네.

하지만 율법과 예언을 거쳐 준비된 자들은 달랐네. 그들은 율법을 통해 자신이 어떤 존재인지 먼저 보았고, 예언을 통해 기다려야 할 분이 누구인지 배웠네. 그 과정 속에서 마음이 준비되었지. 그래서 하늘의 아들이 오셨을 때, 그들은 단지 '보는 것' 으로 끝나지 않고 그분을 알아보았네.

그들은 하늘의 아들의 본질을 알았고, 그분을 보게 되었을 때, 그분이 진리이심을 깨달아 확신하며 믿게 되었지. 이것이 참된 믿음이라네."

성주는 리안이 고개를 끄덕이는 모습을 잠시 바라보다가 다시 낮은 목소리로 이어갔다.

"그러니 그분을 알아보지도 못하는 자가 그분을 '믿는다' 고 말하는 것은 모두 허상이네. 지금 사르그에 사는 사람들은 정작 그분을 알아보지도 못하면서, 그저 그 이름만 붙들고는 그것이 믿음이라 착각하지. 그러나 그것은 참된 믿음이 아니라, 이름만 남은 껍데기를 붙드는 자기 신념에 불과하네.

참된 믿음은 단순히 이름을 외우거나, 그분에 대한 정보나 그분께서 하신 일을 지식으로 아는 데 있지 않네. 겉모습에 고운 모양도 없고 흠모할 만한 아름다움도 없는 초라한 모습으로 오신다 해도, 외형이나 사람들의 평가가 아니라 말씀을 통해 그분을 알아보고 확신하며 붙드는 것이지. 바로 그것이 참된 믿음이네."

그의 말이 끝나자 광야에서 불어 성 안으로 들어오는 한 줄기 바람이 회랑을 따라 천천히 스쳐 지나갔다. 바람은 돌기둥 사이를 지나며 조용히 흐르고 있었고, 그 흐름은 마치 말씀이 사람의 마음 깊은 곳으로 스며드는 방식과도 같았다. 성주는 잠시 그 바람을 느끼며 침묵하다가 다시 리안을 향해 담담히 말을 이었다.

"그리고 자네가 이 길을 더 걸어가면, 말씀을 따른다고 하면서도 사실은 여전히 자기 뜻을 좇았던 순간들, 진리를 사랑한다고 고백하면서도 결국 자신을 중심에 두었던 고백들을 반드시 마주하게 될 걸세. 그때 자네는 그 어떤 가식도 숨길 수 없을 것이고, 자네 안의 모든 것이 말씀 앞에서 드러나며 하나씩 무너지는 경험을 하게 될 걸세."

리안은 그 말을 듣자 조용히 눈을 감고 깊이 숨을 들이쉬었다. 성주의 목소리는 크지 않았지만 마음 깊은 곳을 꿰뚫는 무게로 다가왔다. 그는 이 성이 단순히 머물다 지나가는 공간이 아니라, 진리로 나아가기 위해 반드시 통과해야 하는 자리임을 직감했다.

성주는 잠시 리안을 바라보다가 다시 잔잔히 말을 이었다.

"이제 자네는 그 문 앞에 서 있네. 그리고 그 문은 자네에게 이미 열려 있다네. 자네가 이 문 앞에서 어떻게 반응하느냐,

그것이 자네의 다음 걸음을 결정할 걸세. 나는 다만, 자네가 이곳에서 말씀 앞에 숨지 않고 거짓 없는 모습으로 진실하게 설 수 있기를 바랄 뿐이네."

그 말은 리안의 마음 깊은 곳에 닿았다. 그는 즉시 대답하지 못한 채 고개를 숙였다. 말로 응답하기보다, 자신 안에서 조용히 울리고 있는 말씀의 속삭임에 더 귀를 기울이고자 했기 때문이었다. 겉으로 보이는 그의 눈빛은 흔들림이 없었지만, 그 안에서는 무겁고 깊은 싸움이 진행되고 있었다. 마치 마음 한가운데 내려앉은 하나의 진실을 붙들기 위해 온 힘을 모으고 있었다.

성주의 설명이 끝나자 말이 자연스럽게 멈췄다. 잠시 침묵이 이어졌고, 그 침묵이 충분히 머문 뒤 성주가 다시 조용히 입을 열었다.

"하늘로부터 내려온 율법의 본질은 하늘의 신을 사랑하도록 이끄는 데 있네. 그리고 그 사랑 안에 머무는 자가 다시 하늘의 사랑을 받게 되는 것, 바로 그것이 율법의 목적이지."

그는 흐름을 놓치지 않고 말을 이어갔다.

"그러니 율법은 사람을 억누르는 짐이 아니라네. 오히려 하늘의 신으로부터 구속을 받아 하늘의 신을 사랑하게 된 자들이, 그 사랑의 관계에서 벗어나지 않도록 붙들어 주는 법이라네. 다시 말해 율법은 억압의 도구가 아니라, 사랑의 관계를 지키게 하는 질서이지. 그리고 이 율법의 핵심을 이루는 열 가지 계명이 바로 십계명이네. 하늘의 신께서 율법을 주시기 전에 십계명을 먼저 주신 이유도 여기에 있지. 모든 율법의 조항들이 서로 흩어진 규칙이 아니라, 결국 한 뿌리에서 흘러나온 것임을 알리신 것이네."

그는 고개를 들어 리안을 바라보며 조용히 말했다.

"'너는 마음을 다하고 혼을 다하고 힘을 다하여 주 너의 신을 사랑하라.' 이 말씀, 자네도 알고 있을 걸세. 바로 이것이 십계명의 본질이고, 모든 계명들의 기초며, 모든 율법의 방향의 근원이라네. 그러니 십계명의 모든 계명들과 율법의 모든 조항들은 사람으로 하여금 하늘의 신을 진심으로 사랑하게 하고, 그 사랑 안에 살도록 하기 위해 주어진 것이지, 결코 구속함을 받은 사람을 억압하거나 무겁게 하려는 도구가 아니네. 그리고 바로 이 사랑의 법 안에서, 하늘의 신과의 관계가 깨지는 것, 그것이 곧 죄가 되는 것이지."

말을 마친 성주는 회랑의 기둥에 기대어 잠시 서 있었다. 그러다 리안이 그 여운을 충분히 삼킬 수 있도록 한동안 침묵을 지킨 뒤, 조용히 몸을 떼어 회랑을 따라 걸음을 옮기기 시작했다. 그의 발걸음에는 조급함이 없었다. 마치 오래전부터 이 길을 알고 있었던 사람처럼, 성 안의 공기와 한 리듬으로 움직였다. 리안은 아무 말도 하지 못한 채 그 뒤를 따랐다. 성주의 말은 끝났지만, 그 말의 무게는 아직 리안의 가슴 깊은 곳에서 가라앉지 않고 있었기 때문이었다.

돌기둥 사이로 스며든 빛이 회랑 바닥 위에 옅은 그림자를 드리웠다. 바람은 기둥 사이를 타고 부드럽게 흘렀다. 그 소리 없는 흐름은 마치 리안의 복잡한 마음을 조용히 식혀 주는 듯했다. 성주는 한 번도 리안을 재촉하지 않았지만, 이상하게도 리안은 그 발걸음을 놓치고 싶지 않았다.

회랑의 서편에 가까워질수록, 동편 하늘에서 비추는 햇빛이 더 깊이 닿아 공기는 한층 따뜻해졌다. 그 빛은 앞쪽에 열린 정원에서 반사되어, 서서히 회랑 안쪽까지 번져 들어오기 시작했다. 성주는 그 빛이 비추는 방향으로 자연스럽게 몸을 돌렸다. 그리고 말없이, 그러나 너무도 당연하다는 듯 정원을 향해 걸음을 옮겼다.

제 3 장

하늘의 신 중심의 율법과 사람 중심의 종교 체제

정원은 성 안에 숨겨진 또 하나의 세계처럼 고요히 열려 있었다. 사막에서는 보기 어려운 푸른 잎들이 햇살을 받아 조용히 반짝였고, 낮은 풀과 작은 나무들이 단정한 질서를 이루며 자리를 지키고 있었다. 햇빛은 그 위에 금빛으로 내려앉아, 모든 것을 한층 더 맑고 선명하게 드러냈다.

성주는 그 빛 속으로 걸어 들어가며, 마치 리안의 마음도 이제 이 고요한 빛 가운데로 옮겨가야 한다는 것을 알고 있는 사람처럼 천천히 걸었다. 리안은 숨을 죽인 채, 성주의 발걸음을 따라 정원 안으로 들어섰다.

정원에 들어서자 회랑의 공기와는 달리 빛이 넓게 퍼져 있었다. 성주는 잠시 걸음을 늦추었다.

방금까지 이어진 말들을 그대로 정돈하듯 숨을 한 번 고른 뒤, 리안을 바라보았다.

"자네도 잘 알겠지만, 사람이 말을 하면 그 말 속에는 반드시 그 사람의 마음이 담기게 마련이네. 그리고 그 말은 단지 소리로 끝나는 것이 아니라, 그 사람이 맺고 있는 관계 안에서 작용하지. 그러니 그 말을 자세히 들여다보면, 그 사람이 무엇을 품고 있는지가 자연히 드러나는 걸세.

하늘도 마찬가지네. 율법이 하늘의 신으로부터 왔으니, 율법을 살펴보면 그 안에서 하늘의 마음을 읽을 수 있게 되지. 그리고 율법은 사람과 사람 사이의 규칙으로 작동하는 것이 아니라, 오직 하늘의 신과의 관계 안에서만 온전히 작용하는 것이네."

그는 잠시 숨을 고르며 말을 이었다.

"지금까지 자네는 왜 이곳이 '율법의 성' 인지, 그리고 왜 이 과정을 반드시 지나야만 참된 진리를 만날 수 있는지를 들었네. 그렇다면 이제부터는 이 율법의 성의 기반이 되는 십계명에 대해 이야기해 주겠네.

많은 사람들은 십계명을 단지 '인간 사회의 질서와 평화를 위한 규칙' 정도로 여기지. 그러나 십계명은 그런 목적에서 나온 것이 아니네. 십계명은 처음부터 하늘의 신과 사람 사이에 참된 평화와 질서를 세우기 위해 주어진 것이네.

다시 말해, 십계명은 신의 성품이 세상 안에 새겨진 흔적이며, 그 안에는 하늘의 마음과 뜻이 담겨 있지. 그러니 십계명의 본질을 모른다면, 자네가 앞으로 마주할 하늘의 말씀들도 제대로 이해할 수 없을 것이네."

성주는 잠시 말을 멈추었다가, 천천히 리안을 바라보며 다시 이어갔다.

"십계명의 근본은 언제나 '관계' 속에서 드러나네. 사람과 사람 사이의 관계가 아니라, 신과 사람 사이의 관계 말일세. 십계명은 그 관계의 질서를 세우기 위해 주어진 것이고, 그 질서는 하늘의 신을 향한 사랑과 경외 위에 세워져 있네.

그러므로 십계명을 안다는 것은 단지 규칙을 외우는 것이 아니네. 오히려 그 말씀 속에 담긴 하늘의 마음을 이해하고, 그분과의 관계가 어떤 질서 위에 세워져야 하는지를 아는 것이지."

그의 목소리는 낮지만 단단했고, 오래된 샘에서 흘러나오는 물처럼 부드럽게 울려 퍼졌다. 그 말이 정원에 스며들자, 봄 햇살마저도 그 흐름을 따라 번져 나가는 듯했다. 잎사귀마다 빛이 반사되어 반짝였고, 공기 속에는 새로운 생명이 깨어나는 듯한 따뜻한 떨림이 감돌았다.

성주는 잠시 걸음을 멈추었다. 눈앞에는 오랜 세월을 묵묵히 견뎌온 큰 나무가 서 있었고, 넓게 뻗은 가지 사이로 흘러내린 햇살이 두 사람의 어깨를 부드럽게 감싸고 있었다. 그 순간, 바람마저 멈춘 듯한 고요가 정원 전체를 덮었다. 마치 이곳이 단지 휴식의 장소가 아니라, 더 깊은 말씀을 시작하기 위한 자리라는 것을 알려주는 것 같았다.

성주는 하늘을 잠시 올려다본 뒤, 리안을 향해 천천히 입을 열었다.

"많은 이들이 율법, 특히 십계명에 대해 서로 다른 말을 하네. 어떤 이들은 계명을 하나도 어기지 않아야 의롭다고 믿고, 또 어떤 이들은 하늘의 아들이 오셨으니 이제 계명은 더 이상 의미가 없다고 말하지. 하지만 두 주장 모두 율법이 무엇을 위해 주어졌는지를 제대로 이해하지 못해 생긴 오해일세."

성주는 리안을 바라보며 천천히 설명을 이어갔다.

"하늘과의 관계를 잃어버린 채 율법을 지키려 하는 사람들은 '지키는 행위' 자체를 의의 기준으로 삼게 되지. 계명을 완벽히 지키면 신의 인정을 받을 것이라 여기지만, 그렇게 되면 신앙은 금세 형식과 규칙을 비교하는 일이 되어 버리네. 그러나 율법은 원래 그런 목적을 가진 것이 아니지."

성주는 말의 무게를 담으며 덧붙였다.

"율법은 사람이 자신의 의를 쌓기 위한 사다리가 아니라, 하늘의 인격 앞에서 인간의 상태를 비추어 주는 거울이었네. 또한 사람을 잘못된 길에서 돌려 세워 진리로 이끄는 표지판이었지. 문제는 사람들이 그 표지판이 가리키는 방향을 보지 않고, 표지판 자체에만 마음을 두었다는 점이네."

그는 고개를 살짝 저으며 조용히 결론을 맺었다.

"그러니 길을 가리키는 손가락만 바라보고 정작 가야 할 길은 보지 못한 셈이지. 이것이 율법을 오해한 자들이 길을 잃어버리는 이유일세."

그는 잠시 말을 멈추었다가 다시 조용히 입을 열었다. 목소리는 낮았지만 단단했고, 깊은 사유를 담고 있었다.

"반면 또 다른 무리들은 이렇게 말하지. '하늘의 아들이 오셨으니 율법은 끝났다. 이제 계명은 필요 없다.' 그러나 이것은 가장 큰 오해 중 하나일세. 하늘의 아들은 율법을 폐하시려고 오신 것이 아니네. 그분이 하신 일은 폐기가 아니라 '완성' 이었지."

그 말의 진의를 풀어내기 위해, 성주는 손끝으로 공기를 그리듯 천천히 말을 이었다.

"여기서 말하는 '완성' 이란 율법을 없애는 것이 아니라, 율법이 처음부터 담고 있던 의미를 되살려 온전히 이루셨다는 뜻일세. 율법은 본래 사람이 온 마음과 혼과 힘을 다해 하늘의 신을 사랑하라는 명령을 중심으로 주어진 법이었지. 그러나 사람은 하늘의 신을 향한 사랑을 완전하게 이루지 못했네. 그래서 율법은 언제나 미완성의 상태로 남아 있었던 것이지."

그는 이어질 설명을 준비하듯 조용히 하늘을 올려다보았다.

"하늘의 아들은 인간이 결코 이루지 못한 하늘을 향한 '완전한 사랑' 을 자신의 삶으로 이루셨네. 그 사랑의 절정이 바로 이 고백이라네.

'오 내 아버지여, 만일 가능하다면 이 잔을 내게서 지나가게 하옵소서. 그러나 내 뜻대로 하지 마옵시고 아버지의 뜻대로 하옵소서.'

이 기도에서 드러나듯, 그분은 자신의 뜻보다 아버지의 뜻을 더 사랑하셨네. 그분은 마음과 혼과 힘을 모두 다해 아버지께 순종하셨고, 마침내 십자가에서 죽기까지 아버지를 향한 사랑을 완성하셨지. 이것이 곧 율법이 요구하는 것을 완성하셨다는 의미일세."

성주는 자연스럽게 이전 설명을 이어받아 숨을 고르며 말을 이었다.

"그렇기 때문에 '율법을 완성했다' 는 말은 하늘의 아들께서 이미 율법을 이루셨기 때문에 율법을 더이상 지킬 필요가 없게 되었다는 뜻이 아니라, 율법의 정신, 곧 사랑을 회복시키셨다는 뜻일세. 율법의 본질은 규칙이 아니라 하늘을 향한 사랑이었고, 그 사랑이 완전하게 드러남으로 율법은 본래의 빛을 되찾게 되었지."

리안은 그 말을 들으며 깊게 숨을 들이켰다. 그동안 율법은 그에게 차갑고 무거운 돌판처럼 느껴졌지만, 지금 성주의 말은 율법이 마치 따뜻한 숨결을 품은 생명처럼 들렸다. 오래 굳어 있던 마음이 서서히 풀려내리는 듯했다.

리안의 변화를 느낀 성주는 설명을 이어가기 위해 부드럽게 말을 이었다.

"그래서 율법은 폐기된 것이 아니라, 하늘의 아들이 완성하심으로 참된 의미를 되찾은 것이네. 그리고 그 본질이 이루어진 만큼, 그분을 믿는 자 안에는 그 법이 마음에 새겨지게 되었지. 하늘의 아들의 죽으심 이후 이제 계명은 밖에서 강요되는 규칙이 아니라, 하늘의 인격이 하늘의 아들을 믿는 사람 안에서 사랑으로 움직이게 하는 내적인 법이 된 것이네."

그 말은 곧 이어질 더 깊은 설명을 위한 배경처럼, 성주가 한 걸음 물러서며 핵심을 차분히 짚어나가게 했다.

"이 일은 갑작스러운 변화가 아니네. 이미 오래전 선지자들이 예언해 온 일이었지. 예레미야는 이렇게 말했네.

'보라, 날이 이르리니 … 내가 내 법을 그들의 속에 두며 그들의 마음에 기록하리라.'

그리고 에스겔도 말했지.

'내가 새 마음을 너희에게 주고 새 영을 너희 속에 두며 … 내 영을 너희 속에 두어 너희로 하여금 내 법규 안에서 걷게 하리니.' "

성주는 리안을 바라보며 조용히 덧붙였다.

"이 말씀들은, 메시야가 오심으로 인해 돌판에 새겨진 외적 율법의 시대가 지나가고, 사람의 마음에 율법이 기록되는 새로운 시대가 시작되었다는 뜻일세. 이제 율법은 하늘의 아들을 믿는 사람에게 더 이상 밖에서 강요되는 명령이 아니라, 하늘의 아들을 통해 사람 안으로 들어온 살아 있는 말씀으로 자리 잡게 되었지. 그러므로 율법은 단순한 규정이 아니라, 사랑으로 움직이며 사람 안에서 실제로 역사하는 생명의 법이 된 것이네."

그의 목소리는 낮았지만 더 단단해졌다.

"이제 율법은 사람의 힘으로 지켜야 하는 법이 아니라, 하늘의 신이 사람 안에 계심으로 자연스럽게 사랑하게 되는 생명의 법이 되었네. 사람의 의지로 의를 이루던 시대가 아니라, 하늘의 영이 사람 안에서 사랑으로 율법을 이루어 가는 시대가 열린 것이지. 즉, 율법의 중심이 인간의 노력에서 하늘의 인격으로 옮겨간 셈일세.

그래서 율법은 강요나 의무의 형태로 존재하지 않고, 사랑하는 인격을 따르는 자의 자발적인 순종으로 드러나네. 그것은 '해야 하기 때문'의 복종이 아니라, '사랑하기 때문'의 헌신이지."

리안은 조용히 고개를 들었다. 햇빛이 그의 눈동자에 부딪혀 잔잔히 흔들렸다.

"그렇다면 … 율법이 사람 안에 새겨진다는 것은, 신의 말씀이 그 안에서 살아 움직여 그 말씀의 인격이신 하늘의 신을 자연스럽게 깊이 사랑하게 된다는 뜻인가요?"

성주는 천천히 고개를 끄덕였다.

"그렇네. 어떤 인격이 마음 깊은 곳에 들어오면 그를 사랑하지 않을 수 있겠는가. 진정으로 마음의 중심에 들어온 인격은 억지로 따르는 대상이 아니라, 사랑하지 않을 수 없는 존재가 되지. 율법이 하늘의 인격으로 사람 안에 새겨질 때, 그 순종은 의무가 아니라 사랑에서 흘러나오는 자연스러운 연합의 관계가 되네.

율법을 버리면 그 사랑의 관계가 끊어지고, 율법을 붙들되 하늘의 인격을 모르면 결국 사랑 없는 규율만 남게 되지. 전자는 자유를 가장한 단절이고, 후자는 순종을 가장한 속박이라네.

하지만 참된 율법은 그 둘 사이의 길, 곧 사랑 안에서 완성된 진리의 법이라네. 그것은 외적인 규칙이 아니라, 인격과 인격이 만나는 자리에서 자연스럽게 흘러나오는 생명의 질서이지. 그래서 율법이 마음에 새겨진 사람은 더 이상 '해야 하기 때문에' 가 아니라, '사랑하기 때문에' 그 길을 걷게 되는 것이네."

리안은 성주의 깊이 있는 설명에 잠시 말을 잃었다. 햇살이 그의 어깨에 부드럽게 내려앉았다. 그는 깨달았다. 지금 듣고 있는 것은 단순한 교리가 아니라, 살아 있는 인격의 말씀이었다.

성주는 잠시 숨을 고르고 말을 이었다.

"십계명은 단순한 도덕이나 윤리적 명령이 아니라, 하늘의 질서와 하늘의 신과 사람이 어떻게 사랑의 관계를 세워야 하는지를 보여주는 가장 근본적인 틀이라네. 그것은 신과 사람 사이의 관계를 세우는 기초적인 언약이지. 그러니 그것을 형식으로만 지키는 것도, 무효하다고 여기는 것도 모두 진리에서 벗어나는 일이라네. 즉, 십계명은 사람이 어떻게 살아야 하는가를 넘어서, 하늘의 신과 사람이 어떤 관계 안에 서 있어야 하는지를 보여주는 근본 구조라네.

모든 진리는 그 기초에서 출발하고, 그 출발점이 바로 십계명이네. 출발점에서 시작하지 않은 경주는 아무리 빨라도 부정이 되듯, 출발점에서 시작하지 않은 신앙은 결국 불법이 되는 법이지. 그러므로 신앙의 모든 여정은 반드시 이 율법의 기초 위에서만 참된 의미를 갖게 된다네."

성주는 부드럽지만 단호한 눈빛으로 리안을 바라보았다.

"그래서 내가 자네에게 먼저 이 율법의 뿌리, 곧 하늘의 신과 사람의 사랑의 질서를 담은 십계명의 의미를 가르치려는 것이라네. 그래야 자네가 이후에 마주할 말씀의 뜻을 바로 이해할 수 있을 걸세."

그의 말은 지식의 전달에 그치지 않고, 계명을 대하는 태도 자체를 새롭게 비추는 듯한 울림을 남겼다. 리안은 조용히 고개를 끄덕이며 성주의 말을 따라가고 있었다. 성주는 그의 눈을 바라보며, 조심스럽고 단단한 어조로 말을 이었다.

"십계명은 살아 계신 하늘의 신의 숨결이자 인격의 호흡이며, 그분의 본질을 담고 있는 계시라네. 계명은 말씀이요, 말씀은 곧 하늘의 신 자신이지. 따라서 각 계명은 그분의 성품과 뜻을 드러내는 통로이며, 신의 마음이 세상 안에서 어떻게 나타나는지, 또 사람의 마음은 어디를 향해야 하는지를 보여주는 길이라네."

그는 잠시 시선을 멀리 두었다가, 다시 리안을 향해 천천히 말을 이었다.

"율법은 사람의 죄를 드러내는 거울이기도 하지만, 동시에 하늘의 신의 얼굴을 비추는 창이기도 하다네. 많은 이들이 '계명을 지킨다' 는 말을 무언가를 하지 않거나, 정해진 의무를 수행하는 일로 오해하지만, 그것은 율법을 지킨다는 말의 본래 뜻이 아니지. 계명을 지킨다는 것은 하늘의 아들이 완성하셨던 것처럼, 하늘의 신을 마음을 다하고 혼을 다하고 힘을 다하여 사랑하는 일이라네."

성주는 앞선 말의 결을 이어가듯, 리안에게 한 걸음 다가서며 말을 이었다.

"그러므로 계명을 지킨다는 것은 외적인 행위를 다듬는 데서 시작되는 일이 아니라, 그 계명의 근원이신 하늘의 신을 마음의 중심에 모시는 데서 비롯되는 일이라네. 사람은 언제나 마음의 중심에 둔 대상을 기준으로 생각하고 판단하며 살아가게 마련이지. 그러니 그분을 사랑하는 사람에게는 그분의 말씀이 자연히 귀해지고, 그분의 말씀을 잃지 않기 위해 가슴 깊은 곳에 품게 되는 것이라네. 그것은 마치 가장 소중한 것을 놓치지 않으려 품에 안고 지키는 것과도 같지.

그러므로 율법을 지킨다는 것은 외적인 복종을 증명하는 행위가 아니라, 그분을 향한 사랑이 삶의 방향으로 드러난 결과이며, 그분만을 중심에 두겠다는 내면의 충성이 자연히 형체를 띠는 일이라네."

그의 눈빛이 깊어졌고, 말은 한층 느려졌지만 그 안에는 단단한 울림이 담겨 있었다.

"그래서 율법을 지킨다는 것은 외적인 감시나 종교적 규율 아래에서 자신의 삶을 단정히 보이려는 태도가 아니라, 하늘의 말씀인 율법이 너무도 소중하기 때문에, 그 말씀을 하늘에서 주신 목적 그대로 지키고 보호하게 되는 태도라네. 그 보호는 강요에서 나오는 것이 아니라, 그 안에 담긴 하늘의 생명이 얼마나 귀한지를 아는 인식에서 비롯되는 것이지. 그러니 그 귀한 말씀을 잃지 않도록 붙들고, 후대에까지 남기려는 마음이 생기는 것은 지극히 자연스러운 일이네.

바울 사도가 '우리가 질그릇에 보배를 가졌다' 고 말하지 않았는가. 그가 말한 보배는 도덕적 규율이나 윤리적 기준이 아니라, 하늘의 인격, 곧 진리 그 자체라네. 성도의 연약한 육체는 질그릇과 같지만, 그 안에는 하늘의 인격이 중심에 왕으로 거하고 계시는 것이지."

성주는 숲에서 들려오는 새소리에 잠시 고개를 들었다가, 다시 리안을 향해 시선을 돌렸다.

"바로 그 사랑이 구약과 신약을 하나로 잇는 끈이라네. 구약의 계명은 하늘의 신의 뜻이 문자 안에 새겨진 것이고, 신약의 말씀은 그 뜻이 하늘의 인격으로 드러난 것이라네. 형태는 달라도 근원은 하나이며, 그 중심에는 언제나 하늘을 향한 사랑의 법이 놓여 있지. 그러니 계명을 지킨다는 것은 곧 진리를 사랑한다는 말과 다르지 않다네."

그는 가까운 나뭇가지에 내려앉은 새를 잠시 바라보다가, 다시 말을 이었다.

"바로 그 진리를 하늘의 인격으로 사랑하기 때문에, 그 지점에서 종교 체제와의 충돌이 일어나게 되네. 이것이 계명을 지킨다는 것이 단순히 규범을 지킨다는 뜻이 아님을 분명히 드러내는 증거라네. 계명을 지키는 일이 곧 그분을 사랑하는 일이라면, 그 사랑은 결코 사람을 중심에 올려놓는 세상의 질서와 중립적으로 공존할 수 없기 때문이지. 그 사랑은 언제나 하늘의 신을 삶의 중심에 두기 때문이라네.

그래서 믿음의 사람들은 하늘 중심의 말씀, 곧 하늘의 인격을 훼손하지 않고 보존하려 했다는 이유만으로 핍박을 받게 되었네. 만일 그들이 율법을 단지 사람이 살아가기 위한 도덕적 가치, 개인의 삶을 단정히 다듬는 윤리적 기준으로 여겼다면 누가 그들을 미워했겠는가. 세상은 윤리적으로 착한 사람, 사람을 중심에 두고 서로를 배려하는 사람을 미워하지 않네. 오히려 그런 사람은 체제 안에서든 밖에서든 환영받지.

그러나 그들이 지키려 한 것은 그런 종류의 도덕이나 윤리가 아니었네. 그것은 사람 중심의 질서가 아니라, 하늘의 신을 삶의 중심에 두는 사랑의 질서였지. 그들은 율법의 한 조항도 사람 중심으로 고쳐 쓰려 하지 않았고, 그 계명 속에 비친 하늘의 인격을 타협하거나 훼손하지 않으려 끝까지 붙들었네. 바로 그 지점에서, 사람을 중심에 두려는 자들, 하늘의 자리를 인간의 권위로 대체하려는 자들과 충돌할 수밖에 없었던 것이지.

그래서 그들이 받은 핍박은 신념의 차이나 해석의 다름 때문이 아니었네. 그것은 사람이 중심에 서느냐, 하늘의 인격이 중심에 서느냐를 둘러싼 왕좌의 문제였지. 그들이 지킨 것은 조항의 글자가 아니라 조항 안에 새겨진 하늘의 인격이었고, 그들이 목숨을 내던진 이유 또한 규율 그 자체가 아니라 규율 안에 계신 하늘의 인격을 향한 사랑이었네."

성주는 잠시 말을 멈추었다가, 앞선 모든 설명을 하나의 뜻으로 모으듯 조용히 덧붙였다.

"그러므로 '지킨다' 는 것은 율법을 규율로 수행했다는 증명이 아니라, 그분을 잃지 않겠다는 결단이며, 그분을 끝까지 중심에 두겠다는 믿음의 고백이라네."

그의 말이 끝나자 정원은 깊은 고요에 잠겼다. 바람에 흔들린 나뭇잎 사이로 햇살이 스며들었고, 그 빛이 리안의 눈동자에 닿았다. 그제야 그는 자신이 생각해 온 '지킴'이 얼마나 피상적인 개념이었는지를 깨달았다. 하늘의 신을 중심에 둔 말씀을 사람 중심의 기준으로 바꾸지 않도록 보호하고 보존하는 태도, 그것이 진정한 지킴이었다. 그것은 외적인 복종이 아니라, 내면에서 비롯된 충성이며 사랑으로 이루어진 보호였다.

성주는 천천히 한 걸음을 옮겼다. 햇살이 나뭇가지 사이로 부서지며 그들의 발밑에 부드러운 그림자를 드리웠다. 그의 목소리는 여전히 고요했지만, 이제는 앞서 도달한 결론을 현실의 구조로 확장하는 힘이 실려 있었다.

"세상은 하늘의 인격 중심의 말씀 위에 망치를 올려놓는다네. 그리고 그것을 두드려 부수어, 부서진 조각으로 사람 중심의 계명과 법을 만들어내지. 그렇게 자신들이 만들어낸 전통과 규범을 세워, 하늘의 뜻 위에 올려놓는다네. 그러나 믿음의 사람은 결코 하늘의 말씀을 그런 자리에 두지 않지. 그는 하늘의 신 중심의 말씀이 사람 중심으로 왜곡되지 않도록 끝까지 지켜내는 자라네. 왜냐하면 그것은 단순한 의무의 문제가 아니라, 하늘의 인격을 사랑하느냐의 문제이기 때문이지."

성주는 잠시 말을 멈추었다가, 고개를 숙인 채 생각에 잠긴 리안을 바라보며 조용히 덧붙였다. 그의 목소리는 낮았지만, 앞선 모든 논지를 역사 속 한 장면으로 귀결시키는 확신이 담겨 있었다.

"이스라엘의 타락도 바로 여기서 시작되었지. 그들은 율법을 규율로 지키지 못해서 버림받은 것이 아니라, 율법을 하늘의 인격으로 사랑하지 않았기 때문에 버림받은 것이네. 하늘을 향한 사랑이 중심에서 밀려나자, 율법을 대하는 그들의 태도 역시 달라질 수밖에 없었지.

시간이 지나면서 그들은 하늘의 신 중심의 율법을 사람 중심의 규율로 바꾸어 버렸네. 그 변화의 이유는 분명했지. 율법은 본래 하늘의 인격이 담긴 말씀이었고, 그 안에는 하늘의 신을 사랑하도록 이끄는 하늘의 마음이 새겨져 있었지. 그러나 그 사랑이 중심에서 사라지자, 사람들은 하늘의 신을 향한 그 마음을 더 이상 붙들지 않게 되었네. 그 순간, 그들은 하늘의 신 중심의 생명의 본질을 버리고, 사람 중심의 껍데기인 조항만을 붙잡게 되었지. 그 결과, 그들은 계명을 지켰다고 주장하며 자신의 의를 세웠지만, 하늘의 인격을 사랑하는 계명의 본질은 지키지 못한 채, 오히려 심판의 경고를 받게 된 것이네."

그는 다시 리안을 향해 고개를 천천히 들며 말을 이었다.

"이렇게 흘러온 끝에, 그들에겐 사람 중심의 율법의 틀만 남게 되었고, 그 율법 안에 담겨 있던 하늘의 인격은 결국 죽임을 당했지. 이것이 바로 이스라엘의 참된 타락이라네.

생각해보게, 리안. 유대인들은 여전히 사람 중심의 규범을 지키는 가운데 사람들로부터 존경을 받으며 스스로를 의롭다 여기고 있었지. 겉으로 보기에 그들은 율법을 지키는 자들이었고, 사회적으로도 정당함을 인정받고 있었네. 그러나 바로 그 지점에서, 하늘의 아들은 그들의 중심이 이미 하늘의 신에게서 떠났음을 책망하셨지.

문제는 그 다음이었네. 그 책망이 옳고 그름의 문제가 아니라, 과연 그들이 그것을 받아들일 수 있는 상태였느냐는 것이었지. 이미 그들에게 율법은 하늘의 신을 향한 사랑의 법이 아니라, 자신들의 의를 세우는 도구로 굳어져 있었기 때문에, 그들은 그 책망을 결코 받아들일 수 없었네.

하늘의 아들의 중심은 하늘 아버지께 있었고, 그들의 중심은 이미 사람에게로 옮겨가 있었으니, 서로 말이 통하지 않는 것은 당연하지 않겠는가."

리안은 잠시 고개를 들며 조심스레 물었다.

"그래서 … 율법의 의로는 흠이 없었다고 자부하던 바울은, 회심하기 전에는 하늘의 아들이신 진리를 핍박했던 것이군요.

이제 조금은 이해가 되는 것 같습니다."

성주는 조용히 미소를 지으며 고개를 끄덕였다.

"그렇지. 사도 바울, 곧 사울이었을 때의 그는 바로 그 전형이었네. 그는 스스로 율법의 의로는 흠이 없다고 자부했지만, 정작 그가 붙들고 있던 율법은 하늘의 신을 중심에 둔 율법이 아니라, 사람 중심으로 굳어져 버린 규율이었지.

그는 자기 의를 세우려는 열심으로 가득 차 있었고, 그 열심은 자연스럽게 사람 중심의 방향으로 작동하고 있었네. 그래서 그는 규율을 철저히 지키며 흠 없이 살아가는 자신의 삶이 곧 하늘의 신을 섬기는 길이라고 굳게 확신했지. 그러나 바로 그 지점에서 문제가 드러났네.

복음은 분명히 선포하고 있었지. 사람 중심으로 아무리 철저히 다듬어진 삶이라 해도 그것은 결코 하늘의 신을 기쁘게 할 수 없으며, 그러한 의는 더럽혀진 의이고, 그런 삶은 하늘의 심판을 피할 수 없다는 사실을 말일세. 회심 하기전 바울은 그 진리를 전하는 믿음의 사람들로 인해 자기 안의 불의가 드러나자, 그들을 하늘의 신을 대적하는 자들이라 여기며 핍박하게 되었네.

그때 하늘의 아들께서 친히 그에게 말씀하셨지. '사울아, 사울아, 네가 왜 나를 핍박하느냐.' 사울은 하늘의 인격을 배제한 채, 율법을 철저히 지키고 자신의 삶을 흠 없이 꾸며 살아가는 것이 곧 하늘의 신을 위한 삶이라고 믿고 있었지만, 실상 그는 하늘의 신의 인격을 정면으로 대적하며 서 있었던 것이네."

리안은 그 말을 들으며, 왜 복음이 철저한 종교적 삶과 충돌할 수밖에 없는지, 그리고 왜 종교 도시 사르그에서도 진리가 배척되었는지가 깊이 이해되었다.

성주의 말은 단순한 옛 이야기나 교리적 설명이 아니라, 사람의 중심이 어디에 놓여 있는지를 정확히 꿰뚫는 진리로 리안의 마음에 다가오고 있었다.

성주는 잠시 말을 멈추었다가, 다시 낮은 목소리로 덧붙였다.

"이것이 바로 하늘의 인격을 중심에 두어야 할 율법이 사람 중심의 체계로 바뀌어 버리면서 생겨난 가장 큰 비극이라네. 종교는 겉으로 보기에 규율을 철저히 지키며 하늘의 신을 섬기는 것처럼 보이지만, 실제로는 하늘을 섬기는 대신 자신의 삶을 단정히 다듬고 자신의 의를 세우며 자신을 섬기고 있지.

사람들은 하늘의 뜻을 따른다고 말하지만, 정작 그 뜻을 드러내는 하늘의 인격은 밀어내고, 그 인격이 드러내는 진리를 외면한 채 살아가고 있네. 그렇게 하늘을 위한다고 말하면서도, 실상은 하늘의 뜻과 정면으로 대적하는 자리에 서게 되는 것이지.

그리고 이 일은 과거의 사울에게만 해당되는 이야기가 아니네. 오늘날에도 여전히 많은 이들이 하늘의 신 중심의 말씀을 잃어버린 채, 사람 중심으로 만들어진 종교적 규범과 형식만을 붙잡고 스스로를 의롭다 여기며 살아가고 있지."

그의 말은 바람처럼 잔잔했지만, 리안의 가슴속에서는 천둥처럼 울렸다.

리안은 그제야 분명히 깨달았다. 율법을 지킨다는 것은 사람들의 시선 앞에서 행동의 완벽함을 증명하는 일이 아니라, 하늘의 시선 앞에서 하늘의 신을 잃지 않으려 끝까지 붙드는 사랑의 싸움이라는 사실을.

성주는 다시 고개를 들어 정원의 연못 가에 서 있는 오래된 나무를 바라보았다. 그 시선에는 지나간 역사에 대한 슬픔과, 그럼에도 변하지 않는 진리에 대한 확신이 함께 담겨 있었다.

"그리고 그 비극은 하루아침에 생긴 것이 아니네. 오늘도 반복되는 이 왜곡은, 처음부터 한 걸음씩 시작되어 굳어져 온 것이지.

그 시작이 바로 이스라엘 안에서 드러났네. 하늘로부터 선택받은 이스라엘 백성들은 율법을 통해 하늘의 신을 사랑하도록 부름받았지만, 시간이 흐르며 그 사랑을 잃어버리고 말았지. 하늘을 향한 마음 대신, 사람이 지킬 수 있고 계산할 수 있는 율법의 규칙과 형식만 붙잡게 되었네. 그렇게 율법은 하늘을 향한 길이 아니라, 사람을 중심에 두는 삶의 기준으로 변해 갔지.

바로 그 지점에서, 하늘의 신께서는 그들이 잘못된 길로 가고 있음을 보시고, 다시 하늘을 향해 돌아오도록 예언자들을 보내신 것이네."

그의 목소리는 낮았지만 단단했다.

"하늘의 신께서 예언자들을 보내신 이유는 분명했지. 사람 중심의 틀만 남아 버린 율법을 다시 하늘의 자리로 돌려놓기 위함이었네. 사람들은 계명의 문장을 외우고 규칙을 세워 지키는 데는 열심이었지만, 그 율법 안에서 살아 계셔야 할 하늘의 인격은 이미 밀려나 있었지. 그래서 하늘의 신께서는 그 잘못을 책망하시고, 잃어버린 인격을 다시 드러내시기 위해, 말씀을 회복할 자들을 계속해서 보내신 것이네."

리안은 조용히 숨을 삼켰다. 성주의 말은 설명을 넘어, 그의 내면 깊은 곳에 직접 닿아 파고들고 있었다.

성주는 한 걸음 천천히 나아가며 말을 이었다.

"예언자들이 맡았던 역할은 단순한 경고나 심판의 선포가 아니었네. 그들은 사람들을 위협하기 위해 보내진 자들이 아니라, 율법에서 밀려나 버린 하늘 중심의 진리를 다시 세우기 위해 보내진 자들이었지.

사람들은 하늘을 향한 길을 열어야 할 율법을, 사람 중심의 껍데기로 바꾸어 오히려 그 길을 가로막고 있었네. 그래서 예언자들은 그 막힌 길을 다시 하늘 중심으로 열고, 사람들이 율법을 넘어 하늘의 아들에게로 나아가도록 인도하는 사명을 받은 것이네."

그의 목소리는 점점 단단해졌다.

"하늘의 율법이 본래 하늘의 아들께로 이끄는 가정교사였던 것처럼, 예언자들 역시 율법이 잃어버린 방향을 바로잡아 하늘의 아들에게로 인도하는 가정교사였네. 율법의 본질이 사람 중심으로 무너졌기에, 하늘의 신께서는 선지자들을 보내 율법이 향해야 할 목적을 다시 드러내고자 하신 것이지.

그들은 사람 중심의 율법 조문에 갇혀 하늘을 보지 못하게 된 자들을, 다시 살아 계신 하늘의 아들께로 이끌기 위해 보냄을 받은 사람들이었네."

리안은 고개를 들었다.

"그렇다면 … 예언자들이 선포한 것은 율법의 규율을 더 엄격히 지키라는 말이 아니라, 하늘의 신께로 돌아오라는 외침이었나요?"

성주는 천천히 고개를 끄덕였다.

"그렇지. 그들의 메시지는 규율을 강화하라는 명령이 아니라, 율법의 글자에 가려진 하늘의 신의 인격을 다시 바라보라는 부르심이었네. 그들은 백성들에게 율법의 완벽함을 요구한 것이 아니라, 하늘의 신과 끊어진 관계가 다시 이어지기를 요구했던 것이지.

그러나 이미 사람 중심으로 굳어진 율법을 붙들고 스스로 의롭다 여기던 사람들은 그 부르심을 받아들일 수 없었네. 그들은 자신의 의와 질서를 지키는 데 집착한 나머지, 하늘의 경고를 외면했고, 그 경고를 전하던 예언자들을 오히려 질서를 무너뜨리는 자로 여기며 배척했지."

그는 잠시 말을 멈췄다가, 고개를 떨구며 덧붙였다.

"결국 그들은 율법에서 하늘의 인격을 제거했듯이, 그 인격을 다시 드러내기 위해 보내진 예언자들까지 거부했네. 그들은 핍박당했고, 죽임을 당했지. 그렇게 사람 중심의 법은 하늘 중심의 진리를 밀어내며, 하늘의 신의 소유인 율법을 자기 손에 쥐려 했던 것이네.

다시 말해, 그들이 지키고 있다고 믿었던 율법은 어느새 하늘의 신을 대신하는 우상이 되었고, 그 우상이 결국 그들의 중심을 차지하게 된 것이지."

리안은 말없이 서 있었다.

그의 침묵은 혼란이 아니라 이해의 깊어짐이었다. 그는 이제 분명히 깨달았다. 예언자들의 외침은 단지 과거를 향한 경고가 아니라, 지금도 여전히 사람의 마음 안에서 반복되고 있는 부르심이라는 사실을 말이다.

그 부르심은 규율로 돌아가 도덕적으로 살라는 명령이 아니라, 사람의 중심을 다시 하늘의 인격 앞으로 돌이키라는 초대였다.

성주는 잠시 말을 멈추었다가, 리안을 향해 의미심장한 눈빛을 보냈다. 그의 시선은 정원의 나무 너머를 향해 있었고, 마치 시간의 경계를 넘어 오래된 진리의 장면을 바라보는 듯 깊고 단호했다.

"리안, 이 흐름을 하늘의 아들께서는 '포도원'로 말씀하셨다네. 이것이 바로 포도원의 비밀이지. 앞서 우리는 포도원의 비유로 관계의 단절이라는 문제를 보았네. 이제는 그 비유를 통해, 그 단절이 어떻게 지속되고 굳어져 결국, 사람 중심의 질서로 자리 잡게 되었는지를 살펴보세."

그는 천천히 말을 이었다.

"포도원은 하늘의 신께서 친히 세우신 말씀의 나라를 상징하네. 그분은 그 나라를 사람들에게 맡기셨지. 그들이 말씀을 돌보고, 주인의 뜻에 따라 열매를 맺어 그분의 기쁨이 되기를 바라셨던 것이네.

그래서 포도원의 농부들은 단순한 일꾼이 아니라, 말씀을 맡겨 받은 관리자요 청지기로 부름받은 사람들이었지."

성주는 고개를 숙이며 한숨을 내쉬었다.

"하지만 시간이 흐르자, 그 농부들은 점점 주인의 뜻을 잊어버렸네. 처음에는 하늘의 신을 섬긴다고 말했지만, 시간이 지나면서 포도원을 맡겨진 것으로 보지 않고 자기들의 소유처럼 여기기 시작했지.

그들은 말씀을 맡은 자였으나, 말씀 아래 머물기를 거부하고 오히려 말씀 위에 군림하려 했네. 그렇게 그들은 말씀의 자리에 하늘의 신이 아니라 사람을 올려놓았지.

그 결과, 주인이 보낸 종들이 찾아와 주인을 기쁘게 할 열매를 요구하자, 그들은 자신의 중심과 질서를 지키기 위해 종들을 때리고 내쫓았네. 말씀의 주인을 위한 열매보다, 자신들이 쌓아온 체계와 권위를 지키는 일이 더 중요해졌기 때문이지.

마침내 주인이 마지막으로 자기 아들을 보내셨을 때, 그들은 이렇게 말했네. '저 아들을 없애면, 이 포도원은 완전히 우리 것이 될 것이다.' 그리고 그들은 실제로 아들을 죽였지."

그의 말은 담담했지만, 그 안에는 깊은 슬픔이 묻어 있었다.

"이것이 바로 사람 중심의 율법이 끝까지 나아가 도달한 마지막 모습이라네. 겉으로는 하늘의 신을 섬긴다 말하면서도, 실제로는 사람이 그분의 자리를 대신 차지하려는 마음이지.

그들이 말씀을 관리하는 자, 곧 주인을 기쁘게 하는 청지기가 아니라, 스스로 주인이 되어 주인 행세를 하는 자로 바뀌는 순간, 하늘의 율법은 더 이상 하늘의 생명이 아니라 사람의 권력을 정당화하는 도구가 되었네.

이것이 바로 종교 권력이 형성되는 방식이라네. 그렇게 하늘의 신의 소유였던 포도원은, 결국 사람의 손에 의해 빼앗기고 말았지."

리안의 눈빛이 흔들렸다. 그는 이 이야기가 단지 오래전 이스라엘의 종교적 실패를 설명하는 비유가 아니라, 지금 자신이 서 있는 시대와 자신 안에서 작동하고 있는 질서를 그대로 드러내는 말씀이라는 사실을 분명히 깨달았다. 포도원을 맡은 농부들의 이야기는 과거의 한 장면이 아니라, 지금도 반복되고 있는 사람의 마음속 구조를 보여 주고 있었다.

성주는 고요히 숨을 고른 뒤, 그 깨달음 위에 차분히 말을 이어 갔다. 그의 목소리는 격앙되지 않았지만, 이미 결론을 향해 단단히 나아가고 있었다.

"하지만 하늘의 신께서는 그 포도원을 그대로 버려 두지 않으실 것이네. 사람이 말씀을 맡아 관리하라고 받은 것을 자기 소유처럼 여기고, 끝내 주인의 자리를 차지하려 했다고 해서, 그 포도원이 사람의 것이 되는 것은 아니지. 포도원의 주인은 처음부터 끝까지 하늘의 신이시고, 그분은 자신의 것을 결코 포기하지 않으시는 분이네."

성주는 잠시 시선을 멀리 두었다가 다시 리안을 바라보았다.

"그래서 그분은 아들이 핍박받고 버림받았던 바로 그 자리 위에, 새로운 포도원을 세우실 것이네. 그러나 이 포도원은 이전과 같은 방식으로 세워지지 않지. 더 이상 사람 중심의 법과 규율 위에 세워진 나라가 아니라, 하늘의 사랑과 하늘의 인격이 중심이 되는 말씀의 나라일 것이네. 이 나라는 누군가가 대신 관리하며 주인 행세를 하는 곳이 아니라, 하늘의 인격 그분 자신이 직접 주인이 되시는 포도원이지."

그의 목소리는 한층 더 분명해졌다.

"이것이 바로 사람 안에서 이루어지는 참된 회심이라네. 회심이란 종교를 바꾸거나 규칙을 더 잘 지키겠다고 결심하는 일이 아니라, 사람의 중심에서 내려온 자리에 하늘의 인격이 다시 주인으로 서는 사건이네. 그때 비로소 사람은 포도원의 주인이 아니라, 주인을 사랑하며 그 뜻을 맡아 돌보는 관리자로 돌아오게 되지. 그렇게 되면 그 포도원 안에서는 더 이상 누가 주인인가를 두고 다툴 이유가 없네. 이미 주인이 분명하기 때문이지.

그곳에서는 사람의 의와 계산이 아니라, 하늘의 신의 뜻이 살아 움직이며 모든 것을 이끌게 되네. 이것이 하늘의 신께서 끝내 이루고자 하시는 포도원의 완성이며, 이 포도원은 먼저 믿음의 사람 안에서 시작되어 이루어지고, 마침내 하늘 나라에서 온전한 형태로 완성되게 된다네."

리안은 그 말을 들으며 한 가지를 분명히 깨달았다. 회심이란 종교를 바꾸거나 규칙을 더 철저히 지키려는 결심이 아니라, 자기 자신이 중심에서 내려오고 하늘의 인격이 삶의 주인이 되는 전환이라는 사실이었다. 그는 또한 종교가 무엇을 얼마나 지켰는지를 기준으로 사람을 판단한다면, 신앙은 오직 하늘의 신이 중심에 서 있는가를 기준으로 존재의 방향을 묻는 것임을 이해하게 되었다.

성주는 잠시 숨을 고른 뒤, 한숨 섞인 목소리로 말을 이었다.

“바로 이 지점에서, 우리는 이스라엘의 비극을 다시 바라보아야 하네. 왜냐하면 포도원이 완성되는 길과, 포도원이 빼앗기는 길은 언제나 같은 자리에서 갈라지기 때문이지. 포도원이 사람 안에서 완성되지 못하면, 반드시 누군가 그 자리를 차지하려 들게 되네.

포도원을 자기들의 것으로 만들기 위해 주인의 아들까지 죽였던 이스라엘의 비극은 과거의 사건으로 끝나지 않았네. 그것은 하늘의 인격이 밀려나고, 사람의 중심이 그 자리를 대신 차지할 때마다 반복되는 종교의 구조라네. 세상은 변한 것처럼 보이지만, 종교의 본질은 달라지지 않았지. 겉으로는 시대가 발전한 듯 보여도, 속에서는 여전히 같은 일이 일어나고 있네. 율법이라는 틀만 남기고, 그 안에 계셔야 할 분을 제거하는 일, 바로 그것이 오늘날에도 계속되고 있는 현실이라네.”

성주는 천천히 걸음을 옮기며 옆에서 걷던 리안을 향해 고개를 돌렸다.

"오늘날 하늘의 신을 섬긴다고 말하는 많은 종교들이 있네. 그러나 그 겉모습과 달리, 그 중심에서 말씀의 인격은 이미 밀려나 버렸지. 사람들은 여전히 '하늘을 위해 일한다' 고 말하지만, 실제로 그 자리에 서 있는 것은 하늘의 신이 아니라 사람이네. 예배의 형식은 남아 있고, 지켜야 할 규칙과 사람의 권위는 더욱 높아졌지만, 진리의 생명 대신 제도와 전통이 그 자리를 차지하게 되었지."

그는 막 돋아난 풀잎을 피해 흙길을 천천히 밟으며 말을 이었다.

"원래 신앙이란 하늘의 신과 사랑의 관계를 맺는 일이었네. 그러나 말씀이 하늘의 인격으로 대면되지 않게 되자, 신앙은 점점 하늘이 아닌 사람을 향한 관계의 체계로 변해 버렸지. 하늘을 향하던 시선은 사람을 향하게 되었고, 말씀을 경외하던 마음은 권위를 지키고 질서를 유지하는 일로 바뀌었네. 그렇게 하늘 중심의 믿음은 서서히 사라지고, 그 자리에 사람 중심의 질서만 남게 된 것이지."

그의 음성이 낮아졌지만, 그 안에는 깊은 슬픔이 배어 있었다.

"종교 체제에 머물러 있는 사람들은 자신들이 진리를 믿고 있다고 믿지만, 실상은 진리 그 자체가 아니라 진리의 겉모양만 붙잡고 있는 셈이지. 그들은 하늘의 인격이신 말씀을 사랑하여, 그 말씀을 지키고 보존하기 위해 자기 자신을 내려놓는 십자가를 지는 것이 아니라, 종교 안에서 수행하는 봉사와 헌신, 희생의 행위를 십자가라 여기며 살아가게 되네.

말씀이 중심에 서 있지 않으면, 사람은 자연스럽게 자신이 하고 있는 수고와 헌신을 기준으로 삼게 되지. 그렇게 되면 말씀을 위해 자신을 내어놓는 삶이 아니라, 자신의 열심과 공로를 통해 스스로를 증명하는 삶으로 신앙이 바뀌게 되는 것이네. 이처럼 말씀의 자리를 사람이 대신 차지하게 될 때, 겉으로는 하늘을 섬기는 것처럼 보이지만, 실제로는 하늘의 신이 아닌 사람의 기준과 판단이 지배하는 종교 안에 머물게 되는 것이지.

이것이 바로 옛날 이스라엘이 걸어갔던 비극의 길이었네. 그들도 하늘의 율법을 붙들고 있다고 믿었지만, 그 안에 계신 하늘의 인격을 잃어버린 채, 사람 중심의 신앙으로 기울어졌지. 그리고 그 비극은 끝난 이야기가 아니라, 지금의 세상 속에서도 동일한 구조와 모습으로 여전히 반복되고 있는 것이네."

성주의 말이 이어지는 동안 바람이 정원 사이를 지나가며 잎사귀들을 가볍게 흔들었고, 햇살은 나무 사이로 쪼개져 땅 위에 조용히 내려앉았다.

성주는 잠시 걸음을 늦추었다. 정원 길 위에 떨어진 빛과 그림자를 바라보듯 시선을 낮추었다가, 마치 오래전의 한 장면을 떠올리듯 천천히 고개를 들었다. 그의 목소리에는 '이미 한 번 분명히 드러난 적이 있는 이야기' 라는 무게가 실려 있었다.

그는 시선을 리안에게로 향하며, 정리된 호흡으로 말을 이어갔다.

"리안, 이 비극은 이미 오래전에 하늘의 아들께서 직접 짚어 주신 것이네. 그분께서는 율법을 가장 많이 지키고, 가장 경건하다고 여겨지던 종교 지도자들을 향해, 분명히 말씀하셨지. '너희가 율법의 더 중한 바를 버렸다' 고 말일세.

하늘의 아들께서 그 말씀을 하신 이유는, 그들이 율법을 몰랐기 때문도 아니고, 율법을 소홀히 했기 때문도 아니었네. 오히려 그들은 누구보다 율법을 철저히 지키고 있다고 확신하던 사람들이었지. 문제는 그들이 율법을 붙들고 있으면서도, 그 율법이 처음부터 가리키고 있던 중심을 이미 잃어버렸다는 데 있었네."

성주의 발걸음이 다시 천천히 이어졌다.

"그래서 하늘의 아들께서는 그들의 위선을 도덕적으로 비난하신 것이 아니었네. 그분은 그들이 율법을 사람 중심의 체계로 바꾸어 버린 사실, 다시 말해 하늘의 인격이 계셔야 할 자리에 사람의 의와 판단을 앉혀 버린 현실을 드러내신 것이었지. 그때 하늘의 아들께서 지적하신 것이 바로, 의와 긍휼과 믿음이었네."

두 사람의 발걸음은 여전히 나란히 이어지고 있었다. 정원의 길은 완만했고, 그 길을 따라 흐르던 대화도 서두르지 않은 채 자연스럽게 깊어지고 있었다.

"그 말씀은 율법을 더 진실한 마음으로, 더 철저하게 지키라는 촉구가 아니었네. 율법이 본래 무엇을 중심으로 존재해야 하는지를 드러내는 선언이었지. 그래서 하늘의 아들께서 책망하신 대상은 율법을 적게 지킨 사람들이 아니었네. 오히려 율법을 가장 철저히 지킨다고 자부하던 사람들이었지. 문제는 율법을 얼마나 성실하고 진실하게 지켰느냐에 있지 않았네. 중요한 것은 그 율법을 붙들고 있던 사람의 마음 중심에 무엇이 자리하고 있었는가였지."

성주는 잠시 시선을 들어 나뭇가지 사이로 비치는 하늘을 바라보았다. 햇빛이 그의 눈가를 스쳤다가 다시 잎사귀 뒤로 숨어들었다.

"율법은 처음부터 인간이 도덕을 완성하도록 하기 위해 주어진 것이 아니었네. 사람이 스스로 의로워지도록 하기 위한 사다리도 아니었지. 율법은 하늘의 신과 사람 사이의 관계를 보존하기 위해 주어진 것이었고, 그 관계 안에서 사람이 살도록 인도하는 역할을 하도록 주어진 것이네. 다시 말해 율법의 목적은 사람을 중심에 세우는 데 있지 않고, 하늘의 신을 사람의 중심에 두도록 이끄는 데 있었네."

리안은 아무 말 없이 고개를 끄덕이며 그의 말을 따라 걸었다. 흙길 위에 떨어진 작은 잎 하나를 지나치며, 그는 성주의 말이 단순한 설명이 아니라 자신 안의 질서를 하나씩 다시 놓고 있다는 것을 느끼고 있었다.

"그래서 하늘의 아들께서 말씀하신 의란, 사람이 만들어내는 도덕적 의로움이 아니었네. 그것은 하늘과의 관계 속에서 주어지는 하늘의 의였지. 경전에서 언급하는 의는 언제나 하늘의 신과의 관계적인 개념이네. 그 의는 하늘의 신과의 관계 안에 있을 때 주어지는 상태이며, 그분께로부터 흘러오는 것이지."

성주의 발걸음이 잠시 느려졌다.

"그러나 사람이 자기 의를 쌓기 시작하는 순간, 하늘로부터 오는 의는 더 이상 필요 없게 되네. 바리새인들이 의를 버렸다는 말은 그들이 불의하게 살았다는 뜻이 아니었지. 오히려 그들은 누구보다 의롭게 살고 있다고 확신했네. 문제는 그들의 의의 근원이 하늘이 아니라 자기 자신이 되었다는 데 있었네."

정원의 한쪽에서 불쑥 튀어나온 다람쥐가 햇빛을 가로질러 달리다 이내 나무 그늘 속으로 스르르 사라졌다. 성주의 시선도 잠시 그 움직임을 따라갔다가, 곧 다시 리안에게로 돌아왔다. 그 짧은 침묵은 말의 흐름을 끊기보다, 오히려 의미를 더 또렷하게 가다듬는 듯했다.

"긍휼도 마찬가지였네. 하늘의 아들께서 말씀하신 긍휼은 인간적인 동정이나 윤리적 친절을 가리킨 것이 아니었지. 그것은 하늘의 신의 성품, 곧 하늘이 어떤 분이신지를 드러내는 것이었네. 그래서 율법은 사람이 하늘의 신과의 관계 안에 머물 때, 그 하늘의 긍휼이 사람을 통해 자연스럽게 흘러나오도록 주어진 것이었지.

성주는 천천히 고개를 저었다. 그 동작에는 안타까움이 묻어 있었고, 말은 차분했지만 분명했다.

"하지만 사람이 중심에 서게 되자, 긍휼은 더 이상 하늘의 성품이 아니라 사람의 계산이 되었네. 누구에게 베풀어야 하는지, 어디까지 허용해야 하는지, 어떤 조건이 충족되어야 하는지가 먼저 판단의 기준이 되었지. 그래서 긍휼을 버렸다는 말은 사람이 더 잔인해졌다는 뜻이 아니라, 하늘의 성품이 밀려나고 그 자리를 사람의 성품이 대신 차지했다는 뜻이네."

두 사람은 어느새 정원의 깊숙한 곳으로 들어서 있었다. 바람은 한결 잦아들었고, 흙길 위에는 두 사람의 발소리만이 조용히 이어지고 있었다.

"믿음도 마찬가지였네. 믿음은 인간의 결단이나 감정, 혹은 혈통에서 비롯되는 것이 아니었지. 경전 전체에서 믿음은 언제나 하늘로부터 주어지는 선물이었고, 하늘의 신과의 관계 안에서 유지되는 신뢰였네. 그러나 사람들이 하늘의 신과의 관계보다 율법을 지키는 행위를 더 중요하게 여기기 시작하면서, 그 행위가 믿음의 증거로 여겨지게 되었지. 그렇게 하늘의 신을 신뢰하는 관계는 점점 뒤로 밀려나고, 율법을 지키는 행위 자체가 믿음을 대신하는 자리에 서게 된 것이네."

성주는 리안을 바라보며 말을 이었다.

"그래서 믿음을 버렸다는 말은 종교심이 약해졌다는 뜻이 아니네. 하늘과의 관계 자체가 끊어졌다는 뜻이지. 그 결과 하늘의 신께로부터 오는 믿음이 그들 안에 존재하지 않게 된 것이네."

그는 잠시 걸음을 멈췄다가, 다시 천천히 발을 내디뎠다.

"의와 긍휼과 믿음은 서로 떨어진 덕목이 아니네. 이 세 가지는 하나의 질문을 던지고 있지. 지금 사람의 중심에 하늘의 신이 계신가, 아니면 사람이 앉아 있는가. 그래서 하늘의 아들께서 이것을 율법의 더 중한 바라고 부르신 것이네. 이것이 율법의 목적이기 때문이지."

성주의 음성은 차분했지만 단단했다.

"이것이 사라진 율법은 더 이상 하늘로 사람을 이끄는 법이 아니라, 사람을 높이고 사람의 의를 정당화하는 종교로 변질되네. 그리고 바로 그 지점에서, 이스라엘의 비극이 시작되었고, 그 구조는 지금도 반복되고 있는 것이네."

리안은 걸음을 멈추지 않은 채 고개를 숙였다. 정원의 풍경은 여전히 평온했지만, 그의 안에서는 오래 붙들고 있던 기준들이 조용히 무너지고 있었다.

리안은 한동안 아무 말도 하지 않았다. 정원의 바람이 두 사람 사이를 지나가며 잎사귀를 스쳤고, 흙길 위에 내려앉은 빛이 천천히 자리를 옮기고 있었다. 그는 그 침묵 속에서, 방금까지 들은 말씀이 자신의 안에서 하나의 질서로 정리되고 있음을 느꼈다.

이윽고 리안은 고개를 들어 성주를 바라보았다. 그의 목소리는 떨리지 않았고, 스스로를 다잡으려는 힘도 실려 있지 않았다. 오히려 오래된 오해 하나가 벗겨진 뒤에 남는 고요에 가까웠다.

"성주님, 저는 그동안 하늘의 아들께서 하신 이 말씀을 다르게 알고 있었습니다. 의와 긍휼과 믿음이란, 더 진실하게 살라는 말씀인 줄 알았고, 더 최선을 다하고, 더 성실하고, 더 정직해지라는 요구인 줄로만 알았습니다. 그래서 저는 늘 제 태도를 돌아보며, 더 부족하지 않기 위해 애쓰고 있었습니다."

리안은 잠시 숨을 고른 뒤, 말을 이었다.

"하지만 성주님의 말씀을 들으며 알게 되었습니다. 그 말씀이 사람의 마음가짐을 더 단단하게 만들기 위한 요구가 아니라는 것을요. 그것은 제가 무엇을 더 이루어야 하는지를 묻는 말씀이 아니라, 제 삶의 중심에 무엇이 자리하고 있는지를 드러내는 질문이었다는 것을요."

그는 시선을 다시 정원의 길 위로 내렸다. 흙길 위에 드리운 빛과 그림자가 천천히 어긋나고 있었다.

"이제야 알겠습니다. 이것이 바로 율법의 목적이라는 것을요. 사람이 더 나은 사람이 되기 위한 법이 아니라, 사람이 스스로 중심에 서 있던 자리에서 내려와, 하늘의 신을 삶의 중심으로 모시도록 이끄는 길이라는 것을요."

리안의 말은 거기서 멈췄다. 그러나 그 고백은 질문이 아니었고, 다짐도 아니었다. 오래 붙들고 있던 오해가 풀리며, 율법이 무엇을 향해 있었는지가 분명해진 순간의 인정이었다.

성주는 그 고백을 잠시 가만히 받아들이다가, 리안의 눈을 바라보며 차분하지만 단호하게 입을 열었다.

"바로 그 지점 때문에, 지금도 여전히 '말씀의 사역자들'이 필요한 것이네. 그들은 사람을 조직이나 제도 안에 묶어 두기 위해 부름받은 자들이 아니지. 사람들에 의해 사람 중심으로 훼손되어 버린 말씀을, 다시 하늘 중심으로 증언하기 위해 보냄을 받은 자들이라네."

성주의 목소리는 설명이었지만, 단순한 이론은 아니었다.

"이 사역자들의 역할은 율법을 더 엄격한 규칙으로 강화하는 데 있지 않네. 그들은 율법의 본질을 다시 드러내고, 그 본질이 처음부터 가리키고 있던 목적, 곧 율법을 완성하신 하늘의 아들에게로 사람들을 인도하기 위해 세움을 받은 자들이지. 그래서 하늘께서는 각 시대마다 말씀이 왜곡되고, 사람이 중심이 된 종교 체계로 굳어질 때마다, 하늘 중심의 말씀을 다시 선포하는 사역자들을 보내오신 것이네."

성주는 잠시 말을 멈췄다가, 더 낮은 목소리로 말을 이었다.

"그러나 세상과 종교는 늘 그들을 환영하지 않았지. 그 이유는 분명하네. 하늘 중심의 진리가 선포되는 순간, 사람 중심으로 세워진 종교 체계는 흔들릴 수밖에 없고, 그 안에 감추어 두었던 거짓과 어둠이 드러나게 되기 때문이지."

그는 마지막 말을 분명히 맺었다.

"그래서 진리를 거부하는 일은 단순한 무지의 문제가 아니네. 자기 중심을 내려놓지 않으려는 의식적인 선택의 결과라네."

그 말은 리안의 마음 깊은 곳에 무겁게 내려앉았다. 그는 천천히 고개를 들어 정원을 바라보았다. 조금 전까지만 해도 평화롭고 아름답게만 보였던 풍경이, 이제는 전혀 다른 모습으로 다가왔다. 나무의 그림자와 햇살이 만드는 결마저도 의미심장하게 느껴졌다. 마치 자신이 '진리' 라 믿어왔던 모든 구조가,

참된 말씀이 돌아오는 순간 한순간에 무너질 수밖에 없는 허상처럼 보였기 때문이다.

성주는 조용히 발걸음을 옮겼고, 리안은 그 뒤를 조심스레 따랐다. 정원의 공기에는 설명할 수 없는 긴장감이 감돌고 있었고, 그 침묵을 가르며 성주의 낮고 단단한 목소리가 다시 울렸다.

"리안, 진짜 말씀이 돌아오면 가짜는 반드시 드러나게 되네. 빛이 오면 어둠이 숨을 곳이 없듯이 말일세. 왜곡된 체계는 그 앞에서 결코 견디지 못하지. 그래서 사람들은 언제나 하늘의 말씀을 불편해하고, 결국 제거하려 하지. 그것이 세상의 본성이며, 종교가 반복해 온 오래된 습성이네."

그는 천천히 걸음을 멈추고 나무 그늘 아래에 서서 말을 이었다.

"종교가 형성되는 과정은 늘 비슷하네. 먼저 말씀 안에 계신 하늘의 인격을 교묘하게 지워 버리지. 그 다음에는 살아 있는 말씀을 '해석' 이라는 이름으로 사람이 다룰 수 있는 문장으로 바꾸네. 그리고 마지막에는 그 왜곡된 해석을 거짓된 영으로 덮어버리지. 그렇게 되면 종교체제는 더 이상 하늘의 인격이 아니라, 사람이 만든 질서와 기준을 중심으로 세워지게 된다네."

성주의 시선이 리안을 향해 다시 옮겨졌다.

"그래서 진짜 말씀이 돌아오는 순간, 그들이 쌓아 올린 모든 권위와 체계, 그 허위의 토대가 한꺼번에 드러나게 되지. 숨겨졌던 거짓이 밝혀지고, 더 이상 종교 체제가 유지될 수 없게 되는 것이네. 이것이 바로 사람 중심의 종교가 하늘의 인격 중심의 진리를 본능적으로 거부하게 되는 이유라네."

성주의 말은 봄바람처럼 부드럽게 흘러나왔지만, 그 안에는 칼날 같은 진실이 숨겨져 있었다. 그는 그제야 깨달았다. 하늘의 말씀을 제거한다는 것은 단지 문장을 수정하거나 번역을 오역하거나 교리를 다듬는 차원의 문제가 아니라, 그 말씀 안에 살아 계신 하늘의 인격 자체를 지워버리는 일이라는 사실을 말이다.

그 깨달음과 함께, 리안의 내면 깊은 곳에서 묵직한 울림이 일어났다. 지금껏 자신이 '신앙' 이라 불러왔던 많은 것들이, 실상은 하늘의 인격이 빠진 채 남아 있는 종교적 체계와 질서를 붙잡고 있었음을 비로소 인식하기 시작한 것이다. 그의 시선은 여전히 낮게 떨어져 있었지만, 마음속에서는 무너지는 소리가 분명히 들려왔다.

그 무너짐 속에서 리안은 하나의 흐름을 이해하게 되었다. 왜 세상은 하늘 중심의 말씀이 아니라 사람 중심의 체계를 중심에 두려 하는지, 왜 예언자들은 언제나 고독한 자리로 밀려났는지, 그리고 왜 진리를 말한 자들이 종교 체제의 한가운데가 아니라 그 바깥에서 배척과 고난을 겪어야 했는지 말이다.

그 모든 이유는 결국 하나로 수렴되었다. 하늘의 인격이 중심이 되는 순간, 사람을 중심으로 세워진 모든 체계는 반드시 무너질 수밖에 없기 때문이었다.

성주는 리안을 바라보며 한 걸음 더 가까이 다가섰다. 그의 태도는 부드러웠지만, 말에는 흔들림 없는 확신이 담겨 있었다.

"리안, 하늘의 아들께서 유대인들에게 핍박을 받고 십자가에서 죽임을 당하신 이유는 구약의 가르침에 반하는 새로운 사상을 전하셨기 때문이 아니었네. 그분은 구약의 말씀 위에 또 다른 말을 덧붙이거나, 자신의 생각과 해석을 더하려 하지 않으셨지. 오히려 그분은 이미 주어진 아버지의 말씀을 조금도 훼손하지 않고 그대로 지키기 위해 자기 생명을 내어주셨네.

그분의 사역은 '새로운 말' 을 만들어 사람들의 관심을 끄는 일이 아니라, 아버지의 말씀을 있는 그대로 전하고, 하늘 중심의 말씀이 세상 속에서 사람 중심의 해석과 체계로 변질되거나 사라지지 않도록 끝까지 보존하는 일이었지. 그래서 그분의 순종은 단순한 가르침의 전달이 아니라, 말씀의 본질을 지키기 위한 생명의 헌신이었던 것이네."

성주는 잠시 눈을 감았다가 천천히 다시 뜨며, 낮은 목소리로 경전의 구절을 인용하며 말을 이었다.

" '내가 아버지의 말씀을 그들에게 주었사오매, 그들이 그 말씀을 받았나이다.' "

그는 다시 리안을 바라보며 설명을 이어갔다. 방금 인용한 말씀은 하늘의 아들께서 이 땅에서 무엇을 위해 오셨는지를 가장 분명하게 드러내는 고백이었다.

"보게, 리안. 하늘의 아들께서는 아버지의 말씀 위에 어떤 새로운 체계나 교리를 쌓지 않으셨네. 그분은 기존의 말씀을 넘어서는 다른 가르침을 만들려 하신 것이 아니라, 오직 하나의 일을 하셨지. 이미 주어진 아버지의 말씀을 보존하고, 그 말씀이 사람을 향하거나 사람 중심으로 왜곡되지 않도록 끝까지 지키신 것이네."

성주의 목소리는 흔들림이 없었다.

"그분은 말씀을 '전달하는 교사' 로 오신 것이 아니라, 말씀 그 자체로 오셨고, 하늘의 신 중심의 말씀을 지키기 위해 죽음까지 받아들이셨네."

그는 잠시 말을 멈췄다가, 그 의미를 더 또렷이 짚으며 덧붙였다.

"그러므로 참된 신앙이란 새로운 지식을 더 많이 배우는 데 있지 않네. 신학을 공부해 더 복잡한 교리를 이해한다고 해서 신앙이 완성되는 것도 아니지. 많은 사람들은 경전의 지식을 쌓고, 히브리어와 헬라어 같은 원어를 연구하는 것이 신앙의 깊이라고 여기네. 그러나 그들이 놓치고 있는 사실이 하나 있지.

히브리어를 사용하던 이스라엘 백성들조차 하늘 중심의 말씀을 대적했고, 헬라어를 사용하던 유대인들 또한 하늘의 인격이신 진리를 배척했네. 이러한 역사적 사실을 통해 경전의 언어를 알고, 경전의 문장을 이해하고, 경전의 지식을 쌓았다는 사실이 곧 하늘의 인격을 사랑했다는 증거는 아니었던 것이지."

성주는 리안을 똑바로 바라보며 말을 이었다.

"기억하게, 리안. 문제는 어떤 번역본이 더 옳으냐의 문제가 아니네. 신앙의 본질은 이미 주어진 하늘의 말씀을 잃지 않고 그대로 붙드는 데 있네. 그 말씀이 지식을 늘리기 위한 대상이 아니라, 성도가 사랑해야할 하늘의 인격이기 때문이지."

성주는 리안을 바라보며 조용히, 그러나 분명하게 말했다.

"말씀은 문장이나 언어나 지식이 아니라 살아 계신 하늘의 인격이네. 그 인격을 사랑하여 지키는 것이 곧 신앙이며, 그분의 자리를 사람 중심의 해석이나 지식, 혹은 종교적 권위로 대신하는 순간, 신앙은 더 이상 신앙이 아니라 종교로 변해버리는 것이네."

리안은 조용히 숨을 내쉬었다.

그의 가슴속을 짓누르던 무거운 돌덩이가 천천히 녹아내리는 듯했다. 그는 눈을 감고, 성주의 말을 하나하나 마음속에서 되짚었다. 진짜 믿음은 새로운 지식을 찾아 더 많이 쌓는 데 있는 것이 아니었다. 이미 주어진 말씀을 하늘의 인격으로 사랑하고, 그 말씀을 잃지 않기 위해 지키는 데 있었다.

그리고 바로 그 일을 위해, 그 말씀을 십자가에서 죽기까지 지키신 분이 하늘의 아들이었다는 사실이 리안의 마음에 깊은 울림으로 다가왔다. 그 순간 그는 하늘의 아들은 새로운 종교를 세우신 분이 아니라, 이미 주어진 말씀을 생명처럼 보존하신 분이었고, 그 말씀 자체로 살아오신 분이었다는 것을 깨달았다.

성주는 정원의 한 모퉁이에 이르러 걸음을 멈추었다. 리안도 자연스럽게 그의 곁에서 발걸음을 멈췄다. 잠시 바람이 스쳐 지나가며 나뭇잎이 가볍게 흔들렸다. 그 고요한 틈 사이로 성주의 목소리가 잔잔하게 이어졌다.

"리안, 많은 믿음의 선진들도 바로 그 길을 걸었네. 그들은 사람 중심으로 세워진 규율과 질서를 붙드는 대신, 하늘 중심의 말씀을 붙들었지. 그래서 그 말씀을 선포하다가 핍박을 받고, 결국 순교의 길을 걸은 이들도 많았네.

그들은 사람들에게 규칙을 더 잘 지키라고 가르친 것이 아니었네. 그들은 그 말씀 안에 살아 계신 인격을 사랑했고, 그 인격을 지키기 위해 자기 생명까지 내어놓았던 것이지. 세상과 종교가 아무리 그들을 조롱하고, 그들이 전하던 말씀을 배척하고 무너뜨리려 해도, 그들은 끝까지 그분을 놓지 않았네.

왜냐하면 그들에게 말씀을 지킨다는 것은 단순한 신념이 아니라, 사랑의 표현이었기 때문이었네."

성주의 말은 거기서 멈췄지만, 그 말이 남긴 여운은 리안의 마음속에서 쉽게 가라앉지 않았다. 그는 아무 말도 할 수 없었다. 침묵 속에서 리안은 하나의 사실을 분명히 인식하고 있었다. 율법은 사람이 의지로 붙들어야 할 규칙이 아니라, 하늘로부터 흘러온 생명이었다. 그 안에는 단순한 명령이 아니라 그분의 숨결이 깃들어 있었고, 그분의 인격이 살아 계셨다.

그 사실을 깨닫는 순간, 율법을 대하던 그의 관점은 완전히 달라졌다. 율법을 지킨다는 것은 조항을 빠짐없이 수행하는 일이 아니라, 그분을 잃지 않기 위해 지키는 일이었고, 그분이 살아 계심을 삶으로 다시 증언하는 행위였다. 그것이야말로 성주가 말한 참된 믿음이었으며, 그 믿음은 과거의 이야기가 아니라 지금도 여전히 누군가의 손과 입술을 통해 이어지고 있는 현실이었다.

리안은 천천히 숨을 들이쉬었다. 성주의 말은 감정으로 스쳐 지나간 것이 아니라, 그의 중심 깊숙한 곳에 새겨지듯 자리 잡고 있었다.

그동안 율법은 그에게 무겁고 벗어날 수 없는 짐처럼 느껴져 왔다. 지키지 못하면 정죄받고, 이루지 못하면 실패자가 되는 기준처럼 그를 눌러 왔다. 그러나 이제 그는 분명히 알게 되었다. 율법은 짐이 아니라 사랑이었고, 그 사랑은 하늘의 인격을 향한 마음에서 흘러나오는 것이었다. 그리고 그 마음이 사람을 억지로 몰아붙이는 대신, 자연스럽게 그분의 법을 살아내게 하는 힘이 된다는 사실을 그는 더 이상 의심하지 않게 되었다.

정원의 아침은 새소리들로 정겨운 풍경을 만들어 내고 있었다. 정원에 심겨진 나뭇잎 끝에 맺힌 이슬이 햇빛을 받아 반짝였고, 나무 사이로 스며드는 바람이 리안의 머리카락을 부드럽게 흔들었다. 그 고요한 움직임 속에서 정원은 마치 말없이 어떤 질서를 보여 주는 듯했다.

리안은 나란히 걷던 발걸음을 잠시 늦추고, 바람이 스쳐 가는 방향을 바라보았다. 그리고 그 흐름을 따라 마음속에 흩어져 있던 생각들이 하나로 정리되는 것을 느끼며, 천천히 고개를 숙였다. 그의 마음에는 더 이상 막연한 혼란이 아니라, 원인을 분명히 짚을 수 있는 하나의 깨달음이 자리하고 있었다.

그가 조용히 입을 열었다.

“성주님, 말씀을 들으며 제 문제가 무엇이었는지 분명히 알게 되었습니다. 제 영혼이 늘 갈급했던 이유는 제가 율법을 충분히 이루지 못했기 때문이 아니었습니다. 저는 부족함을 채우기 위해 더 애써야 한다고 여겼지만, 그렇게 할수록 그 갈급함은 조금도 채워지지 않았습니다.”

리안은 잠시 숨을 고르고, 스스로를 돌아보듯 말을 이었다.

“이제야 깨달았습니다. 문제는 성취의 부족이 아니라 출발점에 있었습니다. 저는 처음부터 제 자신을 중심에 두고 율법을 대했습니다. 율법을 통해 제 삶을 다듬고, 제 모습을 더 의롭고 아름답게 만들고자 했던 것입니다."

그는 고개를 조금 더 숙이며, 깨달음의 결론을 차분히 고백했다.

"그러나 율법은 제가 스스로를 의롭게 만들기 위한 도구가 아니었습니다. 율법은 제가 중심에서 내려와, 하늘의 인격을 제 삶의 주인으로 모시도록 이끄는 길이었습니다. 이제야 그 자리를 분명히 알게 되었습니다."

그의 목소리에는 어딘가 깊은 깨달음이 스며든 잔잔한 울림이 있었다.

성주는 가볍게 고개를 끄덕였다. 그는 리안의 곁에서 걸음을 자연스럽게 늦추며, 잠시 생각을 정리하듯 침묵했다. 두 사람의 발걸음이 흙길 위에서 나란히 이어졌고, 성주는 앞을 향하던 시선을 리안에게 돌려 차분하게 말을 이었다.

"자네가 이제 율법의 전체적인 그림을 어느 정도 이해했으니, 이제는 그 계명들을 하나씩 마주해 보세. 큰 틀을 보았으니, 이제 그 안으로 들어갈 차례일세."

그 말은 리안의 마음에 조용히 스며들었다. 성주의 말은 부담이나 경계가 아니라, 이제야 제대로 듣게 될 이야기라는 기대로 다가왔다. 그는 그동안 규칙으로만 여겼던 말씀이, 어떤 얼굴과 어떤 마음으로 자신에게 다가올지를 알고 싶어졌다.

리안은 작게 숨을 들이쉬며 정원의 한쪽, 오래된 나무 아래 놓인 긴 의자를 바라보았다. 그곳에는 부드러운 햇살이 내려앉아 있었고, 잎사귀들이 빛을 걸러 주며 말없이 머물 수 있는 평온한 그늘을 만들고 있었다.

그는 십계명이 하늘의 신께서 사람을 부르시는 마음을 담은 말씀일 것이라는 예감과 함께, 이곳에서 긴 말씀의 여정이 시작되리라는 사실을 조용히 받아들이며 나무 아래 놓인 긴 의자를 바라보았다.

성주는 리안의 시선을 따라 고개를 돌렸다. 그리고 굳이 말로 정하지 않아도 알겠다는 듯, 아무 말 없이 그쪽으로 걸음을 옮겼다. 리안도 그의 곁으로 발걸음을 맞추어 천천히 나아갔다. 둘은 나란히 등이 있는 기다란 나무 의자에 앉았다. 따뜻한 나뭇결이 손끝에 전해졌고, 바람은 가지 사이를 지나며 잎사귀들을 가볍게 흔들었다.

성주는 기대어 있던 등받이에서 몸을 앞으로 옮기며 자연스럽게 자세를 고쳐 앉았다. 그의 눈빛은 단단했지만 강요가 없었고, 움직임은 조용했으나 흐트러짐이 없었다. 리안 역시 등을 곧게 세우고 그를 바라보았다. 그의 눈동자에는 설명하려는 열의가 아니라, 오래 품어 온 진리를 차분히 건네려는 깊은 확신이 깃들어 있었다.

제 4 장

제1계명
『내 앞에 다른 신들을 두지 말라』

정원의 한쪽, 등받이가 있는 긴 나무 의자 위에 두 사람은 나란히 앉아 있었다. 오랫동안 그곳을 지켰던 나무들 사이로 햇빛이 스며들며 따뜻한 빛을 머금고 있었고, 바람이 스칠 때마다 잎사귀들이 서로 부딪히며 낮고 잔잔한 소리를 냈다. 그 소리는 마치 정원이 스스로 숨을 쉬는 것처럼 느리게 이어졌다.

아침의 햇살은 날카롭지 않았고, 나무 사이를 통과하며 부드럽게 부서져 두 사람의 어깨와 손등 위에 내려앉았다. 멀리서

새 한 마리가 짧게 울었고, 그 울음은 오래 머물지 않은 채 정원 위로 조용히 퍼졌다가 사라졌다. 모든 것이 서두르지 않는 시간 속에 놓여 있었다.

성주는 잠시 말을 하지 않았다. 그는 이 자리에서 서둘러 말을 시작할 필요가 없다는 것을 알고 있었다. 충분한 침묵이 흐른 뒤에야, 그는 낮지만 분명한 목소리로 입을 열었다.

"리안, 나는 자네에게 십계명을 통해 하늘의 신께서 어떤 분이신지, 그리고 그분이 무엇을 말씀하시려는지, 그 참된 의미를 들려주려 하네."

그 말은 크지 않았지만 정원 전체를 가볍게 울렸다. 오랜 세월을 지나온 자만이 지닐 수 있는 확신이 그 음성 안에 고여 있었고, 리안은 자연스럽게 고개를 들어 성주를 바라보았다. 그 순간 햇살이 두 사람 사이로 한층 더 깊이 스며들었다.

잠시 숨을 고른 성주는, 마치 이미 오래전부터 마음에 품고 있던 이야기를 꺼내듯, 조용히 말을 이었다.

"하늘의 신께서는 첫 번째 계명을 주시기 전에 이렇게 말씀하셨지. '나는 너를 애굽 땅, 종 되었던 집에서 인도하여 낸 너의 신이니라.' "

그 말은 명령처럼 떨어지지 않았다. 무언가를 요구하기에 앞서, 이미 무엇이 이루어졌는지를 먼저 분명히 밝히는 선언에 가까웠다. 그래서 그 말은 정원의 고요 위에 강요가 아니라 사실로서 천천히 놓였다.

그의 목소리는 여전히 낮았지만, 이제 말하고자 하는 핵심은 분명해졌다.

"이 말씀은 단순히 '신이 존재한다' 는 사실을 알리는 문장이 아니네. 하늘의 신은 세상을 창조하신 분일 뿐 아니라, 실제로 사람을 죄의 상태에서 끌어내신 분이라는 사실을 먼저 밝히는 선언이지.

그래서 이 말씀이 가장 먼저 주어지는 것이네. 사람이 먼저 자신이 '구속받은 자' 라는 사실을 받아들이지 않으면, 그 다음에 이어지는 계명은 그 사람에게 아무 의미가 없네. 그분께 속하지도 않았는데, 그분이 하신 말씀이 어찌 그 사람의 기준이 되겠는가. 모든 규칙과 명령은 그 관계 안에 들어온 사람에게만 적용되는 것이지.

자신이 하늘의 신으로부터 구속받았다는 고백이 없다면, 그 이후에 주어지는 계명은 단순한 규칙에 불과하네. 그러나 자신이 하늘의 신께 속한 자라는 고백이 분명하다면, 같은 계명이라도 그 사람 안에서 하늘의 신을 향한 사랑의 표현으로 작동하게 되지.

이 차이 때문에 문제가 생기는 것이네. 구속에 대한 고백 없이 계명을 마주하면, 그 계명은 삶의 방향을 제시하는 길이 아니라 또 하나의 짐으로 느껴질 수밖에 없네.

하늘의 법은 구속받은 자를 통제하기 위해 주어진 것이 아니라, 이미 맺어진 사랑의 관계 안에 머물도록 돕고, 그 사랑이 더 깊어지도록 지켜주는 역할을 하는 법이지. 그러나 아직도 죄의 지배 아래 있는 사람은 그 법을 여전히 '지켜야만 하는 의무' 로만 받아들이네.

그러니 문제는 계명 그 자체에 있는 것이 아니라, 그 계명을 마주하고 있는 사람의 상태에 있네. 같은 계명이라도 어떤 이에게는 생명이 되고, 어떤 이에게는 속박이 되는 이유가 바로 여기에 있지.

성주는 호흡을 길게 들이키며 말을 이었다.

"그래서 계명은 먼저 '무엇을 해야 하는가' 를 묻지 않고, '누구에게 속해 있는가' 를 묻는 말씀이네. 계명의 중심은 사람의 행동이 아니라 하늘의 신과 맺어진 관계이지.

그 관계가 분명하지 않은 상태에서 계명을 붙잡으면, 사람은 결국 자기 기준으로 그 뜻을 해석하게 되네. 그러면 계명은 더 이상 하늘로부터 온 말씀이 아니라, 사람의 이해와 판단에 의해 재단된 규칙으로 변해버리지. 그렇게 되면 그 계명은 더 이상 하늘에서 온 말씀이 아니라, 사람이 만든 기준이 되어버리네. 하늘의 생명은 사라지고, 사람의 생각과 판단으로 지켜야 할 도덕 규칙만 남게 되는 것이지. 즉, 신과의 관계에서 떨어져 나간 계명은 더 이상 생명의 법이 아니라, 사람을 판단하고 구분하는 기준에 불과해지는 것이지."

리안은 고개를 끄덕였다. 그의 눈빛에는 이제 두려움이 아니라 이해에서 비롯된 확신이 서려 있었다. 그는 처음으로 계명이 지켜야 할 규칙이기 이전에, 신과의 관계 안에서만 살아 움직이는 말씀이라는 사실을 깨닫기 시작했다. 햇살이 그의 머리 위로 부드럽게 쏟아졌고, 그의 숨결은 마치 마음의 긴장이 풀리듯 점점 느려지고 깊어지고 있었다.

성주는 잠시 리안을 바라보다가 다시 천천히 말을 이었다.

"결국 계명은 사람이 무엇을 해내기 위해 주어진 규칙이 아니라, 하늘과 맺어진 관계가 끊어지지 않도록 붙들어 주는 생명의 법이네.

하늘의 신은 단순히 말씀을 주시는 분이 아니라, 말씀 자체이시고, 그 말씀이 곧 생명이네. 그래서 사람이 하늘의 신과 관계를 맺는다는 것은, 곧 말씀과 관계를 맺는다는 뜻이며, 그 관계 안으로 들어갈 때 비로소 생명 안에 들어가게 되는 것이지.

이 때문에 순서가 중요한 것이네. 먼저 구속의 은혜를 입어 하늘의 신과의 관계 안으로 들어간 자만이, 그 생명 안에서 주어진 계명을 이해할 수 있네. 계명은 말씀이 살아 있는 자리, 곧 관계 안에서만 의미를 갖기 때문이지.

반대로 사람이 그 말씀과 연결되지 않은 채 계명만 붙잡으면, 그 계명은 더 이상 생명이 아니라 단순한 규칙으로 남게 되네. 그래서 사람이 아무리 선하게 살고, 옳은 일을 행한다 해도, 말씀과 분리된 삶은 스스로 생명의 열매를 맺을 수 없는 가지와 같은 것이네."

그는 잠시 말을 멈췄다가 덧붙였다.

"이것이 바로 하늘의 아들께서 하신 말씀의 뜻이라네. '살리는 것은 영이니 육은 무익하니라. 내가 너희에게 이른 말이 영이요 생명이라.' 이 말씀은 분명히 말해주고 있지. 생명은 행위에서 나오는 것이 아니라, 말씀에서 흘러나온다는 것을 말일세.

오직 하늘의 말씀만이 영이고 생명이네. 그 외의 모든 육신의 노력과 행위는, 아무리 옳아 보여도 생명을 줄 수 없는 것이지. 사람이 스스로 계명을 지키려 애쓰는 것은 결국 육의 힘으로 행하는 일일 뿐이네.

생명은 지켜냄으로 얻는 것이 아니라, 말씀과 하나 되어 살아갈 때 주어지는 것이네. 생명을 주는 것은 오직 말씀과의 연합일세."

그의 음성은 잔잔했지만 그 안에는 무게가 실려 있었다. 리안은 조용히 눈을 감았다. 이제 그는 계명이 외적인 행동을 요구하는 법이 아니라, 구속의 은혜 안으로 들어온 자들이 그 생명 안에 머물도록 지켜주는 질서라는 것을 알았다. 계명은 구속을 얻기 위한 조건이 아니라, 이미 구속받은 자들이 생명을 잃지 않도록 붙들어 주는 말씀이었다.

그리고 그는 '계명을 지킨다' 는 것이 단지 옳은 일을 행하는 것이 아니라, 말씀과 하나 되어 그 생명 안에 거하는 것임을 비로소 이해하기 시작했다.

그때 성주는 지금까지의 모든 말을 정리하듯 조용히 말했다.

"그러니 이 계명들은 아직 하늘의 신을 알지 못하는 자들에게 던져진 요구가 아니네. 이미 구속의 은혜를 입고, 하늘의 신께 속한 자들에게 주어진 말씀이지. 하늘께서는 먼저 그들을 자기 백성으로 삼으시고, 그 다음에 그 관계를 지키는 법을 말씀하신 것이네."

성주는 잠시 말을 멈췄다가, 한 걸음 더 나아가듯 덧붙였다.

"그래서 계명의 시작은 늘 행동이 아니라 관계일 수밖에 없네. 무엇을 하라는 말보다 먼저, 누구에게 속해 있는지를 분명히 하시는 것이지. 관계가 흔들리면 모든 계명은 의미를 잃고, 관계가 바로 서 있을 때에만 계명은 생명으로 작동하네."

그리고 마침내, 성주의 입에서 지금까지의 모든 설명을 하나의 결론으로 압축한 말씀이 흘러나왔다.

"너는 나 외에 다른 신들을 네게 두지 말라."

그 말이 공기를 가르며 울릴 때, 정원은 마치 숨을 멈춘 듯 고요해졌다. 바람조차 멎은 것 같았고, 리안은 그 말씀이 외부에서 들려온 소리가 아니라 자신의 안으로 스며드는 것처럼 느껴졌다. 짧은 한 문장이었지만, 그 안에는 지금까지 들은 모든 설명을 관통하는 무게가 담겨 있었다. 그는 본능적으로 그 의미를 붙잡으려 애쓰며 조심스럽게 물었다.

"그건 … 우상의 형상들을 만들지 말라는 뜻인가요?"

성주는 고개를 천천히 저었다.

"아니네, 리안. 이 첫 계명은 단순히 눈에 보이는 우상을 만들지 말라는 금지에서 출발하지 않네. 이 계명은 율법 전체의 기초이자, 모든 신앙이 서 있는 뿌리라네. 그렇기 때문에 이 첫 계명이 무너지면, 그 위에 세워진 나머지 계명들도 함께 무너질 수밖에 없지. 더 나아가, 이 계명이 무너지면 하늘의 신을 믿는다고 말하는 신앙 자체가, 겉모양만 남은 헛것이 되고 말지."

그는 잠시 리안을 바라보다가, 자신의 말이 단순한 설명이 아니라 반드시 이해되어야 할 핵심임을 전하려는 듯, 시선을 리안에게 더 가까이 맞추며 부드럽게 말을 이었다.

"다시 말해서 이 말씀은 '나 외에 다른 신들을 두지 말라' 는 말이지만, 단순한 금지나 경고가 아니네. 이 계명은 '나 외에 어떤 것도 너의 중심 자리에 두지 말라' 는 선언이며, 동시에 하늘을 사랑하는 사람을 향한 사랑의 고백이자 사랑의 초대라네.

마치 사랑하는 이에게 마음의 중심을 온전히 내어 달라고 말하는 것과 같지. 사랑은 언제나 관계를 전제로 하네. 그래서 이 계명은 아직 그 사랑의 관계 안으로 들어오지 않은 사람에게는, 자유를 제한하는 요구처럼, 족쇄로 느껴질 수밖에 없지.

그러나 이미 사랑의 관계 안에 있는 사람에게는 상황이 전혀 다르네. 그에게 이 계명은 자유를 빼앗는 속박의 말이 아니라, 자신을 향한 신의 마음을 확인하게 해 주는 고백으로 들리게 된다네. 같은 말씀이지만, 그분과의 관계의 유무에 따라 전혀 다른 의미로 다가오는 것이지."

그는 잠시 말을 고르고, 논지를 분명히 하듯 덧붙였다.

"그래서 하늘의 신을 사랑한다는 것은, 단순히 감정을 느끼거나 호의를 표현하는 것이 아니라, 그 사람의 마음 중심 자리에 오직 하나, 곧 하늘의 신만을 두겠다고 선택하는 것을 의미하네. 사랑은 언제나 중심을 요구하기 때문이지. 사람이든, 사상이든, 감정이든, 심지어 선해 보이는 목적이라 할지라도, 그 중심의 자리를 대신할 수는 없네. 마음의 중심은 둘이 설 수 있는 자리가 아니기 때문이지. 마음의 중심에 놓이는 것은 무엇이든, 그 순간부터 삶의 기준이 되기 때문에, 결국 '다른 신'의 자리를 차지하게 된다네."

성주는 잠시 땅을 바라보다가 고개를 들었다.

"결국 이 계명은 삶의 모든 기준이 하늘의 말씀 위에 놓여야 한다는 뜻이라네. 무엇이 옳고 그른지를 판단하는 기준도, 무엇을 선택하고 따를지도, 무엇을 섬기고 사랑할지도 모두 그 말씀을 중심으로 정해져야 하지.

왜냐하면 기준이 달라지는 순간, 삶의 방향도 함께 달라지기 때문이네. 하늘의 말씀 외의 것이 그 자리를 차지하게 되면, 그것이 아무리 거룩한 이름을 가졌거나 선한 목적을 내세운다 해도, 결국은 말씀을 대신해 중심이 되는 것이고, 그렇게 되면 곧 다른 신이 되는 것이네.

말씀 아닌 것이 마음의 중심 자리에 앉는 순간, 마음은 둘로 나뉘고, 신앙은 더 이상 생명을 붙들지 못한 채 그 본질을 잃게 되지."

그는 조용히 숨을 고르며 말을 멈추었다가, 자신이 전한 말의 이유를 분명히 하려는 듯 다시 부드럽게 덧붙였다.

"왜 그런지 아는가. 하늘의 신은 곧 그분의 말씀이시기 때문이라네. 그분은 말씀으로 계시고, 말씀으로 다스리시며, 말씀을 통해 사람의 마음을 새롭게 하시는 분이지.

그러니 '나 외에 다른 신을 두지 말라' 는 말씀은, 단순히 다른 대상을 섬기지 말라는 경고가 아니라, '말씀 외에 어떤 것도 너의 삶의 중심에 두지 말라' 는 뜻이기도 하네.

말씀이 중심이 아니라면, 그 삶에는 이미 하늘의 신이 계시지 않은 것이나 다름없고, 동시에 신앙의 중심 자체가 비어 있는 상태라 할 수 있지. 그렇게 되면 겉으로는 신앙의 모습을 하고 있어도, 그 안에는 생명도 통치도 남아 있지 않게 되는 것이네."

리안의 눈이 점점 깊어졌다. 그는 성주의 말을 곱씹으며 마음속에 흩어져 있던 생각들을 하나씩 이어 붙였다. 마치 따로따로 놓여 있던 조각들이 이제야 한 그림으로 맞춰지는 듯했다. 잠시 숨을 고른 그는, 자신이 이해한 바를 정리하듯 조심스레 입을 열었다.

"그렇다면 … 이 첫 번째 계명은 결국 오직 하늘의 말씀 하나만을 삶의 중심에 두라는 뜻이군요. 그리고 그 말씀이 곧 하늘의 신이시다는 말씀이고요.

그렇게 본다면, 우리가 하늘의 신을 사랑한다는 것은 감정이나 고백에 머무는 것이 아니라, 그 말씀을 사랑하고 그 말씀을 중심에 두는 삶을 선택하는 것이 되겠네요. 그분을 위해 십자가를 진다는 것도, 결국은 말씀 때문에 손해를 감수하고, 말씀 때문에 거절당하며, 말씀 때문에 고난을 감당하는 것을 의미하는 것이고요.

반대로 말씀이 삶의 중심에 없다면, 겉으로는 신을 믿는다고 말하고 신의 이름을 부른다 해도 실제로는 하늘의 신과 아무런 관계가 없는 상태라는 뜻이 되겠군요. 말씀이 중심에 없는 신앙은 하늘의 신과 관계없는 신앙이니까요.

그래서 하늘의 아들께서 주님의 이름을 부르던 사람들을 향해 '나는 너희를 알지 못한다' 고 말씀하셨던 것이군요. 그들이 이름은 불렀지만, 그들 중심에 말씀이 없었기 때문이네요."

성주는 리안을 향해 미소를 띠며 고개를 끄덕였다.

"그렇다네, 리안."

그는 이어서 요한의 증언을 떠올리듯 말을 이었다.

"신약에서 요한이 이렇게 말하지 않았는가. '태초에 말씀이 계셨고, 그 말씀이 하늘의 신이셨으며, 그 말씀이 육신이 되어 우리 가운데 거하셨다.' 이 말은 하늘의 신께서 자신을 말씀으로 드러내셨다는 뜻이네. 그 말씀은 단순한 교훈이 아니라, 그분 자신의 인격이지. 곧 말씀이 그분 자신이며, 그분의 뜻이고, 그분이 사람에게 다가오시는 방식이라네. 그러니 첫째 계명은 단순히 종교적 의무를 요구하는 명령이 아니라, 하늘의 신을 사랑하는 사람이 삶의 중심에 말씀을 두고 살아가도록 부르시는 말씀이지."

성주는 잠시 숨을 고른 뒤, 같은 흐름으로 말을 이어갔다.

"그래서 말씀이 삶의 중심이 되면, 사랑도 달라지네. 말씀이 곧 하늘의 인격이니, 말씀을 사랑하는 것은 곧 그분을 사랑하는 것이지. 그리고 그 사랑은 혼자만의 감정으로 끝나지 않네. 하늘의 신을 사랑하는 사람은, 자연스럽게 그분이 사랑하시는 사람들도 사랑하게 되지. 다시 말해, 말씀이 중심이 되면 마음이 바뀌고, 마음이 바뀌면 관계가 바뀌는 것이네. 그래서 참된 사랑은 인간의 기분에서 시작되는 것이 아니라, 말씀에서 흘러나오고, 그 말씀 안에서 연결된 사람들 사이에서만 생명처럼 이어지게 되네."

그는 잠시 시선을 낮췄다가 다시 리안을 바라보며 말을 계속했다.

"이것이 바로 사랑의 관계의 중요성이네. 그래서 하늘의 아들께서도 이 관계를 두고 계속 말씀하셨지. 하늘의 아들께서 '나는 너희를 도무지 알지 못한다' 고 하신 이유는, 그들이 무언가를 하지 않았기 때문이 아니라, 그분과의 관계가 없었기 때문이라네."

그는 리안이 이해할 시간을 준 뒤 천천히 말을 이었다.

"그들은 주님의 이름을 불렀고, 어떤 이들은 '우리가 주님과 함께 길거리에서 먹고 마셨고, 주님의 말씀을 들었다' 고 말했지. 또 어떤 이들은 등불을 들고 신랑을 기다리던 처녀들이었네. 겉으로 보자면 모두 신앙의 자리에 있었고, 종교적인 언어와 행위도 갖추고 있었지. 그러나 하늘의 아들께서 보신 것은 그들의 행동이나 경험이 아니라 관계였네. 그분은 '너희가 무엇을 했느냐' 를 묻지 않으셨고, '내가 너희를 아느냐' 를 말씀하셨지. 그리고 그 대답은 같았네. '나는 너희를 도무지 알지 못한다.' "

성주는 다시 말을 이었다.

"여기서 '안다' 는 것은 단순히 정보를 알고 있다는 뜻이 아니라, 말씀 안에서 맺어진 인격적 관계를 의미하네. 그들은 주님의 이름을 불렀지만, 그 말씀을 마음의 중심에 두지는 않았지. 그래서 하늘의 아들께서는 그들을 향해 '불법을 행한 자들아 내게서 떠나가라' 고 말씀하신 것이네."

그는 잠시 숨을 고른 뒤, 같은 시선을 유지한 채 말을 이어갔다.

"여기서 말하는 '불법' 이란, 나쁜 행동을 했다는 뜻이 아니라 하늘의 법인 말씀을 기준으로 살지 않고, 자기 안에 있는 내면의 법을 기준 삼아 살았다는 의미이지. 다시 말해, 그들 안에도 기준과 질서는 있었지만, 그 중심에 하늘의 말씀이 있지 않았다는 뜻이네. 그래서 하늘 나라에 들어가지 못한 이유는 죄가 크기 때문도, 선행이 부족해서도 아니었지. 하늘의 신과의 관계가 없었기 때문이라네. 그분의 이름은 불렀지만 그분이 중심에 계시지 않았고, 말씀을 들었지만 그 말씀이 삶의 중심이 되지는 않았던 것이지."

성주는 잠시 리안을 바라보다가, 그 흐름을 이어 조용히 말했다.

"이처럼 중심이 하늘의 신이 아니라 사람이 되는 순간, 모든 것은 왜곡되기 시작하지. 겉으로는 하늘의 신을 사랑한다고 말하지만, 실제로는 하늘의 신이 아니라 자기 안의 생각과 감정, 기준으로 만들어진 다른 신을 섬기게 되는 것이지. 결국 사람은 하늘의 신을 말하면서도, 하늘의 신이 아닌 자기 중심의 신을 섬기게 되는 것이네."

성주의 시선이 멀어지듯 깊어졌다.

"바로 이 이유 때문에, 하늘의 아들이 섬기신 신과 유대인들이 섬기던 신 사이에 충돌이 일어났던 것이라네. 유대인들은 율법을 붙들고 있었지만, 그 율법의 중심이신 말씀의 인격은 이미 잃어버린 상태였지. 반면 하늘의 아들은, 잃어버린 그 말씀의 인격을 다시 회복시키기 위해 오셨네.

그러나 사람들은 하늘의 말씀 그 자체보다, 자신들이 오랫동안 만들어 온 법과 전통을 더 기준으로 삼았지. 그 결과 말씀은 판단의 대상이 되었고, 진리는 기존의 질서에 위협이 되었네. 그래서 그분의 말씀은 받아들여지지 못하고, 오히려 대적의 대상이 되고 말았지. 이것이 바로 사람이 중심이 될 때 생명이 사라지고, 진리가 적대가 되는 이유라네."

성주는 다시 리안을 바라보며 조용히 말을 이었다.

"그러니 첫째 계명은 여러 계명 가운데 하나로 나열된 출발점이 아니라, 모든 계명이 살아 움직이게 하는 뿌리이자 근원이라네. 하늘의 말씀이 삶의 중심에 놓이면, 그 말씀에서 나온 모든 계명도 함께 살아나지. 그러나 하늘의 말씀이 중심에서 사라지는 순간, 계명들은 생명을 잃고 껍데기만 남게 되네. 왜냐하면 계명은 단순한 규칙이 아니라, 하늘의 신의 마음에서 흘러나온 것이며, 그 마음이 곧 말씀의 인격이기 때문이라네."

그는 잠시 리안의 눈을 바라본 뒤, 같은 뜻을 더 분명히 이어갔다.

"그래서 이 첫 번째 계명이 무너지는 순간, 그 위에 놓인 나머지 계명들도 함께 의미를 잃게 되는 것이지. 나머지 모든 계명은 하늘의 말씀을 어떻게 사랑해야 하는지, 그리고 하늘의 말씀을 사랑한다는 것이 무엇인지를 구체적으로 보여주는 역할을 할 뿐이네. 다시 말해, 모든 계명은 말씀을 중심에 둔 사람이 그 말씀을 사랑하고 있다는 것이 드러나는 모습이지, 사람 기준으로 만든 규칙이나 윤리 조항이 아니네."

리안은 성주의 말을 곱씹다가, 그 흐름 속에서 자연스럽게 질문을 이어갔다.

"그렇다면 윤리적인 조항의 하나로 여겨졌던 '살인하지 말라' 는 명령도 이 첫째 계명과 연결되어 있나요? 말씀 외에 다른 것을 두지 말라는 명령과, 살인하지 말라는 계명이 어떻게 이어지는 건가요?"

리안의 질문을 들은 성주는 잠시 고개를 끄덕였다.

"좋은 질문이네, 리안. 원래 이 계명은 뒤에서 더 깊이 다루려 했지만, 자네가 궁금해하니 먼저 '살인하지 말라' 는 계명과 첫째 계명이 어떻게 연결되는지부터 말해 주겠네."

그는 잠시 말을 고른 뒤 차분히 이어갔다.

"사람들은 흔히 '살인하지 말라' 는 다섯째 계명을 윤리적인 규칙이나 도덕적 명령으로만 이해하지. 그러나 이 계명은 첫째 계명과 결코 분리되어 있지 않네. 첫째 계명은 하늘의 말씀만을 중심에 두라는 명령이고, 하늘의 아들께서 말씀하신 것처럼 그 말씀은 영이며 생명이네.

그러니 경전에서 말하는 생명이란 단순히 육체의 생명을 가리키는 것이 아니라, 하늘의 말씀 자체를 의미하는 것이네. 그렇기 때문에 '살인하지 말라' 는 계명은 단지 육체의 생명을 해치지 말라는 금지를 넘어서, 생명의 근원인 하늘의 말씀을 훼손하지 말라는 뜻을 함께 담고 있지.

더더욱이 이 계명이 하늘의 신과 관계를 맺은 사람에게 주어진 말씀이라면, '살인' 이 무엇을 뜻하는지는 그들에게 더욱 분명해지지 않겠는가. 왜냐하면 그들에게 생명이란 오직 하늘의 말씀 안에 있기 때문이라네. 그러므로 그 말씀을 훼손하거나, 왜곡하거나, 변질시키는 일은 단순한 해석의 문제가 아니라, 곧 생명 자체를 해치는 행위로 이해될 수밖에 없지.

그래서 첫 번째 계명과 연결된 '살인하지 말라' 는 계명은, 사람의 육체에 대한 폭력을 금지하는 윤리적 조항이 아니라, 생명의 말씀에 더하거나 빼서 그 말씀의 생명을 훼손하지 말라는 계명이라네. 유대인들이 하늘의 진리를 대적하다가 하늘의 아들을 십자가에 죽였던 사건과 같이, 지금도 많은 종교인들이 하늘의 말씀이 자신의 어둠과 부패를 드러내고 자신의 생각과 다르다는 이유로, 하늘의 생명의 말씀을 훼손하며 죽이고 있다네. 그러나 첫째 계명을 지키는 사람, 곧 하늘의 말씀을 삶의 중심에 두는 사람은, 결코 다섯째 계명인 생명의 말씀을 훼손할 수 없게 되는 것이지."

성주는 리안을 바라보며 말을 이어갔다.

"그러므로 살인이란 단순히 사람의 몸을 해치는 행위로만 이해될 수 없네. 십계명에서 말하는 살인이란, 생명의 말씀을 사람이 자기 판단으로 훼손하고 끊어 버리는 행위를 뜻하기 때문이지. 다시 말해, 생명의 근원이신 말씀의 인격을 훼손하여 중심에서 밀어내고, 그 자리에 사람의 기준과 판단을 세우는 일이 바로 살인이라네.

이것은 곧 말씀 외에 다른 것을 중심에 두지 말라는 첫째 계명을 정면으로 거스르는 일이 되지. 그래서 '살인하지 말라' 는 계명은 단순한 윤리적 조항이 아니라, 말씀이 생명의 중심에 있는지를 드러내는 첫째 계명의 구체적인 증거로 나타난 것이라네.

그러므로 첫째 계명이 무너지면, 생명은 더 이상 절대적인 것이 아니라 상대적인 것이 되고, 생명이 가벼워질수록 사람은 자기 판단에 따라 생명을 끊는 일도 가능하게 되지. 그러니 이 두 계명은 따로 떨어진 것이 아니라, 같은 뿌리에서 흘러나온 하나의 흐름이라네."

성주는 잠시 말을 멈추고, 리안의 눈을 깊이 바라보며 조용히 말을 이었다.

"그러니 사람이 자기 중심의 뜻과 기준으로 말씀을 재단하는 행위는 단순한 해석의 문제가 아니네. 그것은 생명의 본질을 훼손하는 일이라네. 말씀은 하늘의 인격이요, 생명의 근원이기에 그 말씀을 자기 판단으로 다듬고 가르는 순간, 사람은 생명의 근원을 자기 손으로 끊어내는 셈이 되지."

그의 목소리는 낮았지만 단단했다.

"말씀의 인격이 있어야 할 중심 자리에 그분을 그대로 두지 않고, 사람 자신을 세우기 위해 말씀을 깎고, 덧붙이고, 바꾸는 행위는 곧 생명의 말씀을 죽이는 일이라네. 말씀은 한 분의 인격으로서 있는 그대로 받아들이고 섬겨야 하지만, 사람은 그것을 자기 이성으로 걸러내고, 자기 구조 안에 맞추려 하지. 그 순간 말씀은 더 이상 살아 있는 인격이 아니라, 사람의 손에 의해 만들어진 조각이 되어 버리지. 이것이 바로 사람이 신을 만들어 섬기게 되는 과정이라네."

성주는 맑은 공기를 깊이 들이마신 후 다시 말을 이었다.

"하늘의 말씀은 하늘의 신의 뜻이며, 타락하고 부패한 사람의 뜻과는 본질적으로 다르다네. 그러나 사람은 자신의 뜻을 내려놓고 그분의 뜻을 받아들이기보다는, 자기 뜻을 지키기 위해 오히려 하늘의 뜻인 말씀을 무너뜨리는 선택을 하지.

그분의 말씀을 자신에게 맞게 고치고, 자기 기준으로 해석하며, 자기 생각 안에 가두는 순간, 사람은 이미 하늘의 생명을 거스르고 훼손하고 있는 것이지. 왜냐하면 말씀은 단순한 사상이 아니라 생명 그 자체이기 때문이라네. 그래서 이것은 단순한 해석의 문제가 아니라, 영적인 살인, 곧 말씀의 생명을 죽이는 행위가 되지.

다시 말해, 말씀의 인격을 자기 손으로 찢고 해체하는 일, 그것이 바로 사람이 자기 뜻을 보존하기 위해 하늘의 뜻을 파괴할 때 일어나는 일이라네."

그는 다시 단호한 목소리로 덧붙였다.

"살인은 칼로만 이루어지는 것이 아니네. 하늘의 말씀을 사람의 기준으로 재단하고, 정과 망치를 대는 순간, 사람은 이미 그 말씀의 인격을 훼손하고 있는 것이지. 그것은 곧 생명의 근원을 향한 폭력, 다시 말해 하늘의 생명을 거스르는 행위라네.

그러므로 십계명에서 말하는 '살인하지 말라' 는 명령의 본질은 단순히 사람의 육체적 생명을 해하지 말라는 세상의 윤리 명령에 머무르지 않네. 이 계명은 첫 번째 계명과 깊이 연결된 하늘의 명령으로서, 생명을 공급하는 말씀을 훼손하지 말라는 뜻을 담고 있지.

하늘의 말씀은 곧 생명의 근원이기에, 말씀을 버리는 자는 스스로 생명을 끊는 것이고, 말씀을 더럽히고 왜곡하는 자는 그 생명을 죽이는 것과 같지."

리안은 잠시 말이 없었다. 방금 들은 이야기가 머릿속에서 천천히 정리되고 있었다. 그는 그동안 '살인하지 말라' 는 계명을 너무 당연한 윤리 규칙으로만 여겨 왔다는 사실을 스스로 깨닫고 있었다. 어린아이조차 아는 말, 사회를 유지하기 위해 어디서나 통용되는 규칙이라 생각했기에, 왜 하늘의 신께서 그것을 굳이 계명으로 삼아 이스라엘 백성에게 주셨는지 이해하지 못했던 것이다.

그는 조용히 고개를 들고 성주를 바라보며 입을 열었다.

"이제야 알 것 같습니다. 저는 그 계명이 특별하다고 생각해 본 적이 없었습니다. 누구나 알고 있고, 누구나 지켜야 할 윤리적 규칙이라고만 여겼습니다. 그래서 그런 말을 하늘의 신께서 굳이 계명으로 내려주셨다는 것이 이해되지 않았습니다."

리안은 잠시 숨을 고른 뒤, 조금 더 솔직하게 말을 이었다.

"하지만 말씀을 생명으로 듣고 나니, '살인하지 말라' 는 계명이 단순한 윤리가 아니라는 것을 알겠습니다. 그것은 사람을 다치게 하지 말라는 말이 아니라, 생명의 근원이신 말씀을 훼손하지 말라는 뜻이었군요. 그래서 이 계명이 특별했던 것이고, 하늘로부터 주어질 수밖에 없었던 것이군요."

리안은 잠시 생각에 잠겼다가 고개를 끄덕이며 다시 입을 열었다.

"그렇다면 … '살인하지 말라' 는 계명만이 아니라, 나머지 계명들도 모두 같은 방식으로 주어진 것이겠군요. 단순히 지켜야 할 규칙이 아니라, 말씀을 생명의 중심에 둔 사람에게서만 이해될 수 있는 계명들 말입니다."

그의 질문은 이제 더 이상 막연한 호기심이 아니었다. 방금 깨달은 계명의 성격을 기준으로, 나머지 계명들의 뿌리를 확인하려는 물음이었다.

성주는 그 뜻을 알아차린 듯 고개를 끄덕이며 말을 멈추지 않고 곧장 이어갔다.

"바로 그렇다네. '살인하지 말라' 를 포함한 나머지 아홉 계명은 모두 첫 번째 계명을 지키는 사람에게서 흘러나오는 줄기와 그 줄기에 붙은 가지들이라네. '나 외에 다른 신들을 네게 두지 말라' 는 첫 계명을 중심에 둔 이들은, 그 중심에서부터 다른 모든 계명을 자연스럽게 살아내게 되지. 마치 사랑이 중심에 있을 때, 그 사랑에 합당한 행위가 억지 없이 흘러나오는 것처럼 말이네.

그것이 바로 말씀을 중심에 둔 삶의 실체이며, 말씀을 사랑하고 있다는 사실이 삶으로 드러나는 증거라네. 계명을 하나씩 붙들고 애써 지키려 하지 않아도, 말씀을 생명의 인격으로 모신 자는 이미 그 인격 안에서 계명의 성취를 따라 살게 되는 것이지. 그래서 하늘의 신이신 말씀을 사랑하는 자들은, 의무가 아니라 생명으로서 그 율례를 따라 살게 된다네."

그는 나무 의자에 등을 기대며 두 손을 조용히 모으며, 십계명의 전체적인 흐름을 하나의 물줄기처럼 차분히 풀어내었다.

"오직 말씀만을 마음에 품은 사람은, 삶의 중심이 말씀이기에 그 삶 전체에서 말씀이 자연스럽게 드러나게 되어 있네. 그런 사람은 말씀 외에 다른 형상을 만들지 않으며, 말씀을 헛되이 취하지도 않지. 또한 오직 말씀을 의지하기에, 말씀 안에서 참된 안식을 누리게 되네.

그리고 하늘의 말씀이 그의 생명의 근원이자 부모가 되기에, 그 말씀의 권위를 공경하며 거스르지 않게 되지. 또한 생명의 말씀이 삶의 중심에 있기에, 그 말씀을 훼손하는 살인을 행하지 않으며, 하늘의 말씀을 사랑하기 때문에 말씀과 충돌하는 세상의 사상과도 간음하지 않게 되네.

더 나아가 그는 말씀의 가치를 떨어뜨리거나, 그 말씀을 도둑질하듯 자신의 유익을 위해 사용하지 않으며, 이웃으로 오신 진리의 말씀을 거슬러 거짓 증언하지도 않지. 또한 이웃으로 오신 그분과, 그분께 속한 사람들을 사랑하기에, 그분과 그분의 사람들의 소유를 탐내지도 않게 된다네."

그의 음성은 낮지만 확고했고, 마치 오래된 진리의 울림처럼 정원 안에 잔잔히 번져갔다.

"이처럼 모든 계명은 사람의 행동을 제한하기 위해 따로 만들어진 도덕 규칙이나 윤리 조항이 아니네. 십계명은 각각 분리된 명령들이 아니라, 모두가 첫 번째 계명, 곧 '오직 말씀만을 신으로 두라' 는 중심에서 흘러나온 생명의 실제라네.

사람이 계명을 하나씩 떼어 놓고 이해하려 하면, 그 계명은 곧 규칙이 되고 부담이 되지. 그러나 말씀을 삶의 중심에 두면, 계명은 외부에서 강요되는 규칙이 아니라, 중심에서 자연스럽게 흘러나오는 삶의 열매가 되네. 그래서 계명을 따로 떼어 해석하면 그 본질은 반드시 왜곡되지만, 말씀을 중심에 둘 때에만 모든 계명이 하나의 흐름으로 이어져, 마치 생명처럼 살아 움직이게 되는 것이지."

성주는 나무 등받이에 몸을 기대며, 한 호흡 더 깊이 말을 이었다.

“이런 이유로 첫 번째 계명은 단순히 여러 계명 중 하나가 아니라, 모든 계명의 뿌리라네. 나머지 아홉 계명은 그 뿌리에서 자라난 중심 줄기와 그 줄기에서 나온 가지들과 같지. 뿌리가 살아 있으면 자연히 줄기가 나오고 그 줄기에서 가지들이 자라고 열매를 맺지만, 뿌리가 끊어지면 아무리 가지들이 줄기를 붙들고 애써도 결국은 말라 죽게 되어 있다네.

그러니 십계명은 각각 떨어진 조각들이 아니라, 한 분의 말씀에서 뿌려진 하나의 씨앗에서 자라난, 하나의 생명을 가진 구조라네. 다시 말해 십계명은 여러 개의 명령이 아니라, 말씀을 중심에 둘 때 자연히 드러나는 하나의 생명, 하나의 나무인 셈이지.”

그는 고개를 살짝 들어 리안을 바라보며 천천히 말을 이었다.

“그런데 사람들은 종종 이런 착각에 빠지지. ‘나는 말씀 자체에는 큰 관심이 없지만, 종교적으로는 누구보다 열심히 헌신했고, 계명도 잘 지켰으며, 사람들에게서 칭찬과 존경도 받았다’ 고 말일세. 그러나 그것은 말씀과의 관계를 알지 못한 채 겉모습만으로 자신을 판단하는 말이지.

하늘의 아들께서 저주하신 종교 지도자들의 모습이 바로 그러했네. 그들은 겉으로는 계명을 철저히 지키는 것처럼 보였고,

사람들 앞에서는 의롭고 경건해 보였지. 그러나 그들의 삶에는 율법의 핵심이 되는 하늘의 의와, 하늘의 성품인 긍휼과, 하늘로부터 오는 믿음은 그들의 중심에 있지 않았네. 그래서 하늘의 신께서는 그들을 향해 '외식하는 자들' 이라 부르셨던 것이지.

또한 '주여 주여' 하며 수많은 종교적 행위를 했던 사람들이 결국 거절당한 이유도 여기에 있네. 그들은 주의 이름으로 많은 일을 행했다고 고백했지만, 하늘의 법인 말씀을 삶의 중심에 두지 않았기에, 불법을 행하는 자들이라는 말을 듣게 되었네. 행위는 있었으나, 말씀의 통치는 없었던 것이지.

이처럼 십계명의 각 계명들은 사람과 사람 사이의 관계를 정리하기 위한 윤리 규범이 아니라, 하늘의 신을 마음의 중심에 두고 그분을 사랑할 때 자연스럽게 자라나는 줄기와 가지들이라네. 그러므로 하늘의 신과의 관계가 끊어진 상태에서 계명을 지킨다고 말하는 것은, 나무가 뿌리에서 잘려 나간 채 스스로 열매를 맺겠다고 주장하는 것과 다를 바 없지. 뿌리가 없는 행위는 생명을 낳지 못하고, 결국 말라 버릴 뿐이라네."

성주는 잠시 시선을 허공에 두었다가, 천천히 리안을 향해 시선을 옮겼다.

"이것에 대해 하늘의 신께서 예레미야에게 이렇게 말씀하셨지. '내 백성이 두 가지 악을 행하였나니, 곧 그들이 생수의 근원이 되는 나를 버렸으며, 스스로 웅덩이를 판 것이라. 그것은 물을 가두지 못하는 터진 웅덩이니라.'

하늘의 신께서 말씀하신 이 '생수의 근원' 이란, 곧 그분 자신이시며 동시에 그분의 말씀이라네. 그러므로 그 말씀에서 끊어진다는 것은, 단순히 가르침 하나를 잃는 것이 아니라 생명의 근원과 관계가 끊어지는 것이지.

사람이 말씀을 버리고도 다른 것으로 생명을 대신하려는 순간, 그는 스스로 웅덩이를 파는 자가 되네. 아무리 열심히 파고 애써 물을 모으려 해도, 그곳은 물을 가둘 수 없는 터진 웅덩이일 뿐이지. 생명수는 오직 생수의 근원으로부터 흘러나오는 것이지, 사람의 노력으로 만들어지는 것이 아니기 때문이라네."

성주는 리안을 바라보며 차분히 말을 이었다.

"그러니 사람은 겉으로 아무리 바르고 흠없이 살아가는 것처럼 보여도, 그 삶의 중심에 하늘의 말씀이 없다면 그 모든 것은 결국 헛된 것이 되네. 생명은 나무의 겉모습이나 화려함에서 나오지 않고, 오직 뿌리에서만 흘러나오기 때문이지.

아름답고 선한 행위는 사람의 눈에는 충분히 살아 있는 것처럼 보일 수 있네. 말은 옳아 보이고, 행동도 흠잡을 데 없이 바를 수 있지. 그러나 뿌리에서 끊어진 가지는 더 이상 생명을 공급받을 수 없네. 겉으로는 한동안 버티는 것처럼 보일지라도, 그 안에서는 이미 생명이 마르고 쇠해 가고 있는 것이지.

이것은 도덕의 높고 낮음이나 열심의 많고 적음의 문제가 아니라네. 생명의 근원이신 말씀과의 연결이 끊어졌다는 데 본질적인 문제가 있는 것이지. 그래서 하늘의 신께서는 사람이 무엇을 얼마나 해냈는지를 먼저 보지 않으시네. 그분이 보시는 것은, 그 사람이 어디에 뿌리를 두고 살아가고 있는가 하는 것이지. 그것이 바로 하늘의 신께서 외모를 보시지 않고 중심을 보신다고 하신 말씀의 참된 의미라네."

성주는 정원 한가운데 서 있는 나무를 바라보며 조용히 말을 덧붙였다.

"하늘의 아들께서도 이 진리를 친히 비유로 말씀하셨지. '나는 참 포도나무요, 너희는 가지라. 내가 너희 안에, 너희가 내 안에 거하면 많은 열매를 맺나니, 나를 떠나서는 너희가 아무것도 할 수 없느니라.' 이 말씀의 뜻은 분명하다네. 가지는 스스로 생명을 만들어 내는 존재가 아니며, 오직 생명의 근원인 포도나무에 붙어 있을 때에만 살아 있는 가지로 존재할 수 있지. 포도나무와의 연결이 끊어지는 순간, 가지는 더 이상 생명을 공급받지 못하고, 결국 스스로를 지킬 힘조차 없이 말라 버리게 되는 것이네."

그의 시선은 다시 리안을 향했다.

"말씀을 떠난 사람의 모든 행위는 포도나무에 붙어 있지 않은 나뭇가지와 다르지 않다네. 겉으로는 계명을 지키는 것처럼 보이고, 열매를 맺고 있는 것처럼 보일 수 있지. 그러나 생명의 말씀이신 하늘의 신과 분리된 채 이어지는 삶은, 실상 뿌리와 단절된 상태에서 열매를 맺으려는 시도일 뿐이네. 그 안에는 생명이 없고, 그 행위는 결국 스스로를 증명하지도, 지속하지도 못하게 되지.

그래서 그러한 삶은 반드시 하늘의 심판 앞에 서게 되며, '내가 너를 도무지 알지 못한다' 는 선언을 피할 수 없게 되는 것이네. 이는 하늘의 계명이 단순한 도덕 규범이나 행동 지침이 아니기 때문이지. 하늘의 계명은 먼저 하늘의 신과의 관계 안에 거할 때 주어지는 것이며, 그 관계 안에서 자연스럽게 맺히는 생명의 열매이기 때문이라네."

그는 시선을 허공에 두고 천천히 숨을 고르듯 호흡을 가다듬었다가, 다시 리안을 향해 시선을 돌리며 차분하게 말을 이었다.

"그 관계의 대상이 바로 말씀이라네. 말씀이 떠난 자는 아무리 바르게 살아도 이미 하늘의 생명에서 끊어진 자요, 말씀 안에 거하는 자는 설령 연약해 보여도 그 안에 하늘의 생명이 흐르고 있지. 그러니 계명은 지켜야 할 의무가 아니라, 말씀과의 연합에서 흘러나오는 생명의 증거라네."

성주는 잠시 말을 멈추었다가, 이전보다 한층 깊어진 눈빛으로 리안을 바라보았다.

"만약 어떤 사람이 말씀을 삶의 중심에 두지 않은 채로, 곧 하늘의 신과 사랑의 관계를 맺지 않은 상태로 살아가면서도 윤리적으로는 흠잡을 데 없이 철저하게 살았다고 해 보세. 그래서 세상의 모든 사람이 그를 의롭다고 칭찬하며 존경한다 해도, 그는 하늘의 계명을 지킨 것이 아니라네. 그가 지킨 것은 하늘의 계명이 아니라, 자기 안에 이미 자리 잡은 내면의 법을 따라 행했을 뿐이지.

그러한 행위는 겉으로는 바르고 선해 보일지 모르나, 하늘의 신과는 아무런 관계도 맺지 않은 행위라네. 그는 스스로 의롭다고 느낄 수 있고, 사람들 앞에서는 충분히 정당화될 수도 있지. 그러나 그 삶은 계명의 중심이신 하늘의 말씀과는 전혀 연결되지 않은 것이며, 하늘의 신께서 보시기에는 불법에 해당하는 것이네.

왜냐하면 그는 생명의 근원이 되시는 분을 의지하지 않고, 스스로를 기준 삼아 살아왔기 때문이지. 그것은 샘에서 솟는 생수를 버리고, 스스로 터진 웅덩이를 파서 물을 얻으려 한 것과 같네."

그는 고개를 천천히 저으며 말을 이었다.

"그러니 하늘의 계명은 하나를 지켰고 하나를 지키지 못했다는 식으로, 사람 중심의 규율처럼 계산할 수 있는 것이 아니네. 계명은 각각 떨어져 있는 윤리 조항이 아니라, 생명의 말씀이라는 하나의 뿌리에서 흘러나온 가지들이기 때문이지.

그래서 야고보도 이렇게 말했네. '누구든지 율법을 지키다가 하나만 어기면 모두 범한 자가 된다.' 이 말은 하나를 어기면 아홉 개의 공로가 사라진다는 계산의 논리가 아니네. 계명은 모두 한 분의 말씀에서 나왔기에, 첫 번째 계명을 어기는 순간 이미 그 말씀과의 관계에서 벗어나게 되고, 그 결과 나머지 모든 계명에서도 함께 벗어나게 된다는 뜻이라네.

겉으로 보기에는 계명이 열 개로 나뉘어 있는 것처럼 보일지 모르지만, 실제로는 하나의 생명줄로 연결된 하나의 질서라네. 그 생명줄의 근원이 바로 말씀이지. 그러니 한 계명을 어긴다는 것은 어떤 조항 하나를 실수로 넘긴 문제가 아니라, 그 생명줄에서 떨어져 나가는 것과 같은 일이라네.

결국 말씀을 중심에 두면 모든 계명이 함께 살아 움직이고, 반대로 말씀을 떠나면 모든 계명이 함께 죽게 되는 것이지. 그래서 계명은 '조금 지킨다' 거나 '조금 어긴다' 는 식으로 나눌 수 없네. 말씀을 사랑하며 그 안에 거하면 계명 전체가 살아 있는 것이고, 말씀을 사랑하지 않은 채 말씀 밖에 서 있으면 계명 전체를 어긴 것이 되네."

그의 목소리는 낮았지만 단단했다.

"이처럼 모든 계명은 따로 떨어져 존재하지 않네. 모든 계명은 첫 번째 계명 안에 함께 들어 있고, 그 중심은 '말씀이 중심' 이라는 한 가지 진리로 이어져 있다네. 그러니 말씀을 삶의 중심에 두지 않으면서도 계명을 지켰다고 생각하는 것, 그것이야말로 율법을 오해한 것이지. 그리고 사람을 중심에 세운 율법주의는 바로 이 지점에서 시작된다네.

하늘의 말씀 대신 사람의 기준과 감정이 자리를 차지하는 순간, 율법은 더 이상 생명을 전하는 질서가 되지 못하고 판단의 잣대로 변해 버리네. 그때 율법은 하늘의 신을 향한 사랑의 길이 아니라, 누가 더 옳은지를 겨루는 경쟁의 도구가 되고 마는 것이지."

리안은 무거운 숨을 내쉬며 이마를 감싸 쥐고 고개를 떨구었다. 그의 마음속에는 그동안 읽고 외웠던 수많은 경전의 구절들이 떠올랐다. 이전까지는 종교적 조항과 윤리적 규범으로 따로따로 흩어져 있던 말씀들이, 지금 이 순간 하나의 흐름으로 엮이며 그의 가슴 안으로 스며들었다.

과거에는 서로 연결되지 않았던 말씀들이, 마치 한 몸을 이루는 뼈들이 제자리를 찾아 맞물리듯 리안의 안에서 살아 움직이기 시작했다. "살인하지 말라" "도둑질하지 말라" "간음하지 말라" 는 명령들 또한 더 이상 고립된 규칙으로 남아 있지 않았다. 그 모든 계명은 하나의 줄기로 이어져 있었고, 그 줄기의 뿌리는 결국 첫 번째 계명, 곧 '오직 말씀만을 중심에 두라' 는 명령을 향하고 있었다. 계명들은 따로 존재하는 규칙이 아니라, 한 분을 중심으로 함께 호흡하는 하나의 생명 질서였던 것이다.

리안은 두 눈을 감았다. 오랫동안 마음 깊은 곳에 묻혀 있던 한 구절이 조용히 떠올랐다.

"주의 말씀은 내 발에 등이요, 내 길에 빛이니이다."

그 말씀은 단순한 문장이 아니라, 지금 이 순간 그의 내면을 비추는 빛이 되어 있었다. 그리고 그 빛은 계명이라는 수많은 갈래 길을 하나로 모아, 한 분을 향한 길로 그를 인도하고 있었다.

리안은 잠시 눈을 감은 채 앉아 있다가 천천히 눈을 뜨고 입을 열었다.

"하늘의 아들께서 말씀하신 것처럼, 사람들이 영생을 얻기 위해 경전을 연구하지만 모든 경전이 결국 그분을 증거한다고 하셨던 말씀이 떠오릅니다. 그렇다면 처음부터 이 모든 계명들은 규칙을 말하려던 것이 아니라 한 분을 가리키고 있었던 것이군요."

성주는 고개를 끄덕이며 조용히 대답했다.

"그렇다네. 모든 계명은 한 분의 뜻에서 흘러나온 것이지. 그래서 말씀을 중심에 두지 않으면 계명은 그 방향을 잃게 되네. 그때 계명은 생명을 향한 길이 아니라 단지 윤리 규범으로 남고, 신과의 관계를 잃은 껍데기가 되어버리지. 그렇게 되면 계명은 사람을 살리는 통로가 아니라, 오히려 사람을 얽어매고 판단하는 법으로 변하고 마는 것이네."

리안은 잠시 말을 잇지 못한 채 숨을 고르더니 손을 가슴 위에 얹었다. 그것은 성주에게 답을 요구하는 질문이라기보다,

지금까지 자신이 받아온 가르침을 스스로 정리해 보려는 고백에 가까웠다.

그는 조심스럽게, 그러나 분명한 어조로 입을 열었다.

"사르그에서 저는 이렇게 배워왔습니다. 하늘의 십계명은 크게 두 갈래로 나뉜다고 말입니다. 하나는 하늘의 신을 향한 사랑이고, 다른 하나는 이웃을 향한 사랑이라고요. 그래서 첫 번째부터 네 번째 계명까지는 하늘의 신을 사랑하는 계명이고, 다섯 번째부터 열 번째 계명까지는 이웃을 사랑하는 계명이라고 이해해 왔습니다."

리안은 잠시 말을 멈췄다. 오래도록 당연하게 받아들여 왔던 구분을 마음속에서 다시 꺼내어, 이제는 다른 기준으로 재정리하는 침묵이었다. 그는 자신이 도달한 이해를 차분히 확인하듯 말을 이었다.

"그런데 성주님의 말씀을 듣고 보니, 사랑의 방향이 결국 한 분을 향하고 있다는 것을 알게 되었습니다. 하늘의 신을 향한 사랑과 이웃을 향한 사랑이 서로 다른 두 갈래로 나뉘어 따로 존재하는 것이 아니라, 하나의 흐름으로 이어져 있다는 뜻으로 이해했기 때문입니다."

성주는 그 말을 듣고 미소를 지으며 고개를 끄덕였다. 그리고 리안이 붙잡은 이해를 하나의 흐름으로 정리하듯 차분히 말을 이었다.

"내 말을 정확하게 이해하고 있네, 리안. 모든 사랑의 시작도, 끝도 말씀을 향해 있지. 그래서 말씀을 사랑하는 사람만이 하늘의 신께서 기뻐하시는 사랑을 할 수 있고, 그 사랑이 흘러가야 할 대상 역시 하늘께서 기뻐하시는 말씀 안에 있는 이들이라네.

그러니 '이웃을 사랑하라' 는 말은 세상 사람 모두에게 무조건적인 감정을 베풀라는 뜻이 아니네. 그 말은 말씀을 사랑하는 자들 안에서 서로를 사랑하라는 뜻이지. 그들이 바로 같은 말씀, 같은 생명, 같은 근원을 함께 받은 이웃이기 때문이라네.

그리고 그 성도의 처음 이웃이 되어 이 세상에 오신 분이 바로 하늘의 아들이시네. 그러므로 사랑의 질서는 분명하다네. 하늘의 신을 향한 사랑에서 이웃 사랑이 흘러나오고, 그 이웃 사랑은 다시 하늘을 향해 돌아가게 되는 것이지."

성주의 말은 리안의 마음 깊은 곳으로 천천히 스며들었다. 그는 무릎을 가지런히 모은 채 눈을 감았다. 오래전부터 마음속에서 흔들리고 무너져 내리던 이해들이, 이제는 새로운 중심 위에서 다시 질서를 찾아 세워지고 있었다. 그는 성주의 말을 따라 곱씹으며, 십계명의 본질이 첫 번째 계명 안에 모두 담겨 있다는 사실을 분명히 깨달았다. 그것은 단순한 금지의 명령이 아니라, 오직 한 분만을 사랑하라는 선포였고, 동시에 죄에서 구속받은 사람을 향해 먼저 건네진 사랑의 고백이었다. 그 중심에는 의무가 아니라 관계가 있었고, 두려움이 아니라 사랑이 자리하고 있었다.

이제 그는 나머지 모든 계명 역시 그 첫 계명에서 자연스럽게 나온 가지라는 사실을 명확하게 이해했다. 계명은 외부에서 강요되는 명령이 아니라, 말씀이 마음의 중심에 자리한 사람에게서 저절로 맺히는 생명의 질서였고, 동시에 살아 있는 사랑의 결과였다.

정오로 향하는 시간 속에서 정원의 공기는 한결 따뜻해졌다. 햇살은 수풀 사이로 부드럽게 스며들었고, 나뭇잎들은 바람을 따라 조용히 흔들렸다. 멀리서 작은 새들의 지저귐이 들려왔고, 그 모든 소리와 빛 속에서 정원에는 말없이 깊은 평화가 내려앉고 있었다.

그 평화가 잠시 머문 뒤, 부드러운 바람이 불어 벤치 너머의 수풀을 살짝 흔들었다.

정원의 고요 속에서 리안은 잠시 생각에 잠겼다. 막 이해한 진리는 분명했지만, 동시에 한 가지 의문이 그의 마음을 놓아 주지 않았다. 그는 고개를 들어 성주를 바라보며 조심스럽게 입을 열었다.

"그렇다면 한 가지가 더 궁금해집니다. 이렇게 분명하게 모든 계명이 하늘의 신을 중심으로 이어져 있는데도, 왜 저를 비롯해 사르그에 있는 사람들은 그 사실을 이해하지 못했던 걸까요. 왜 종교인들은 계명을 하늘의 신이 아니라 사람을 중심으로 나누고 해석해 왔을까요. 왜 이 말씀이 하늘의 신을 향한 것이라는 사실을 깨닫지 못하고, 끝내 자기 기준과 자기 판단으로만 이해하게 되는 걸까요."

리안의 질문은 단순한 호기심이 아니었다. 그것은 자신이 지나온 신앙의 길 전체를 되돌아보며 던지는 고백에 가까웠다. 그는 이 질문에 대한 답이야말로, 지금까지 깨달은 모든 이해를 하나로 완성해 줄 열쇠라는 것을 직감하고 있었다.

리안의 질문이 끝나자, 성주는 그 의미를 충분히 이해한 듯 잠시 침묵했다. 그리고 벤치의 나뭇결을 가볍게 쓸며, 방금 던져진 의문이 어디에서 비롯되었는지를 짚어 주듯 차분히 말을 이었다. 그의 말은 리안 개인을 넘어서, 왜 사람들이 말씀을 신 중심으로 받아들이지 못하는지를 설명하는 방향으로 이어지고 있었다.

"사람이 하늘의 신을 중심으로 하는 말씀을 거절하는 이유는, 자기 안에 있는 내면의 법을 더 중요한 가치로 여기기 때문이지. 내면의 법이 무너지지 않은 타락한 모든 사람들은, 스스로 옳다고 여기는 기준이 이미 마음의 왕좌를 차지하고 있네. 그러니 그 기준과 충돌을 일으키는 하늘의 신 중심의 말씀을 그들이 있는 그대로 받아들일 수 있겠는가.

그래서 경전이 아무리 하늘의 신을 증거해도, 사람들은 그것을 자신에게 편한 방식으로, 결국 사람 중심으로 비틀어 받아들이게 되는 것이네. 이것이 바로 첫 번째 계명을 어기는 것이고, 곧 우상을 섬기는 것이라네. 결국 사람은 그로 인해 생명의 길로 나아가지 못하고, 멸망의 길로 들어서게 되는 것이지."

성주의 답을 들은 리안은 그 말이 단지 일반론이 아니라, 자신의 과거를 정확히 꿰뚫고 있다는 것을 느꼈다. 그는 눈을 감았다. 시간이 정오를 향해가며 햇살이 조용히 그의 이마를 비추는 가운데, 마음 깊은 곳에 묻어 두었던 장면 하나가 천천히 떠올랐다. 그리고 리안은 성주의 설명에 자신의 경험을 잇듯, 조심스럽게 입을 열었다. 그것은 변명이 아니라, 이제야 분명해진 자신의 상태를 그대로 인정하는 고백이었다.

"성주님의 말씀처럼, 저 역시 하늘의 신 중심의 말씀보다는 제가 옳다고 여기는 기준을 더 신뢰했던 것 같습니다. 하늘의 말씀의 기준보다 제 안에서 일어나는 감정과 경험이 더 실제처럼 느껴졌고, 그래서 그것을 믿음이라고 착각했습니다. 말씀과의 사랑의 관계 안에 머무르기보다는, 제 기준에 따라 법을 지키고 착하게 살기만 하면 구원받을 수 있다고 생각했었습니다."

성주는 한동안 말없이 리안을 바라보았다. 그의 고백이 가볍지 않다는 것을 알기에, 서두르지 않고 그 마음이 충분히 드러나도록 기다리는 듯했다. 이내 그는 고요히 고개를 끄덕이며, 리안의 개인적인 고백을 더 넓은 현실로 확장해 설명했다.

"많은 사람들이 바로 그 지점에서 착각한다네. 수많은 종교인들이 입으로는 말씀을 말하지만, 정작 마음의 중심에는 여전히 자신의 내면의 법을 가장 중요한 가치로 두고 살아가지. 말씀을 중심에 두는 대신, 감정이나 체험, 전통이나 도덕, 공동체의 안정감이나 자기 의를 앞세우게 되네. 그렇게 되면 이미 신의 자리에 '자기 자신' 이 앉아 있는 것이지.

그것이 바로 자기 숭배요, 곧 우상 숭배라네. 하늘의 신께서는 자신의 것이 아닌 하늘의 자리를 자신의 것으로 차지하려는 것을 탐심이라 부르시지. 그래서 탐심이 곧 우상숭배가 되는 것이네."

그의 말은 단호했지만 조용했다. 리안은 그 말 속에서 자신이 오랫동안 붙잡고 있던 신앙의 형태가 무너져 내리는 소리를 들었다. 지금까지 믿고 있다고 여겼던 모든 것이 사실은 '하늘의 신' 이 아니라 '나 자신' 을 중심에 둔 구조 위에 세워져 있었다는 사실이 분명해지고 있었기 때문이다.

잠시 침묵이 흘렀다. 멀리서 새들이 하늘을 가르며 날아갔다. 리안은 그들을 따라 시선을 옮기며, 말로는 설명할 수 없지만 분명히 마음을 흔드는 울림을 느꼈다. 성주로부터 들은 말씀들은 단순한 교훈이 아니라, 자신의 존재를 다시 묻는 질문이 되었기 때문이다.

그 침묵을 가르며 성주의 음성이 다시 들려왔다.

"하늘의 아들께서 사단에게 시험을 받으셨을 때, 첫 번째로 하신 말씀이 있었지. '사람이 떡으로만 살 것이 아니요, 하늘의 신의 입으로부터 나오는 모든 말씀으로 살 것이라.' 이 말씀은, 하늘의 말씀이 없이는 생명도, 존재도, 신앙도 성립되지 않는다는 선언이라네. 왜냐하면 떡은 인간의 육체가 살아가기 위해 필요한 것이지만, 그것만으로는 인간의 참된 생명이 유지될 수 없기 때문이지. 결국 인간의 참된 생명은 오직 하늘의 신의 입으로부터 나오는 말씀 안에서만 유지되기 때문이라네."

리안은 천천히 깊은 숨을 들이마셨다. 그 숨결과 함께, 깊은 깨달음이 그의 내면에 스며들었다. 그는 그 깨달음을 붙잡듯 조용히 입을 열었다.

"결국 첫 번째 계명인 '너는 내 앞에 다른 신들을 두지 말라' 는 말씀은, 하늘의 말씀 외에는 어떤 것도 제 마음의 중심에 두지 말라는 뜻이군요."

성주는 손끝으로 나뭇잎 사이로 떨어지는 빛줄기를 가리켰다. 햇살은 투명하게 흘러내리며 그의 얼굴을 비추고 있었다.

"그렇다네."

그의 목소리는 단단하면서도 부드러웠다.

"하늘의 신은 이렇게 말씀하셨지. '나는 여호와라. 내 이름은 여호와니, 나는 내 영광을 다른 자에게, 내 찬송을 우상에게 주지 아니하리라.' 이 말씀이 뜻하는 바는 분명하네. 신의 자리는 오직 신의 인격, 곧 하늘의 말씀만이 차지할 수 있다는 것이지. 그 자리를 대신하려는 어떤 생각이나 욕망, 어떤 감정이라도 결국 우상이 되고 만다네."

성주는 한동안 말을 멈추고 리안을 바라보았다. 그의 시선에는 단호함과 따뜻함이 함께 담겨 있었다. 그리고 리안이 받아들일 수 있도록 천천히 말을 이었다.

"리안, 사람들은 흔히 우상을 돌이나 금속으로 만든 형상이라고만 생각하지. 그러나 진짜 우상은 눈에 보이는 것보다 훨씬 더 깊은 곳에 있네. 그것은 사람의 마음 안에 세워진 것이지. 하늘의 말씀보다 더 높이 두려는 인간의 탐심, 곧 '사람의 생각' '사람의 감정' '사람의 기준' 이 바로 그 우상이라네. 겉으로는 신을 섬긴다고 말하지만, 실제로는 그 중심에 '자기 자신' 을 세우는 것이지. 그렇게 되면 신의 자리에 말씀이 아니라 사람이 앉게 되고, 그 순간 신의 통치는 멈추며 인간의 통제가 시작된다네."

리안은 그 말을 들으며 고개를 천천히 숙였다. 그의 마음속에는 두려움과 함께 설명하기 어려운 평안이 동시에 밀려왔다. 두려움은 자신이 이미 그 우상을 품고 살아왔다는 사실을 깨달았기 때문이었고, 평안은 이제 그 우상의 실체를 분명히 알아보았다는 자각에서 비롯된 것이었다.

그는 진짜 어둠이 외부의 세상이나 타인에게 있는 것이 아니라, 바로 자기 안에 자리하고 있다는 사실 앞에서 잠시 떨렸다. 그러나 그 깨달음은 그를 정죄로 몰아넣지 않았다. 오히려 지금까지 자신을 붙들고 있던 신앙의 구조가 무엇이었는지를 보게 하며, 한 걸음 더 진리 쪽으로 이끌고 있다는 확신을 주고 있었다.

그렇게 마음속에서 무언가가 분명해질수록, 또 다른 질문이 떠오르기 시작했다. 리안은 숨을 고르듯 잠시 침묵하다가, 성주를 향해 조심스럽게 입을 열었다.

"성주님, 오늘 성주님의 말씀을 들으면서 종교가 타락했다는 말의 본질이 무엇인지 알게 되었습니다. 그래서 사르그에서 교회의 타락을 말할 때, 도덕적·윤리적 타락을 말하는 것이 왜 그것이 교회의 타락의 본질이 아니었는지도 이해하게 되었습니다.

그런데 제 마음에 아직 풀리지 않는 혼란이 하나 남아 있습니다. 사르그 안에도 성주님처럼, 교회의 타락이 신본주의에서 인본주의로 바뀐 데에 있다고 말하는 사람들은 분명히 있습니다. 그런데도 왜 그들은 그런 비판을 하면서, 여전히 사르그 안에 머물러 살아가는 걸까요. 왜 말로는 타락의 본질을 지적하면서도, 그 구조에서 벗어나지 못하는 걸까요?"

그의 질문에는 단순한 의문을 넘어, 자신이 속해 있었던 신앙의 틀 전체를 다시 바라보려는 진지한 갈망이 담겨 있었다. 리안의 시선에는 혼란과 동시에, 더 깊이 알고자 하는 간절함이 어렸다.

성주는 그 시선을 느끼고 천천히 고개를 들었다. 바람에 흔들리는 수풀을 잠시 바라본 뒤, 조용하지만 분명한 어조로 말을 이었다.

"좋은 질문이네, 리안. 많은 사람들이 교회의 타락을 이야기하지. 그럴 때 가장 먼저 꺼내는 것이 도덕적·윤리적 타락이라네. 목회자의 부도덕, 공동체의 위선, 삶과 말의 불일치 같은 문제들이지. 물론 그것들도 분명 문제이긴 하네. 그러나 그것들은 세속화된 교회의 상태를 겉으로 드러내는 현상일 뿐, 타락의 본질은 아니네.

또한 거기에서 조금 더 나아간 사람들은 교회의 타락을 이렇게 말하지. 자네가 혼란스러워하는 것처럼, 교회가 더 이상 신본주의가 아니라 인본주의가 되었다고 말일세. 이 비판은 교회의 문제를 더 깊은 지점에서 바라보고 있다는 점에서는, 타락의 본질을 제대로 짚고 있는 말이기도 하네.

그럼에도 불구하고 그들이 여전히 사르그의 종교 구조와 그 질서 안에 머물러 있는 이유는 분명하네. 그들은 입으로는 신본주의를 말하지만, 신본주의와 인본주의가 실제로 무엇을 의미하는지, 그 깊은 의미를 알지 못하기 때문이지."

성주의 말은 리안의 마음속 질문에 대한 직접적인 답으로 이어지고 있었다. 그는 리안의 내면에 자리한 고민을 이미 꿰뚫어 보고 있는 듯했다. 성주는 신을 인격으로, 곧 말씀을 통해 실제로 만나 알고 있는 신앙과, 말씀을 이론과 지식으로는 알고 있지만 말씀에 대한 분명한 사랑이 없어 끝내 사람 중심에서 벗어나지 못하는 신앙 사이의 차이를 분명히 드러내려는 듯했다.

성주는 잠시 숨을 고른 뒤, 차분하게 말을 이었다.

"먼저 자네에게 신본주의의 정확한 의미부터 알려주겠네. 신본주의, 곧 하늘의 신 중심이라는 것은 말씀을 사랑하기 때문에 모든 사랑의 대상과 사람의 생각, 그리고 판단의 기준이 하늘의 말씀에 놓여 있다는 뜻이라네. 반대로 인본주의란, 그 중심이 하늘의 말씀이 아니라 사람에게로 옮겨진 구조를 말하지. 인본주의의 본질은 하늘의 신을 사랑하는 자리에 사람을 사랑하고 사람을 섬기는 것을 대신 세우는 데 있네. 사람들을 섬기고 사랑하는 일이 하늘의 신을 사랑하는 것보다 앞서거나, 그것으로 하늘의 신을 사랑하는 일을 대신할 수 있다고 믿는 그 생각 자체가 인본주의의 뿌리라네."

성주는 리안을 바라보며 손끝으로 먼 산을 가리켰다.

"사람들은 흔히 이렇게 말하지. '사람을 사랑하는 것이 곧 신을 사랑하는 것이 아니겠는가?' 하지만 그것은 말씀의 질서를 거꾸로 세운 말이네. 말씀의 근본은 언제나 오직 하늘의 신을 사랑하라는 데 있지. 그러나 인본주의는 이 순서를 바꾸네. 신을 향한 사랑은 입으로만 말하고, 실제 삶의 중심에는 사람을 두며 사람을 섬기는 것이 곧 신을 사랑하는 길이라고 주장하지. 그렇게 되면 신의 자리는 말 속에만 남아 있을 뿐, 실제로는 말씀의 자리가 사라지고 만다네. 결국 인간의 선함이 신의 영광을 대신하게 되는 것이지."

그는 잠시 눈을 감았다. 마치 지금까지 한 말이 리안의 마음에 충분히 스며들 시간을 주려는 듯했다. 정원의 공기가 한층 고요해졌고, 성주는 다시 낮고 조심스러운 목소리로 말을 이었다.

"그래서 인본주의는 처음에는 매우 따뜻해 보이네. 사람을 위한다 말하고, 사람을 사랑한다 말하지. 그러나 그 따뜻함 속에는 분명한 왜곡이 숨어 있네. 왜냐하면 그 사랑의 출발점에 더 이상 실존하는 신, 곧 말씀으로 다스리시는 신이 자리하고 있지 않기 때문이지."

성주는 잠시 말을 멈추고 리안을 바라보았다. 그리고 마치 하나씩 짚어 주려는 듯, 다시 차분히 말을 이었다.

"사람을 위한다는 이유로, 사람 안에 있는 타락한 구조를 무너뜨리는 신의 말씀이 배제되는 순간 그 사랑은 이미 방향을 잃게 되네. 겉으로는 사랑처럼 보일 수 있지만, 그것은 더 이상 진리에서 흘러나온 것이 아니지. 신 중심의 사랑은 말씀에서 시작되어, 말씀을 소유한 사람에게로 흘러가지만, 인본주의적 사랑은 인간의 감정과 판단에서 시작되어 그 자리에서 끝나 버리네."

그는 리안을 향한 시선을 거두지 않은 채 말을 이어 갔다.

"그래서 인본주의적 사랑은 사람을 잠시 위로할 수는 있어도, 사람 안에 있는 타락한 내면의 법을 건드리지는 못하네. 말씀의 검으로 그것을 드러내고 무너뜨리지 않기 때문이지. 오직 말씀만을 사랑하는 사람만이, 그 말씀으로 사람 안의 거짓 기준과 거짓 의를 베어 내고 무너뜨릴 수 있네."

성주는 리안이 그 말의 무게를 온전히 받아들이고 있다는 것을 느끼며, 흐름을 끊지 않고 말을 이어 갔다.

"교회가 사람 중심이 되면, 결국 사람을 불편하게 하는 말씀은 뒤로 물러서게 되지. 그때부터 교회는 죄를 드러내는 곳이 아니라, 죄를 덮어 주는 곳이 되고 마네. 겉으로는 경건해 보일지라도, 그 안에서는 더 이상 생명이 자라지 않지. 결국 모든 것이 사람들 사이의 만족으로 끝나고 마는 것이네."

그는 잠시 리안을 바라본 뒤, 낮은 목소리로 말을 계속해 나갔다.

"자네가 말한 것처럼, 사르그에서도 인본주의가 교회 타락의 본질이라고 말하는 사람들이 있지. 그런데도 그들이 그 질서에서 벗어나지 못하는 이유가 바로 여기에 있네. 그들의 진단이 말씀을 사랑하는 자리에서 나온 것이 아니라, 지식과 이론으로 이해한 고백에 머물러 있기 때문이지.

만일 그들이 정말로 말씀을 사랑하기 때문에 인본주의를 교회 타락의 본질이라 말한다면, 결코 사르그의 종교 체제 안에 머물 수 없을 것이네. 그러나 그들이 여전히 그곳에 머물러 있다는 것은, 그들이 말로는 진단을 하지만 중심은 여전히 사람에게 놓여 있다는 증거라네."

리안은 성주의 말을 들으며 고개를 천천히 숙였다. 마음속을 맴돌던 질문은 더 이상 질문으로 남아 있지 않았다. 타락의 본질이 단순히 도덕의 타락이나 윤리의 붕괴가 아니라, 신본주의에서 인본주의로 중심이 이동한 사건이라는 사실이 이제는 개념이 아니라 실제로 이해되고 있었기 때문이었다.

그는 왜 사람들이 사르그의 종교 체제와 그 질서 안에 끊임없이 머물러 있는지를 비로소 이해하게 되었다. 사람들은 그 체제가 타락을 말하며 스스로를 정화할 수 있다고 믿었고, 무엇보다 그 구조가 인간적이고 합리적으로 보였기 때문에, 그 안에서 자신을 안전한 위치에 두고 있다고 느끼고 있었다.

신의 자리가 비어 있다는 사실은 드러나지 않았고, 대신 사람과 사람의 기준, 사람의 감정과 도덕이 그 자리를 자연스럽게 채우고 있었다. 바로 그 점이 사람들을 그 체제 안에 붙들어 두는 힘이 되고 있었다.

리안은 방금 떠오른 이 인식을 마음속에서 천천히 정리하고 있었다. 인본주의는 신을 노골적으로 부정하지 않는다. 다만 신을 중심에서 밀어내고, 사람을 그 자리에 앉힐 뿐이다. 그렇기에 그것은 더 이상 무너져야 할 우상처럼 보이지 않았고, 오히려 선하고 합리적인 질서처럼 스스로를 위장한 채 사람들 앞에서 있었다.

성주는 그 모습을 말없이 지켜보다가, 리안이 아직 더 들어가야 할 깊이가 남아 있다는 것을 아는 듯 잠시 말을 멈추었다. 그는 리안이 신본주의의 언어를 두른 채 사람을 중심에 세워 놓은 그 자리에 머물러 있지 않기를 바라고 있었다. 말로는 신을 높이는 듯 보이지만, 실제로는 사람의 기준과 판단이 중심이 된 그 구조의 실체를 보게 되기를 원하고 있었다.

잠시 후, 성주는 바람이 스치는 소리를 들었다. 나뭇잎이 햇살에 흔들리며 은빛으로 반짝였고, 그는 낮고 단단한 목소리로 리안을 향해 말을 이었다.

“리안, 사람들은 하늘의 이름을 입에 올리며 자신을 숨기지. 말로는 신을 높이는 것처럼 보이지만, 실제로는 사람의 기준과 판단을 중심에 두고 있네. 그래서 그들의 모습은 겉으로 보면 신본주의처럼 보이지만, 안을 들여다보면 철저히 인본주의일세.”

성주는 잠시 말을 멈췄다가, 그 실체를 드러내듯 바울의 말을 인용했다.

“사도 바울이 바로 그것을 말했지. ‘썩어지지 아니하는 신의 영광을 썩어질 사람과 새와 짐승과 기어 다니는 동물의 모양으로 바꾸었느니라 … 그들이 하늘의 진리를 거짓 것으로 바꾸어 피조물을 조물주보다 더 경배하고 섬기니라.’ ”

그는 리안을 바라보며 조용히 덧붙였다.

“신을 말하면서도 사람을 중심에 세운 자들, 하늘의 언어로 자신을 가리면서 피조물을 의지하는 자들. 바울의 말은 바로 그런 자들의 실체를 가리키고 있는 것이네."

그는 잠시 말을 멈췄다가, 리안이 오해하지 않도록 핵심을 분명히 짚어 주듯 덧붙였다.

"이 말씀은 단순히 우상을 만들었다는 도덕적 비판이 아니라네. 신이 중심에 계셔야 할 자리에 피조물을 앉혀 버린 존재의 질서가 뒤집힌 상태를 말하는 것이지. 다시 말해, 신이 아닌 것, 곧 말씀이 아닌 어떤 것을 중심에 두는 모든 행위는 그 모습이 아무리 고상하고 선해 보여도 결국 우상숭배로 귀결된다는 선언이라네."

그는 고개를 돌려 리안을 바라보며 조용히 말을 이었다.

"그래서 사람들은 흔히 사람을 사랑하는 것이 곧 신을 사랑하는 일이라고 여기네. 세상의 이웃을 돕고 위하는 행위를 당연히 선하고 거룩한 일이라 믿지. 그 사랑을 위해 시간과 재물을 바쳤다는 사실이, 곧 신께서 기뻐하실 증거라고 스스로 확신하는 것이지."

성주의 목소리가 조금 낮아졌다.

"그러나 그것은 어디까지나 사람의 감정과 판단에서 비롯된 해석일 뿐이라네. 사랑이란 이름을 가지고 있다 해서, 그 중심이 자동으로 신께로 향하는 것은 아니지."

그는 잠시 숨을 고르며 말을 이었다.

"만약 그 사랑이 말씀의 기준을 벗어난 것이라면, 그 선의는 결국 길을 잃은 불빛과 같지. 처음엔 따뜻하고 아름다워 보이지만, 중심이 없기에 방향을 잃고 사라지고 만다네. 말씀이 빠진 사랑은 신을 높이는 사랑이 아니라, 사람을 중심에 둔 또 다른 형태의 우상숭배일 뿐이라네."

잠시 침묵이 흐른 뒤, 그는 마지막으로 바울의 말을 다시 꺼냈다.

"그래서 바울은 단호하게 말하네. 사람을 사랑하는 행위조차도, 그것이 중심을 차지하는 순간에는 형상을 만들어 섬기는 일이 될 수 있으며, 그 형상이 사람의 중심에 앉을 때 그것은 곧 우상이 된다네."

리안은 그 말을 들으며 고개를 조아렸다.

그 조용한 정원 한가운데서, 그는 자신 안에 숨어 있던 우상들이 무엇이었는지를 더 이상 외면하지 않게 되었고, 마음속에서 그 이름들을 하나씩 지워내기 시작했다. 그것은 감정의 결단이라기보다, 중심이 어디에 놓여 있었는지를 인식하는 순간에 일어난 정리였다.

잠시 침묵이 흐른 뒤, 다시 성주의 목소리가 깊고 단단하게 울렸다.

"그렇기에 이 첫 번째 계명은 단순한 권면이 아니라네. 이것은 '하늘의 신만 믿어라' 는 도덕적 명령이 아니라, 존재의 중심이 어디에 놓여야 하는가에 대한 선언이지. '말씀 외에는 생명도 없고 신앙도 없으며, 그 어떤 것도 하늘의 신 앞이나 네 마음에 있어서는 안 된다' 는 절대적 선언이라네."

성주는 잠시 말을 멈추었다가 천천히 숨을 고르며 덧붙였다.

" '내 앞에 다른 신들을 두지 말라' 하신 그 말씀에서 '내 앞에' 란 위치의 문제가 아니네. 그것은 네 마음이 무엇을 가장 먼저 향하고, 어떤 것을 기준 삼아 선택하며, 무엇을 의지하고 살아가느냐를 가리키는 말이지. 그래서 하늘의 신보다 먼저 생각나고, 더 믿고 기대며, 더 크게 사랑하는 것이 있다면, 그것이 바로 하늘의 신 앞에 놓인 다른 신이 되는 것이네."

그의 말은 차분했지만 단호했다.

"그래서 하늘의 신보다 앞세워 생각하거나, 의지하거나, 사랑하는 모든 것이 '그분 앞에 둔 다른 신' 이 되는 것이네. 말씀이 곧 하늘의 신이시기에, 그분 외의 것을 중심에 두는 순간, 인간은 자연스럽게 창조주를 밀어내고 피조물을 그 자리에 앉히게 되지. 그것이 바로 첫 번째 계명이 겨냥하는 지점이며, 존재의 질서가 뒤집히는 순간이라네."

그 말은 지금까지 성주가 해 온 모든 이야기의 결론처럼 들렸다. 문제는 신을 부정한 데 있지 않았다. 신을 말하면서도 그분을 삶의 중심에서 밀어내는 구조, 그리고 말씀을 인용하면서도 그 중심이 하늘이 아니라 사람에게로 옮겨진 질서, 바로 그 지점에 문제가 있었다.

리안은 고요히 눈을 감았다. 그리고 조용히 되뇌었다.

"오직 말씀만이 하늘의 신이시다. 그렇기에 말씀은 선택의 대상이 아니라 중심이어야 한다. 그 외에 마음의 자리에 두는 것은, 아무리 선하고 옳아 보여도 모두 우상이 된다. 이 첫 번째 계명이 뿌리이기에, 이 뿌리가 무너지면 그 위에 세워진 모든 계명은 더 이상 설 자리를 잃는다."

성주의 말씀을 듣고 리안은 첫 번째 계명은 출발점이 아니라, 모든 신앙이 살아 있는지 죽어 있는지를 가르는 기준이라는 것을 깨닫게 되었다.

그의 고백은 잔잔히 정원 속에 스며들었다. 바람은 느리게 나뭇잎을 흔들며, 방금 말해진 고백이 이 공간에 가만히 내려앉는 듯한 여운을 남겼다. 햇살은 가지 사이로 흩어져 의자 위에 부서졌고, 그 빛은 마치 오래된 서약처럼 따스하게 두 사람을 감쌌다. 공기는 고요했고, 그 고요함은 말이 끝난 뒤에 찾아오는 공백이 아니라, 말의 의미가 정리되는 침묵처럼 느껴졌다.

잠시 침묵이 흐른 뒤, 성주는 천천히 자리에서 일어났다. 그는 리안에게 잠시 기다리라고 말한 뒤 성 안으로 향했다. 리안은 그의 뒷모습을 바라보며 조용히 숨을 골랐다. 정원에는 다시 잔잔한 바람이 스쳐 지나갔고, 나뭇잎은 햇살을 받아 부드럽게 흔들렸다. 그 바람은 마치 멈춰 있던 생각의 흐름을 다시 천천히 움직이게 하는 듯했다.

리안은 그 소리를 들으며, 마음 깊은 곳에 흩어져 있던 생각들이 하나의 방향으로 정리되어 가는 것을 느꼈다. 눈앞의 고요한 풍경은 단순한 정적이 아니라, 지금까지 들은 말씀이 마음속에서 자리를 잡아 가는 과정처럼 다가왔다. 그렇게 그의 마음은 점점 더 고요해졌고, 다가올 말씀을 판단하려는 상태가 아니라, 그대로 받아들일 준비가 된 자리로 옮겨 가고 있었다.

제 5 장

제2계명

『너를 위하여 어떤 형상도 만들지 말고 섬기지 말라』

잠시 후, 성주가 정원으로 돌아왔다. 그의 손에는 말린 과일이 담긴 작은 접시와 김이 은은히 피어오르는 찻잔이 들려 있었다. 그는 조심스러운 손길로 접시와 찻잔을 리안 앞에 내려놓았다. 그 순간, 따뜻한 향이 고요한 공기 속으로 천천히 퍼져나갔다. 막 끓여낸 차의 향이면서도, 오래 머물러 있던 시간의 잔향처럼 정원에 스며들었다.

리안은 말없이 찻잔을 두 손으로 감싸 쥐었다. 잔을 통해 전해지는 온기가 손끝을 타고 올라와 그의 안쪽 깊숙한 곳까지 닿았다. 그 따뜻함은 분명 위로였지만, 마음을 느슨하게 풀어주지는 않았다. 그는 성주가 차를 내온 이 시간이 단순한 휴식이 아니라, 다음 계명으로 들어가기 위한 준비라는 것을 알고 있었다. 이 자리는 무엇을 더 설명받는 시간이 아니라, 자신이 붙들고 살아왔던 기준을 다시 바라보게 되는 자리일 것이라는 기대가 그의 안에서 조용히 자리 잡고 있었다.

잠시 침묵이 흘렀다. 성주는 찻잔을 들어 한 모금을 천천히 마셨다. 잔을 내려놓은 뒤, 그는 정원을 향해 시선을 두었다. 햇살이 바람을 따라 잎사귀 사이를 스치며 지나가고 있었다. 부드러운 바람이 정원을 가로질러 지나간 뒤, 성주는 조용히 입을 열었다.

"이제 둘째 계명을 이야기해 보세. 첫 번째 계명이 뿌리였다면, 이것은 그 뿌리 위에서 자라나는 줄기라 할 수 있지. 눈에 보이지 않던 것이, 이제는 형태를 가지기 시작하는 지점일세."

그의 말은 설명이라기보다 방향에 가까웠다. 무엇을 말할 것인지보다, 어디까지 함께 들어가게 될 것인지를 먼저 열어 보이는 말이었다. 리안은 그 말을 붙잡은 채, 자신도 모르게 숨을 고르고 있었다. 이 대화가 지식을 더하는 자리가 아니라, 마음 깊은 곳을 향해 내려가는 과정임을 직감하고 있었기 때문이다.

성주는 잠시 말을 멈추었다. 그는 찻잔의 가장자리를 손끝으로 천천히 닦으며 생각을 정리하듯 시간을 두었다. 그 표정에는 서두르지 않는 사색과, 이미 오래 바라보아 온 것에 대한 평온함이 함께 어려 있었다.

이윽고 성주는 다시 입을 열었다.

"둘째 계명은 겉으로 보면 눈에 보이는 형상을 말하는 계명일세. 하지만 그 시작은 손이 아니라 마음에 있지. 사람들이 실제로 만들어 섬기는 우상보다 더 깊은 곳에는, 이미 마음속에 자리 잡은 형상이 있네. 사람은 먼저 눈에 보이지 않는 곳에서 무엇을 중요하게 여기고, 의지하고, 기준으로 삼지. 그렇게 마음속에 그려진 형상이 점점 자리를 차지하게 되면, 결국 그것이 하늘의 신보다 앞서게 되네. 그리고 눈에 보이는 우상은, 그 마음의 형상이 밖으로 드러난 결과일 뿐이지."

리안은 조용히 고개를 끄덕이며 그 말을 따라갔다. 그의 눈빛에는 말의 의미가 서서히 이해되기 시작했다는 흔적과 함께, 그 말이 추상적인 가르침이 아니라 바로 자기 자신을 향하고 있다는 깨달음에서 오는 두려움이 동시에 담겨 있었다.

성주는 바람에 흩날리는 나뭇잎을 잠시 눈으로 좇다가, 다시 리안을 향해 시선을 돌렸다. 그 눈빛에는 오래된 진리를 기억하는 사람에게서만 느껴지는 깊은 평안이 담겨 있었다.

그는 낮은 목소리로 말을 이었다.

"둘째 계명은 이렇게 명령하네.

'너는 너를 위하여 어떤 새긴 형상도 만들지 말고, 위로 하늘에 있는 것이나 아래로 땅에 있는 것이나, 땅 아래 물속에 있는 것의 어떤 모습이든지 만들지 말며, 그것들에게 절하지 말고 그것들을 섬기지 말라. 나 곧 주 네 하나님은 질투하는 하늘의 신이니라.'

이 계명은 단순히 돌이나 나무로 만든 형상을 금하라는 말씀이 아니네. 마음 안에서 하늘의 신보다 먼저 자리를 차지하려는 모든 형상, 곧 사람의 생각과 판단, 감정이 만들어 낸 신들을 경계하라는 명령이지."

그 말은 바람처럼 흩어지지 않았다. 천천히, 그러나 피할 수 없을 만큼 분명하게 리안의 마음 깊은 곳으로 스며들었다. 성주의 목소리는 낮고 담담했지만, 그 안에는 흔들리지 않는 기준에서 비롯된 단단한 울림이 담겨 있었다.

그는 잠시 말을 멈췄다가 다시 이었다.

"하늘의 아들이 이 땅에 오셨을 때도 마찬가지였네. 그 시대의 유대인들은 눈에 보이는 형상 앞에 절하던 사람들이 아니었지. 그러나 그들의 마음에는 이미 자신들이 만들어 놓은 다른 신들이 자리 잡고 있었네. 그들은 하늘의 신을 섬긴다고 말했지만, 실제로는 자신들이 그려 놓은 신의 모습과 기준을 붙들고 있었지.

그들이 하늘의 아들을 대적했다는 사실은, 이미 다른 형상, 곧 다른 신들을 하늘의 신보다 앞세워 섬기고 있었다는 증거가 된다네. 그래서 눈앞에 서 계신 하늘의 아들을 알아보지 못했지. 이처럼 문제는 보이는 형상이 아니네. 마음속에 어떤 신을 두고 살아가느냐, 바로 그것이 둘째 계명이 겨누는 자리일세."

리안은 찻잔을 두 손으로 감싸며 숨을 고르게 들이쉬었다. 따뜻한 김이 그의 시야를 잠시 흐릿하게 가렸고, 성주의 말은 그 김 사이를 지나 조용히 그의 마음속으로 스며들었다.

"오늘날의 우상은 대부분 눈에 보이지 않는 구조 안에 숨어 있네. 그것은 개인의 생각이나 신념에 머무르지 않고, 시간이 흐르며 종교적 체계와 전통 속에까지 정교하게 자리 잡지. 한 사람의 생각이 반복되면 가르침이 되고, 그 가르침이 공동체의 언어가 되면 규범이 되며, 마침내 제도와 관습으로 굳어지게 되네. 그렇게 되면 그것은 더 이상 개인의 선택이 아니라, 모두가 따르게 되는 구조가 되지.

이런 구조 안에서 스스로 지혜롭다고 여기는 사람들은 말씀을 더 잘 이해한다는 명분으로 경전을 대하네. 그러나 그들이 실제로 붙드는 기준은 말씀이 아니라, 이미 자기 지혜로 형성된 자기 생각과 체계일세. 자기 지혜를 의지하는 사람이 과연 말씀 앞에서 자신을 내려놓고 하늘의 지혜 앞에서 무너질 수 있겠는가.

그래서 같은 경전을 읽고도 해석의 중심이 달라지게 되는 것이네. 말씀을 기준으로 읽는 사람은, 말씀 앞에 자신을 두고 그 말씀에 의해 판단 받으려 하지. 반대로 자기 지혜를 기준으로 읽는 사람은, 이미 정해 놓은 생각을 가지고 말씀에 다가가 그 말씀을 해석하고 평가하려 하네. 그렇게 되면 판단의 자리는 자연스럽게 바뀌게 되지. 말씀이 사람을 판단하는 것이 아니라, 사람이 말씀을 판단하게 되는 것일세.

이 차이가 해석의 방향을 바꾸고, 해석의 방향이 중심을 바꾸지. 처음에는 그것이 말씀을 돕는 수단처럼 보이지만, 시간이 지나면 하늘의 신이 아니라 사람이 중심에 놓이게 되는 구조로 기울어지게 되네.

그 결과, 사람들이 붙들고 있는 것은 말씀이 아니라 사람이 만들어 낸 사람 중심의 해석의 틀이 되고 마는 것이지."

리안은 말없이 고개를 숙였다. 그의 내면 깊은 곳에서 오래 전의 기억 하나가 떠올랐다. 자신 또한 한때 말씀보다 사람을 높이고, 사람을 위로하는 해석을 따르며 그것을 진리라 믿었던 시간이 있었다. 그때 그는 말씀이 자신을 판단하도록 서기보다, 사람이 먼저 기준이 되는 해석에 익숙해져 있었다. 그 기억은 단순한 후회로 머물지 않았다. 자신이 어느 지점에서 중심을 바꾸어 왔는지를 분명히 비추는 회상의 빛처럼 그의 마음을 스쳐 지나갔다.

성주는 찻잔을 들어 한 모금 천천히 마신 뒤 다시 입을 열었다. 차에서 퍼져 나오는 향이 그의 낮은 목소리와 함께 공기 속으로 잔잔히 번지며, 이어질 말이 서두르지 않고 차분히 흘러갈 것임을 예고하고 있었다.

"바울의 고백을 다시 한 번 살펴보세. '그들은 썩지 아니하시는 하늘의 신의 영광을 썩어질 사람의 형상과, 새들과, 네 발 가진 짐승들과, 기는 것들의 형상으로 바꾸었느니라.' 이 말씀은 단순히 사람들이 우상을 섬겼다는 과거의 기록이 아니네. 썩지 않는 중심을 버리고, 썩어질 것을 중심에 두기로 선택한 인간의 상태를 드러내는 경고라네."

그의 말은 형상의 문제가 아니라, 중심이 어디에 놓이느냐의 문제임을 분명히 하고 있었다. 하늘의 신이 중심에 있을 때와, 사람이 만든 사람 중심의 기준이 그 자리를 대신할 때 인간의 방향이 어떻게 달라지는지를, 바울의 고백은 그대로 증언하고 있었기 때문이다.

그는 잠시 찻잔을 내려놓고 리안을 바라보았다. 그의 눈빛은 고요했지만, 그 안에는 말의 의미를 피하지 못하게 하는 단단한 힘이 담겨 있었다.

"결국 본질을 잃은 해석은 하늘의 신을 드러내지 못하네. 그래서 그 해석 자체가 곧 우상이 되지. 겉으로는 말씀을 더 잘 이해하려는 시도로 보이지만, 실제로는 그 해석이 말씀의 자리를 대신하고 있는 것일세. 해석은 본래 말씀을 가리키는 역할을 해야 하네. 그러나 만약 그 해석이 하늘의 말씀을 하늘의 아들의 인격으로 드러내지 못한다면, 그것은 더 이상 말씀에서 나온 것이 아니라 사람에게서 나온 것이네. 그렇게 되면 중심은 자연스럽게 하늘의 신이 아니라 사람에게로 옮겨가고, 그 해석은 결국 사람을 중심에 두는 또 다른 형태의 우상숭배가 되고 마는 것이지."

그의 말은 천천히, 그러나 확실하게 리안의 마음에 새겨졌다. 정원의 바람은 여전히 부드럽게 불고 있었지만, 그 순간 리안의 내면에는 말의 무게를 인식하는 한 줄기 경외의 떨림이 스쳐 지나갔다.

성주는 잠시 리안의 눈빛을 살폈다. 그의 시선은 부드러웠으나 가볍지 않았고, 그 안에는 쉽게 넘길 수 없는 깊이가 담겨 있었다. 그는 손끝으로 찻잔을 한 번 굴리듯 돌린 뒤, 천천히 입을 열었다.

"사람의 마음 깊은 곳에 자기 지혜에 대한 신뢰가 자리 잡고 있으면, 말씀을 대하는 태도 또한 그 지혜를 중심으로 형성되게 되네. 그런 상태에서는 말씀이 사람을 판단하기보다, 사람이 먼저 판단의 자리에 서게 되지.

그 결과, 중심에는 말씀의 인격이 아니라 사람의 판단과 기준이 놓이게 되네. 판단의 자리가 바뀌는 순간, 말씀은 더 이상 사람을 다스리는 기준이 되지 못하고, 사람이 말씀 위에 서게 되지.

이 변화는 소리 없이 일어나지만, 그 영향은 분명하네. 사람을 위해 헌신하고 봉사하며 섬기는 일이 하늘의 말씀보다 더 중요한 가치처럼 여겨지기 시작하지. 그렇게 되면 겉으로는 신앙의 모습이 유지되지만, 실제로는 말씀이 아니라 사람이 기준이 되는 질서가 자리를 잡게 되는 것이네."

그의 목소리는 낮았지만 또렷했다. 바람이 잎사귀 사이를 스치며 작은 파문을 일으킬 때, 그의 말은 그보다 더 깊은 파동으로 리안의 마음속에 번져 갔다. 성주는 찻잔을 천천히 내려놓았다. 잔의 가장자리가 나무 탁자에 닿으며 짧고 미세한 소리를 냈다.

"그렇게 중심이 사람에게로 옮겨가면, 교회 안에서 하늘의 말씀은 점점 뒤로 밀려나게 되네. 그 자리를 대신해 마음속에는 사람을 기준으로 한 선과 형상이 새겨지지. 그리고 그 형상이 깊어질수록, 사람을 섬기고 사람을 높이는 일이 마치 진리를 따르는 것처럼 보이기 시작하네.

그러면 사람들은 그 기준에 따라 누가 더 선한지를 판단하게 되네. 선함이 평가의 기준이 되면, 자연스럽게 서로를 비교하게 되고, 그 비교는 곧 경쟁으로 이어지지. 그렇게 형성된 경쟁 속에서 사람들은 자신도 모르는 사이에 그 기준을 따라 살아가게 되고, 결국 그 기준에 스스로를 묶이게 되네. 그 결과, 그런 구조는 겉으로는 하늘의 신을 높이는 것처럼 보이지만, 실제로는 사람의 선함을 중심에 두고 돌아가는 또 하나의 질서일 뿐이네.

리안은 고개를 천천히 끄덕였다. 그의 얼굴에는 어딘가에서 오래 묻어온 깨달음이 번졌다. 자신이 지금까지 섬기고 지켜온 것이 진정 말씀의 중심이었는지, 아니면 사람의 기대와 시선이었는지를 스스로에게 묻지 않을 수 없었다.

성주는 그런 리안을 바라보다가, 그의 마음을 읽은 듯 조용히 말을 이었다.

"'그들은 썩지 아니하시는 하늘의 신의 영광을 썩어질 사람의 형상으로 바꾸었느니라.' 이 말씀은 단지 옛 시대의 타락을 기록한 말씀이 아니네. 지금도 반복되고 있는 인간의 선택과 방향을 드러내는 말이지. 사람이 말씀을 중심에 두기보다 자신을 중심에 두기 시작하면, 신앙의 기준도 자연스럽게 달라지게 되네.

그렇게 되면 말씀을 위해 헌신하고 핍박을 받는 것보다, 사람들 사이에서의 평판과 선함을 지키는 일이 더 중요한 가치처럼 여겨지지. 그 결과, 진리는 소리 없이 뒤로 밀려나고, 그 자리를 사람의 형상, 곧 사람의 기준과 판단이 대신 차지하게 되는 것이네."

그의 말이 끝나자, 정원의 바람이 잠시 멎은 듯했다. 두 사람 사이에는 말보다 더 깊은 침묵이 내려앉았다. 리안은 그 침묵 속에서 자신의 마음을 비추는 듯한 감각을 느꼈다. 그의 내면에 남은 작은 진동은, 말씀의 자리가 어디에 놓여 있는지를 다시 묻는 미세한 움직임처럼 다가왔다.

성주는 잠시 눈을 들어 나뭇가지 사이로 떨어지는 햇살을 바라보았다. 빛은 잎 사이에서 부서져 내려 그의 얼굴에 점처럼 흩어졌다. 그는 그 빛을 한동안 바라보다가, 마치 오래된 생각을 차분히 정리하듯 조용히 말을 이었다.

"예를 들어 보세. '이웃을 사랑하라' 는 말씀도 그렇다네. 이 명령은 사람에게서 나온 말이 아니라 하늘에서 왔고, 그 뜻 또한 하늘의 신에게서 비롯된 것이네. 그래서 이 말씀의 출발점은 언제나 하늘과의 관계에 있지. 이웃 사랑은 독립된 윤리 명령이 아니라, 보이는 이웃으로 오시는 하늘의 신을 사랑하라는 명령이었네.

그러나 시간이 지나면서 사람들은 그 기준을 조금씩 옮기기 시작하지. 하늘의 명령을 하늘과의 관계 안에서 이해하기보다, 점점 세상의 관계 속으로 끌어내리게 되네. 본래 이웃 사랑은 하늘의 신을 사랑하는 것이었고, 하늘의 신을 마음의 중심에 두고 그분의 통치를 받는 이를 사랑하는 것이었네.

그러나 사람 중심의 해석은 그 방향을 바꾸어, 이웃이 곧 하늘의 신이라는 경계를 훼손하고, 그 명령을 사람들 사이의 선함이나 평화, 관계의 조화를 유지하는 문제로 축소시켜 버리게 되지.

그렇게 되면 '이웃을 사랑하라' 는 말씀은 더 이상 하늘을 향한 명령이 아니라, 사람을 중심에 둔 윤리적 문장이 되어버리네. 하늘의 신을 향해 열려 있어야 할 말씀이, 어느새 사람 사이의 균형을 유지하기 위한 기준으로 바뀌어 버리는 것이지."

리안은 찻잔을 들고 있던 손가락에 조금 더 힘을 주었다. 손끝에서 전해지던 따뜻한 온기가 이상하게 차갑게 느껴졌다. 그의 시선은 여전히 탁자 위의 찻잔에 머물러 있었지만, 마음은 이미 과거의 기억 속으로 향하고 있었다. 그 역시 한때 '이웃을 사랑하라' 는 말씀을 하늘의 신을 중심으로 한 명령이 아니라, 모든 사람을 향한 보편적인 윤리적 요청으로만 이해했던 적이 있었기 때문이다. 그 기억은 부드러운 바람처럼 스쳐 지나갔지만, 동시에 마음 깊은 곳을 정확히 찌르고 있었다.

성주는 리안의 눈빛 속에 일어난 그 미묘한 흔들림을 읽은 듯, 조용히 말을 이었다.

"그렇게 되면 결국 말씀이 중심에서 밀려나게 되지. 사람과 사람 사이의 위로나 평화, 선함을 지키기 위해 하늘의 말씀이 목적이 아니라 수단으로 사용되기 시작하고, 그 해석이 반복되면 마침내 하늘의 율법은 사람을 중심에 둔 율법주의로 바뀌어 버리네.

그때부터는 말씀이 없어도 작동하는 신앙 구조가 세워지지. 말씀 아닌 것이 중심에 올라오고, 사람의 기준이 율법처럼 작동하게 되는 것이네. 그렇게 형성된 것은 더 이상 말씀의 해석이 아니라, 이미 자기 기준으로 만들어진 우상의 형상일세. 그리고 그 형상은 밖에 세워지는 것이 아니라, 마음속에 자리 잡게 되지. 그것이 바로 마음속의 우상이라네."

그의 음성은 낮고 단호했다. 한마디 한마디가 리안의 내면 깊숙이 파고들며 가슴속에 오래 잠들어 있던 질문들을 흔들어 깨웠다. 리안은 천천히 고개를 들어 성주를 바라보았다.

성주의 시선은 여전히 고요했지만, 그 안에는 물러섬 없는 단단함이 담겨 있었다. 그는 잠시 찻잔을 들어 한 모금 마신 뒤, 말을 이었다.

"또 어떤 해석은 자연과 환경을 중심에 두기도 하네. 처음에는 하늘의 창조를 기억하자는 의도에서 시작되었을 것이지. 그러나 그 기준이 조금씩 옮겨지면 방향도 함께 달라지게 되네. 그러면 말씀은 땅과 숲, 동물을 보호한다는 이름으로 포장되고, 결국 그 해석은 창조주를 바라보는 것이 아니라 자연 자체를 중심에 두는 구조로 바뀌게 되지. 사람들은 그것을 신앙이라 부르지만, 실상은 창조주를 대신해 피조물을 섬기는 사고가 질서로 굳어지는 것이네."

리안은 잠시 눈을 감았다.

'말씀을 위한 사랑' 이 '사람을 위한 사랑' 으로 바뀌고, '창조주를 향한 존경' 이 어느새 '자연을 향한 숭배' 로 변해 버린 세상의 모습이 그의 마음속을 스쳤다. 그는 자신이 지나온 신앙의 흔적 속에서도 같은 흐름이 반복되어 왔음을 느꼈다. 그것은 요란하지 않았지만, 분명히 자리 잡고 작동하고 있는 구조였다.

리안의 가슴은 천천히 무거워졌다. 그는 마침내 하나의 사실을 알아차리기 시작했다. 말씀이 중심에서 물러나는 순간, 겉으로는 하늘의 신의 이름을 부르고 있어도, 그 자리를 대신 채운 것은 더 이상 말씀이 아니라 다른 형상의 우상이라는 것을 그는 깊이 깨닫기 시작했다.

시간이 정오에 이르자 바람은 거의 멈추었고, 정원의 공기는 한층 따뜻해졌다. 나뭇잎은 더 이상 흔들리지 않았고, 봄 햇살은 부드럽게 내려앉아 두 사람의 어깨를 감쌌다. 공기 속에 스민 꽃향기와 함께, 성주의 목소리가 고요 속에서 잔잔히 이어졌다.

"또 어떤 해석은 권력과 재물, 그리고 세상의 성공을 중심에 두기도 하지. 말씀이 삶을 비추는 기준이 아니라, 세상에서 잘되기 위한 수단으로 다루어질 때, 그 말씀은 이미 본래의 자리를 잃은 것이네. 그렇게 되면 말씀은 성공을 설명하는 언어로 바뀌고, 사람들의 마음속에서는 세상의 욕망을 섬기게 만드는 형상이 되어버리지. 겉으로는 말씀을 말하지만, 그 안에는 이 땅의 기준과 욕망이 중심을 차지하게 되네."

그의 말은 햇살보다 더 뜨겁게 리안의 가슴속으로 파고들었다. 리안은 말없이 고개를 숙였다. 성주의 말이 막연한 경고가 아니라, 바로 자신을 향하고 있다는 사실을 분명히 느꼈기 때문이다. 그는 사르그에서 지나온 자신의 신앙의 궤적을 떠올렸다. 그 길에는 진리를 향한 갈망보다, 세상에서 인정받고자 하는 욕망이 더 깊이 자리 잡고 있었다.

그제야 리안은 깨닫기 시작했다. 자신이 따르고 있다고 믿었던 '말씀의 해석' 이 실은 세상의 원리를 말씀의 언어로 포장한 것에 지나지 않았다는 사실이, 마음 깊은 곳에서 서서히 드러나고 있었다.

성주는 잠시 리안의 표정을 바라보다가, 그의 이해를 확인하듯 천천히 고개를 끄덕였다. 그리고 찻잔을 들어 올리며 조용히 말을 이었다.

"결국 하늘의 신을 중심에서 제거한 채, 피조물을 중심으로 말씀을 이해하려는 모든 잘못된 해석은 사람의 마음을 말씀 밖으로 이끌게 되지. 마음이 말씀에서 벗어나는 순간, 그 안에는 반드시 어떤 형상이 만들어지게 된다네. 사람은 그 형상을 붙들고 기도하고, 그것을 신이라 부르지만, 실상은 자기 안에 세운 또 다른 중심일 뿐이지. 그렇게 마음의 자리에 새겨지는 모든 거짓된 중심, 바로 그것이 둘째 계명이 금하고 있는 형상이라네."

그는 잠시 말을 멈추고, 식어 있는 차를 바라보다가 다시 말을 이었다.

"이처럼 둘째 계명에서 금한 형상은 단지 돌이나 나무로 만든 조각상을 가리키는 것이 아니네. 더 깊이 들어가 보면, 그것은 마음에 새겨진 형상, 곧 해석이라는 이름으로 사람 안에 자리 잡은 거짓된 중심을 말하는 것이지. 말씀이 아닌 것을 마음에 그려 넣는 순간, 그것은 눈에 보이지 않지만 분명히 작동하는 우상이 되네."

리안은 조용히 눈을 감았다. 성주의 말이 교리를 설명하는 데 그치지 않고, 자신의 내면을 정확히 향하고 있음을 느꼈기 때문이다. 마음속에서는 그동안 옳다고 여겨 왔던 신앙의 그림들이 하나씩 무너져 내리고 있었다. 그제야 그는 형상은 눈으로 만들어지는 것이 아니라 마음에 새겨지며, 그렇게 새겨진 형상은 진리를 가리고 하늘의 신을 대신해 삶의 방향을 결정하게 된다는 것을 깨달았다.

햇살을 머금은 정원의 공기는 신선하게 리안을 감싸고 있었다. 나뭇잎 사이로 스며든 빛이 잔잔히 흔들리며 그의 얼굴에 내려앉았고, 그 순간 리안의 의식은 바깥의 소음에서 멀어졌다. 마치 주변의 모든 소리가 잠시 멎은 것처럼 느껴졌다.

성주는 아무 말 없이 리안을 바라보고 있었다. 그 시선에는 책망도 강요도 담겨 있지 않았다. 다만 오랜 시간 진리를 붙들어 온 사람만이 가질 수 있는 깊은 이해와 조용한 애정이 머물러 있었다. 그 침묵은 리안을 재촉하지 않았고, 오히려 스스로를 들여다볼 수 있는 시간을 허락하고 있었다.

그 침묵 속에서 리안의 얼굴에 깊은 고뇌가 스쳤다. 그는 자신이 지금까지 얼마나 많은 말씀 외의 형상들을 마음에 세우고, 그것들을 기준 삼아 살아왔는지를 떠올렸다. 진리를 향해 걷고 있다고 믿었지만, 그 길 위에는 언제나 사람의 기준과 감정이 함께 섞여 있었다는 사실이 분명해졌다. 그 인식이 또렷해지는 순간, 그의 마음 깊은 곳이 조용히 흔들리기 시작했다.

그때 성주가 다시 입을 열었다.

"사도 바울은 고린도후서에서 이렇게 말했지. '하늘의 신을 아는 것을 대적하여 높아진 이론을 무너뜨리며, 모든 생각을 사로잡아 그리스도에게 복종하게 하니.' 이 말씀을 천천히 생각해 보게. 바울이 말한 복음은 사람의 마음을 먼저 편안하게 하거나 감정을 위로하는 말이 아니네. 복음은 타락한 사람 안에 이미 세워진 모든 높아진 생각을 무너뜨리는 강력한 검이지."

성주의 말은 위로가 아니라 구조를 드러내는 설명처럼 리안의 내면을 파고들었다.

"그 이유는 분명하네. 복음이 하늘의 평화를 세우기 위해서는, 사람 안에 이미 자리 잡고 있던 이 세상의 거짓된 평화가 먼저 무너져야 하기 때문이지. 사람이 스스로 옳다고 여기며 의지해 온 생각과 기준이 그대로 남아 있는 한, 하늘의 평화는 그 위에 덧붙여질 수 없네."

그는 잠시 말을 멈추었다가 다시 천천히 이어 나갔다.

"그래서 복음은 타락한 사람 안에 이미 세워져 있던 모든 높아진 생각과 기준을 무너뜨리고, 그 생각들을 다시 하늘의 아들 앞에 세워 복종하게 만드는 방식으로 작동하네."

성주는 다시 리안을 바라보며 설명의 방향을 한층 더 안쪽으로 밀어 넣었다.

"하늘의 말씀 위에 서서 자신의 지혜로 그 말씀을 재단하려 드는 높아진 생각, 그것이 바로 사람이 말하는 해석이네. 사람은 자신이 타락한 존재라는 사실을 잊는 순간, 하늘의 말씀을 자기 기준으로 나누고 판단하기 시작하지. 그리고 그 위에 신학과 철학, 전통과 이론을 덧붙이며 스스로를 지혜롭다고 여기게 되네.

그들은 사람들이 말씀을 이해하도록 돕는다는 명분으로 해석을 말하지만, 실상 그것은 말씀을 밝히는 일이 아니라 또 다른 형상을 만들어 내는 일이네. 말씀을 자신보다 아래에 두고, 자신을 말씀 위에 세운 채 경전을 붙드는 순간, 하늘의 말씀은 이미 사람의 손 아래 놓이게 되지.

그렇게 손에 쥐어진 말씀은 더 이상 살아 있는 말씀이 아니라, 사람이 만든 기준과 생각에 따라 모양이 정해진 또 하나의 신의 형상으로 굳어지게 되네."

그 말은 판단이 아니라 진단이었고, 리안은 그것이 바로 자신의 내면에서 벌어지고 있던 일임을 부인할 수 없었다.

리안의 눈빛이 점점 깊어졌다. 그는 그 말이 단순한 교리 설명이 아니라, 자신 안에 이미 자리 잡고 있던 구조를 정확히 겨냥하고 있음을 느꼈다. 지금까지 밖을 향해 이해하던 말씀이, 어느 순간부터는 그의 내면을 향해 곧장 파고들고 있었다.

성주는 리안의 눈빛 변화를 놓치지 않은 듯, 여전히 잔잔한 목소리로 말을 이었다.

"사도 바울이 말한 '무너뜨려야 할 것' 이 바로 그것이라네. 사람들은 그것을 우상이라 부르지 않지. 왜냐하면 그것은 눈에 보이는 형상도 아니고, 제단 위에 세워진 상도 아니기 때문이네. 그러나 말씀 위에 어떤 생각이 올라가 있다면, 다시 말해 하늘의 것을 탐하는 탐심이 말씀 위에 자리 잡고 있다면, 그것이 곧 우상이라네.

우상은 반드시 손으로 만든 형상일 필요가 없네. 하늘의 신보다 더 신뢰하는 기준, 하늘의 말씀보다 더 높이는 해석, 말씀보다 더 의지하는 지식과 체계, 그 모든 것이 사람 안에 세워질 때 그것은 이미 우상이네. 사람은 그것을 신앙이라 부르지만, 실상은 말씀을 섬기는 것이 아니라 말씀 대신 만들어진 형상을 의지하며 살아가는 것이지. 그렇게 신앙이라 불리는 것조차, 그 뿌리를 들여다보면 우상숭배가 되어버리는 것이네."

그는 찻잔을 잠시 바라보다가, 다시 조용히 말을 이었다.

"복음은 지금까지 말한 그 모든 구조를 향해 작동한다네. 복음은 사람 안에 세워진 잘못된 이해의 구조와 지식의 탑, 감정으로 정당화된 논리, 자기 의로 유지되던 체계를 하나씩 무너뜨리지. 그리고 그 모든 생각을 말씀 앞에 세워 무릎 꿇게 하네. 사람의 사고가 더 이상 주인이 되지 못하고, 마침내 사람의 생각 자체가 말씀에게 복종하게 만드는 것, 그것이 바로 복음의 일이네."

리안은 고개를 천천히 들었다. 성주의 말이 깊어질수록 그의 내면 어딘가에서 오래 잠들어 있던 울림이 깨어나기 시작했다. 그것은 단순히 교리를 이해했다는 느낌이 아니라, 말씀이 살아 움직이며 자신 안을 두드리고 있다는 감각에 가까웠다. 그 음성은 설명이 아니라, 생명력을 지닌 진리의 숨결처럼 리안의 안으로 스며들고 있었다.

성주는 잠시 말을 멈춘 채 식어 가는 찻잔을 내려다보았다. 그 침묵은 다음 말을 고르기 위한 망설임이 아니라, 이미 알고 있는 진실이 리안의 마음 가장 깊은 곳까지 스며들 시간을 허락하는 기다림처럼 보였다. 정원 사이로 바람이 조용히 지나가자, 그는 그 흐름에 맞추듯 고개를 들었고, 낮지만 흔들림 없는 목소리로 다시 입을 열었다.

"하늘의 신은 이렇게 선언하셨지. '나는 스스로 있는 자라, 나 외에 다른 이가 없느니라.' 이 말씀은 단순히 유일성을 주장하는 문장이 아니네. 이 선언은 하늘의 신을 인간의 언어와 개념으로 규정하려는 모든 시도 자체가 교만임을 드러내는 경고라네. 사람은 말씀을 자신이 이해할 수 있는 틀 안에 가두려 하지만, 말씀은 그런 틀에 속하지 않지. 말씀은 살아 있고, 스스로 존재하며, 어떤 사상이나 감정, 체계에도 예속되지 않는 분이네."

그는 잠시 나뭇가지 사이로 스며드는 햇살을 바라보다가, 마치 그 빛이 가르는 결을 따라 생각을 정리하듯 낮은 목소리로 말을 이었다.

"히브리서의 증언을 떠올려 보게. '하늘의 말씀은 살아 있고 활력이 있어 좌우에 날선 어떤 검보다 예리하여, 혼과 영과 관절과 골수를 찔러 쪼개기까지 하며 마음의 생각과 뜻을 판단하나니.' 이 말은 단순한 비유나 수사적 표현이 아니네. 이 말씀은 실제로 인간의 내면을 해체하는 능력을 가진 초월적 실체를 가리키고 있지.

말씀은 단어의 집합이 아니고, 개념으로 묶을 수 있는 사상도 아니네. 그것은 생명이며, 사람의 육과 혼과 영을 가르며 가장 깊은 중심을 드러내는 검이지. 그래서 이 관계는 뒤집혀 있네. 사람이 말씀을 분석하고 해석하는 것이 아니라, 말씀이 사람을 가르고 판단하며 해체하는 것이네. 그 앞에서는 누구도 자신을 보존한 채 서 있을 수 없지."

성주는 잠시 아무 말도 하지 않았다. 정원에 내려앉은 고요 속에서 그는 리안을 바라보고 있었고, 그 눈빛에는 단순한 부정이 아니라 이미 수없이 반복되어 온 오해를 바라보는 깊은 안타까움이 담겨 있었다. 이내 그는 아주 천천히 고개를 움직였다. 말로 설명하기에는 너무 오래된 착각이라는 듯, 그 작은 동작만으로도 충분히 뜻이 전해졌다.

"그런데 많은 이들이 말씀을 앞에 두고도 여전히 그것을 판단하려 하지. 자기 문화와 신념, 철학과 전통을 들고 와서 말씀을 분석하고 나누고 해석하려 하지만, 그 순간 말씀은 해부의 대상이 되어버리네. 그러나 말씀은 사람의 해부 대상이 아니네. 말씀은 오히려 사람의 내면을 비추고, 잘못된 구조를 찔러 무너뜨리는 살아 있는 검이지. 말씀이 살아 있다는 것은, 그 말씀이 인간의 모든 기준과 감정을 꿰뚫고 그릇된 것을 드러내며 다시 세운다는 뜻이네. 우리가 그것을 다 이해해서 진리가 되는 것이 아니라, 그 말씀이 스스로 진리이기 때문에 우리를 꿰뚫고 판단하는 것이지."

그 말을 들은 순간, 리안의 마음속에서 익숙한 울림이 깨어났다. 성주의 음성은 낯설지 않았다. 그는 이미 언젠가 같은 음성을 들은 적이 있었고, 그의 귀는 그 울림을 기억하고 있었다. 리안은 천천히 고개를 들었다. 그러자 눈앞에 오래된 기억 하나가 또렷하게 되살아났다.

그곳은 사르그의 조그만 강의실이었다. 그날 트루드는 말씀을 전하며 히브리서의 한 구절을 인용했다.

"하늘의 말씀은 살아 있고, 활력이 있으며, 혼과 영과 관절과 골수를 찔러 쪼개기까지 하며 …"

지금 성주가 인용한 바로 그 말씀이었다.

트루드는 그 구절을 인용한 뒤, 청중을 향해 단호하게 선포했다.

"이 말씀은 사람을 파괴하기 위한 검이 아닙니다. 죽은 것을 도려내고, 그 자리에서 새 생명을 일으키는 사랑의 검입니다. 이 검으로 사람 안에 자리한 타락한 내면의 구조가 무너져야, 그 자리에서 생명이 일어납니다."

그 순간의 떨림이 다시 리안의 가슴을 울렸다. 그날 그는 처음으로 말씀을 살아 있는 인격으로 느꼈다. 하늘의 말씀은 책 속에 갇힌 문장이 아니었고, 사람의 지식으로 정리될 수 있는 대상도 아니었다. 그분의 숨결이 자신의 마음 깊은 곳으로 직접 다가오던 그 떨림을, 리안은 지금도 잊지 못하고 있었다.

그리고 지금, 성주의 입에서 같은 구절이 다시 흘러나오고 있었다. 말은 달랐지만 숨결은 같았고, 그 말씀은 다른 사람의 입술을 빌려 다시 살아 움직이고 있었다. 리안은 그 사실을 깨닫는 순간, 이전의 기억과 현재가 하나로 겹쳐지는 것을 느꼈다.

리안은 마음속에서 일어난 연결을 숨기지 않고 조용히 말을 꺼냈다.

"성주님의 말씀은 … 이전에 사르그에 와서 말씀을 전하셨던 트루드라고 하는 분이 하신 말씀이었어요."

성주는 그 말을 듣고 잠시 리안의 얼굴을 바라보았다. 그의 눈빛에는 놀람이나 경계가 없었고, 오히려 이미 알고 있었다는 듯한 따뜻한 이해가 머물러 있었다. 그는 잔잔히 미소를 지으며 고개를 끄덕였다.

"그렇군."

잠시 후 성주는 낮고 안정된 목소리로 말을 이었다.

"살아 있는 말씀은 한 입술에서 다른 입술로 옮겨가지만,

그 근원은 하나라네. 그분이 살아 계시기에 그 말씀도 계속 살아 움직이지. 말씀을 사랑하는 자들 안에서, 그분은 스스로를 증거하시네."

리안은 고개를 숙였다. 눈가가 서서히 뜨거워졌다. 그 말씀이 사르그의 그 강의실에서 그를 꿰뚫던 그날처럼, 지금 또다시 그의 마음을 찌르고 있었다. 그러나 이번에는 두려움이 아니라 평안이 밀려왔다.

그는 깨달았다. 말씀은 사라지지 않는다. 살아 있는 그분이 말씀 자체이시기에, 그 말씀이 지금도 자신 안에서 숨 쉬고 있었고, 그리고 그 살아 있는 숨결이 자신을 다시 일으키고 있었다.

성주는 리안의 얼굴에 비친 감격을 그대로 받아들이듯 고개를 천천히 끄덕이며 자연스럽게 말을 이었다.

"그리고 신명기에서도 이렇게 말하고 있지. '여호와께서 호렙산 불 가운데서 너희에게 말씀하실 때, 너희가 아무 형상도 보지 못하고 오직 음성만 들었느니라.' "

그는 잠시 리안의 찻잔 위로 내려앉는 햇살을 바라보다가 차분히 덧붙였다.

"이 말씀은 하늘의 신께서 자신을 드러내실 때, 어떤 형상도 주시지 않고 오직 말씀, 곧 음성으로만 자신을 나타내셨다는 뜻이지. 다시 말해, 신은 외적인 모양이나 이미지가 아니라 말씀 그 자체로 자신이 누구신지를 보여주셨다는 말이네."

리안은 성주의 말을 이해한다는 뜻으로 고개를 끄덕였다. 그 작은 반응을 확인한 뒤, 성주는 말을 이어갔다.

"왜 그렇게 하셨겠는가? 형상은 보는 사람의 생각과 기대에 따라 달리 해석되지만, 말씀은 사람이 해석하기 이전에 스스로 진리를 드러내기 때문이지. 형상은 사람의 감정이나 문화, 습관에 따라 다르게 느껴지고, 그만큼 쉽게 왜곡되네. 이름도 마찬가지라네. 이름은 자주 불릴 수 있지만, 그 본질을 알지 못한 채 이름만 붙들면 사람을 속일 수 있지. 누군가 그 이름을 들먹이며 '그는 이런 사람이야' 라고 단정해버리면, 정작 그를 만나보지도 않고도 사람들은 이미 판단을 내려버리게 되네. 그렇게 형상이나 이름은, 진리를 드러내기보다 오히려 진리를 가리는 가면이 되어버리네.

성주의 말이 끝나자, 리안의 시선이 잠시 멈췄다. 그 말은 마치 그의 마음 한켠에 감춰져 있던 기억을 조용히 건드리는 듯했다.

그는 사르그에서 한 장면을 떠올렸다. 도시 한복판에 세워져,

수많은 시선과 해석을 끌어안고 있던 엘루아의 형상이었다.

그 형상을 바라보며 사람들은 저마다 다른 말을 했었다. 누군가는 그것을 자비의 상징이라 불렀고, 누군가는 두려움의 대상이라 말했다. 어떤 이는 그 형상 앞에서 위안을 느꼈다고 했고, 또 다른 이는 설명할 수 없는 불편함을 느꼈다고 했다. 같은 형상이었지만, 그것을 바라보는 사람들의 마음과 기대에 따라 전혀 다른 의미로 읽히고 있었다.

리안은 그때를 떠올리며 깨달았다. 형상은 스스로 말하지 않는다. 보는 사람의 생각이 형상 위에 덧씌워지고, 각자의 감정과 경험이 그 의미를 만들어낸다. 그래서 형상은 언제나 오해의 여지를 남긴다.

그 기억은 자연스럽게 또 다른 장면으로 이어졌다. 사르그에서 한 사람의 이름이 도시 안에서 자주 오르내리던 때였다. 누군가는 그 이름을 입에 올리며 조롱했고, 또 다른 누군가는 그 이름을 근거로 비난했다. 리안은 그 사람을 한 번도 본 적이 없었지만, 반복해서 들려오는 말들 속에서 자신도 모르게 이미 결론을 내려버리고 있었다.

'그 사람은 그런 사람이구나.'

그리고 나중에 그를 실제로 마주했을 때조차, 이미 들었던 말들이 앞서 그를 규정해버렸다. 그는 그 사람을 만났음에도, 끝내 그를 제대로 보지 못했다.

리안은 깊은 숨을 내쉬었다. 자신이 얼마나 쉽게 형상과 이름에 기대어 판단해왔는지, 그리고 그 판단이 얼마나 얕고 성급했는지를 비로소 깨달았다. 성주의 말이 다시 그의 마음속에서 또렷하게 울렸다.

'형상이나 이름은 진리를 가리는 가면이 된다.'

그는 조용히 고개를 들고 속으로 중얼거렸다.

"그래서 신은 형상이나 이름으로 자신을 드러내지 않으셨군요. 사람마다 다르게 보이고, 다르게 불릴 수 있는 방식이 아니라 … 오직 말씀으로만 자신을 드러내신 거였어요."

그 말은 질문이 아니라, 스스로에게 도달한 이해의 고백처럼 들렸다.

성주는 리안의 얼굴을 잠시 바라보다가, 부드럽게 미소를 지었다.

"잘 이해했네, 리안. 신은 자신을 이미지로 남기지 않으셨지. 그분은 말씀으로만 자신을 증거하셨네. 이름이 아니라 말씀이 그분의 인격이시지."

리안은 두 손으로 찻잔을 감싸 쥐었다. 그의 마음 한켠에서는, 신을 이름이나 이미지가 아니라 '직접적인 만남과 말씀으로 바라보아야 한다' 는 깨달음이 조용히 싹트고 있었다.

그의 반응을 지켜보던 성주는 리안이 붙들고 있는 찻잔을 잠시 바라본 뒤 다시 말을 이었다.

"그래서 신은 형상이나 이름이 아니라, 오직 음성, 곧 말씀만을 주셨다네. 말씀만이 사람의 마음을 찔러 그 중심을 드러내고, 숨겨진 것을 밝히는 도구이기 때문이지. 형상은 사람이 그 외모를 꾸미고 의미를 덧씌울 수 있고, 이름은 사람에 의해 그럴듯한 틀이 만들어질 수 있네. 그러나 하늘의 말씀만은 사람의 손에 길들여지지 않고, 사람의 중심을 꿰뚫어 진리와 거짓을 분리하는 능력을 지니고 있지."

리안은 그 말을 들으며 자신도 모르게 숨을 고르게 내쉬었다. 그의 시선은 정원 너머로 번지는 햇살 위에 머물렀지만, 마음은 점점 더 안쪽으로 파고들고 있었다. 그제야 그는 분명히 깨달았다. 왜 신이 사람에게 처음 주신 것이 형상이 아니라 말씀이었는지를. 하늘의 신은 형상을 주지 않으셨다. 사람은 형상을 받는 순간 그 형상에 의미를 부여하고, 마음을 두며, 이름을 붙들고, 결국 그것을 신의 자리로 끌어올리기 때문이다. 그러나 말씀은 달랐다. 말씀은 인간의 손으로 다듬거나 고정할 수 없는 생명의 음성이었다. 그것은 스스로 존재하며, 그 자체로 자신이 진리임을 드러낸다.

리안의 마음속에는 묘한 떨림이 일었다. 그는 지금껏 신을 눈으로 보고, 이름으로 불러야만 이해할 수 있다고 여겨왔지만, 그 모든 생각이 결국 형상의 틀 안에서 신을 가두려 했던 오해였음을 깨달았다.

성주는 찻잔을 가만히 내려놓았다. 그의 눈빛이 한층 깊어졌고, 그에 따라 말의 무게도 분명해졌다.

"결국 둘째 계명은 이렇게 외치는 것이라네. '말씀보다 높아진 사람의 해석과 신학, 전통과 철학, 경험과 사상, 그것들은 모두 사람이 스스로를 위해 아로새긴 조각이요, 결국 사람을 종으로 만드는 우상이다. 그러니 그것들에게 절하지 말며, 그것들을 섬기지 말라.' "

그의 목소리는 낮았지만, 그 안에는 말로 다할 수 없는 무게가 실려 있었다. 리안은 천천히 고개를 들었다. 성주의 말이 공기를 가르며 들어올 때마다, 자신의 마음속에 단단히 굳어 있던 무엇인가가 하나씩 쪼개지는 듯한 감각이 밀려왔다. 그는 그것이 단순한 경고가 아니라, 이미 자기 안에 자리 잡고 있던 구조를 정확히 드러내는 진단이라는 사실을 느꼈다.

성주는 리안의 얼굴에 스치는 이해의 기색을 놓치지 않고, 말의 흐름을 이어갔다.

"스스로 지혜롭다고 여기는 사람들은 말씀을 더 잘 이해하겠다는 이유로 해석을 만들고, 그 해석을 정리해 신학을 세운다네. 그 해석은 반복되며 체계가 되고, 전통이 되며, 철학이 되고, 사람들의 경험과 감정에 맞게 다듬어지지. 이렇게 형성된 흐름 속에서 사람들은 점점 말씀을 섬기기보다, 자기 지혜로 말씀 위에 올라서서 말씀을 설명하려 들게 되네. 그 순간부터 말씀은 더 이상 기준이 아니라, 사람이 관리하고 다루는 대상이 되어버리지."

그는 찻잔을 들어 입에 대고 다시 내려놓으며 부드럽게 말을 이었다.

"그렇게 만들어진 해석과 사상은 사람의 마음 안에 하나의 형상처럼 새겨지고, 시간이 흐를수록 그 자리를 차지하며 중심으로 굳어지게 되지. 그 과정 속에서 말씀의 인격은 처음부터 중심에 서지 못한 채 밀려나게 되고, 사람은 자신의 손으로 만들어 낸 그 조각을 하늘의 신이라 여기며 따르게 된다네. 그 상태가 예배라는 이름으로 굳어질 때, 겉으로는 경건해 보이지만, 그 중심은 이미 하늘의 말씀이 아닌 다른 신으로 옮겨져 있는 상태가 되는 것이라네."

말이 멈추자 잠시 정적이 흘렀다. 리안은 눈을 감았다가 천천히 떴다. 그의 얼굴에는 조용한 충격이 어려 있었다. 그는 지금껏 교리와 해석이 말씀을 더 명확히 비추는 도구라고 믿어왔다. 말씀을 이해하기 위해 필요한 과정이라고 여겼던 것들이, 오히려 말씀의 자리를 대신 차지하고 있었다는 사실이 그의 마음을 깊이 흔들고 있었다. 말씀을 돕는다고 믿었던 지식과 사상 자체가, 어느새 중심이 되어 있었던 것이다.

리안은 그 흐름을 따라가듯, 성주의 말을 이해했다는 고백을 꺼냈다.

"말씀보다 높아진 것이 있다면, 그것이 무엇이든 이미 형상이요 우상이네요. 그리고 그 우상은 사람이 만든 것이지만, 결국 사람의 중심을 차지하면서 그 사람을 지배하게 된다는 말씀이군요."

성주는 리안의 이해를 확인하듯 미소를 지으며 입을 열었다.

"정확하네, 리안. 사람이 무엇이든 중심에 세우는 순간, 그것은 도구가 아니라 기준이 되고, 결국 사람 위에 서게 되지. 처음에는 사람이 그것을 사용하고 다루는 것처럼 보이지만, 시간이 지나면 방향이 바뀌네. 사람은 점점 그 구조 안으로 들어

가고, 마침내 그 안에 갇히게 되지. 사람이 만든 신, 사람이 세운 제도, 사람이 만든 질서는 보호를 위한 것처럼 시작되지만, 결국 사람을 규정하고 지배하는 틀이 되어버리네."

성주는 천천히 리안을 바라보며 말을 이었다.

"자네도 경전에서 이미 보았을 것이네. 기드온이 밤중에 바알의 제단을 헐고, 그 곁에 세워져 있던 아세라 목상을 찍어 불살랐을 때 말일세. 그 제단 역시 사람이 돌을 쌓아 세운 것이었고, 의미를 부여한 것도, 신의 자리라 선언한 것도 모두 사람이었네. 그러나 그렇게 이름 붙여진 순간부터, 그곳은 더 이상 사람이 자유롭게 다가갈 수 없는 공간이 되어버렸지. 인간의 손으로 만들었지만, 인간이 스스로 물러서는 자리가 된 것이네."

그의 목소리는 낮았지만 점점 단단해졌다.

"그래서 제단이 무너지자 사람들이 소란스러워했지. 두려움이 일고, 분노가 퍼졌네. 그들은 그것을 신성의 훼손이라 불렀지만, 실상은 달랐지. 무너진 것은 신이 아니라, 자신들이 의지하던 구조였네. 신을 섬긴 것이 아니라, 신의 자리에 사람이 만든 틀이 올라서 있었던 셈이지. 그렇게 형성된 신성은 사람을 살리지 못하고, 오히려 묶고 통제하는 힘으로 작동하네."

성주는 잠시 말을 멈췄다가 다시 이었다.

"이것이 바로 말씀이 없이 세워진 종교 체제의 본질이라네. 겉으로는 신을 높이는 것처럼 보이지만, 중심에는 사람이 만든 제도와 규범이 자리 잡지. 그 순간부터 사람은 신을 섬기는 것이 아니라, 자신들이 만든 구조를 섬기게 되네. 그리고 그 구조는 어느새 신의 자리를 대신해 사람 위에 군림하게 되지."

리안은 고개를 숙였다. 성주의 말은 단순한 비유가 아니라, 현실의 구조를 정확히 찌르고 있었다. 그는 문득 사르그의 거대한 성전을 떠올렸다. 그 성전 역시 처음에는 신을 향한 헌신으로 세워졌지만, 시간이 흐르며 말씀은 사라지고 체제만 남아 있었다. 그럼에도 불구하고 그곳은 누구도 함부로 다가갈 수 없는 두려움의 성소가 되어 있었고, 그 안에서는 신보다 체제가 더 큰 권위를 행사하고 있었다.

리안의 손끝이 찻잔을 스쳤다. 그 순간, 성주의 말이 다시 귓가에 울렸다.

"사람이 만든 것은 결국 사람을 종으로 삼는다."

그는 그 말의 의미를 천천히 곱씹었다. 그 말은 단지 신전 하나를 가리키는 것이 아니라, 사람의 마음 안에 세워진 모든 구조를 향하고 있었다. 해석과 전통, 감정의 틀과 종교적 형식까지, 그 모든 것이 마음 안에 또 다른 신당처럼 세워져 자신을 묶고 있다는 사실이 분명해졌다.

성주는 깊은 깨달음에 잠겨 있던 리안을 잠시 바라보다가, 이야기의 방향을 한 단계 더 근원으로 옮기려는 듯 시선을 고정한 채 조용히 말을 이었다.

"하늘의 신께서는 이렇게 말씀하셨지. '나 여호와 너의 신은 질투하는 신이니.' 이 질투는 인간적인 감정이 아니라, 거룩한 사랑의 열정이라네. 말씀이 아닌 것에 마음의 자리를 내어준 자들을 결코 방치하지 않으시는 이유가 바로 여기에 있지. 질투는 미움에서 나오는 것이 아니라, 사랑이 끝까지 붙드는 방식이라네."

성주의 눈빛은 고요했지만, 그 안에는 꺼지지 않는 불꽃이 잔잔히 일렁이고 있었다.

"자네도 알다시피 질투와 사랑은 결코 분리될 수 없네. 질투란 사랑이 변질되지 않도록 지켜내려는 힘이며, 사랑이 다른 것으로 대체되거나 흐려지지 않기를 바라는 열망의 표현이지. 그러니 질투는 사랑의 결핍이 아니라, 오히려 사랑이 가장 강하게 작동하고 있다는 증거라네."

그는 잠시 숨을 고른 뒤, 말의 무게를 더해 이어갔다.

"그래서 하늘의 신은 그분의 백성이 말씀 아닌 것을 따를 때 결코 침묵하지 않으시네. 그분은 사랑하시기에 질투하시고, 질투하시기에 그들을 포기하지 않으시지. 만일 무관심했다면 내버려두셨을 것이네. 그러나 말씀 아닌 다른 것을 마음에 품은 자들을 다시 말씀으로 돌이키기 위해 간섭하셨다는 것 자체가, 그 사랑이 얼마나 깊은지를 드러내는 것이지. 그 질투가 바로 하늘의 신의 거룩한 사랑의 증거라네."

리안은 그 말을 들으며 마음 깊은 곳에서 잔잔한 울림을 느꼈다. '질투' 라는 단어가 더 이상 거칠게 들리지 않고, 오히려 사랑의 결로 다가오고 있었다. 그는 그것이 인간의 질투와는 전혀 다른 성질임을 직감했다. 그제야 그는 깨달았다. 하늘의 신의 질투는 이기적인 소유욕이 아니라, 끝까지 놓지 않으시는 사랑의 또 다른 이름이라는 것을.

성주는 잠시 말을 멈추고 호흡을 고른 뒤, 낮고 차분한 목소리로 다시 입을 열었다.

"세상은 하늘의 신께서 질투하신다는 사실을 불편하게 여기지. 그러나 그 질투는 사람이 느끼는 질투처럼 무엇을 빼앗길까 두려워하는 감정이 아니네. 그것은 순결하고 절대적인 사랑의 표현이지. 하늘의 신은 자신의 자녀가 말씀 아닌 것에 마음을 빼앗기는 것을 결코 견디지 않으신다네. 그래서 그분의 질투는 파괴하려는 감정이 아니라, 떠나가는 자를 붙잡아 생명으로 돌이키려는 마음에서 비롯된다네."

그는 잠시 리안을 바라본 뒤, 그 질투가 어떤 방식으로 드러나는지를 이어 설명했다.

"그래서 경전에서도 그렇게 외치지 않으셨는가. '돌아오라. 어찌하여 너희가 죽으려 하느냐.' 이것은 책망이 아니라 호소라네. 심판의 선언이 아니라, 생명으로 부르는 음성이지. 하늘의 신은 떠난 자를 향해 등을 돌리시는 분이 아니라, 끝까지 돌아오라고 부르시는 분이네. 그러므로 그 부르심이 바로 질투이며, 그 질투가 곧 사랑이라네."

성주는 그 사랑이 결코 막연한 감정이 아님을 분명히 하듯, 계명의 끝으로 말을 옮겼다.

"이 두 번째 계명의 끝을 보면, 신의 마음이 얼마나 분명한지 알 수 있지. '나를 미워하는 자의 죄를 갚되 삼사 대까지 이르게 하거니와, 나를 사랑하고 내 계명을 지키는 자에게는 수천 대까지 긍휼을 베푸느니라.' "

리안의 시선이 잠시 흔들렸다. 성주는 그 변화를 놓치지 않고 그의 눈을 바라보다가, 생각의 결을 따라 천천히 말을 이었다.

“이 말씀은 단순한 형벌의 선언이 아니라, 말씀이 아닌 것을 마음의 중심에 둔 자를 향한 경고라네. 중심에서 말씀을 밀어내고, 그 자리에 해석과 전통, 감정과 경험을 올려놓는 순간, 사람은 이미 마음속에 다른 형상을 새기게 되지. 겉으로는 입술로 신을 말하지만, 실제로는 마음이 그 형상 앞에 절하고 있는 상태가 되는 것이네. 그러니 하늘의 신께서 미워하시는 것은 사람이 아니라, 그 중심이라네. 얼마나 그 중심을 미워하셨으면, 그 죄를 삼사 대까지 잊지 않겠다고 선언하셨겠는가.”

리안은 시선을 떨구었다. 성주의 말은 비난처럼 날아온 것이 아니라, 이미 그 안에 있던 것을 정확히 짚어내는 진단처럼 그의 내면 깊은 곳을 찔렀다. 마음 한편에는 말씀이 아니라 자기 확신과 오래 붙들어 온 감정, 경험에서 만들어진 기준들이 층층이 쌓여 있었고, 그는 알지 못하는 사이 그 위에 자신을 앉혀 두고 있었다. 리안은 말없이 입술을 깨물며 고개를 숙였다.

그 침묵 위로 성주의 목소리가 다시 고요하게 흘러나왔다.

“하지만 하늘의 신의 말씀은 거기서 멈추지 않네. ‘나를 사랑하고 내 계명을 지키는 자에게는 수천 대까지 긍휼을 베푸느니라.’ 이 말씀은 심판 뒤에 덧붙인 위로가 아니라, 처음부터 그분의 마음에 있던 은혜의 약속이라네. 그분의 자비는 특별한 자격을 가진 소수에게 주어지는 보상이 아니지. 말씀을 중심에 두고 그분을 사랑하는 자라면 누구에게나 열려 있는 생명의 약속일세."

성주는 리안을 향해 시선을 두며 말을 이었다.

"이 긍휼은 혈통을 따라 자동으로 이어지는 것이 아니라, 하늘을 사랑하고 그 하늘의 인격을 본질로 둔 계명을 보화처럼 붙드는 자를 통해 이어진다네. 그러니 수천 대까지 베푸신다는 말은 숫자의 과장이 아니라, 말씀이 중심에 있는 한 그 사랑은 끊어지지 않는다는 선언이지. 이것이 바로 하늘의 신께서 말씀을 사랑하는 자를 얼마나 깊이 사랑하시는지를 드러내는 증거라네."

그는 두 손으로 찻잔을 감싸쥐며 부드럽게 말을 이었다.

"자신의 지식이 무너져 내리고 오직 말씀만을 사랑하는 자, 그 중심에 어떤 형상도 세우지 않고 해석조차 앞세우지 않는 자. 그런 자는 더 이상 자기 기준으로 신을 붙들지 않기에, 신께서 친히 기억하시고 그의 삶뿐 아니라 그 후손까지도 잊지 않으신다네."

잠시 침묵이 정원에 머물렀다. 그 침묵 위에서 성주는 천천히 시선을 들어 고요히 결론을 맺었다.

"바로 이것이 둘째 계명이지. 그리고 잘 보면, 둘째 계명은 첫째 계명에서 자연스럽게 뻗어 나온 줄기라네. 하늘의 신 앞에 다른 신을 두지 않는 자는, 필연적으로 그분 아닌 것을 형상으로 만들 수 없기 때문이지. 첫째 계명이 중심을 정하는 계명이라면, 둘째 계명은 그 중심이 실제 삶 속에서 어떻게 보존되고 드러나는지를 증명하는 계명이라네."

그의 말에 리안은 고개를 들었다. 성주의 눈빛은 따뜻했지만 단단했다. 그 시선을 따라 성주는 말을 이어갔다.

"말씀만을 신으로 고백한 자는 그 말씀 외의 어떤 것도 마음에 둘 수 없네. 그 중심이 이미 말씀으로 가득 차 있기 때문이지. 그런 사람의 마음에는 다른 것이 들어올 수 없다네. 그래서 신께서 이 두 계명을 마치 나눌 수 없는 한 계명처럼 함께 주신 것이지."

리안은 그제야 길게 숨을 내쉬었다. 정원의 잎사귀가 바람에 흔들리며 햇빛을 잘게 흩뜨렸다. 그 미세한 움직임 속에서 그는 조용히 자신의 마음을 더듬었다. 그 중심에 무엇이 앉아 있었는지를 돌아보며, 오래 붙들고 있던 생각과 감정, 그리고 스스로 세워 두었던 자신을 하나씩 내려놓기 시작했다.

그 모습을 지켜보던 성주는 말없이 들고 있던 찻잔을 조용히 내려놓았다. 그 침묵 위에서 그의 말이 다시 흘러나왔다.

"결국 하늘의 신께서 진정으로 사랑하시는 대상은 단 하나라네. 자신의 지식이 모두 무너진 자리에서, 그 지식으로 어떤 형상도 만들지 않고, 해석마저 내려놓은 채 오직 말씀만을 높이는 자라네. 그런 자만이 그분의 사랑 안에 거하고, 그분 또한 그 자 안에 거하신다네. 이것이 하늘의 아들께서 말씀하신 '내 말이 너희 안에 거하고, 너희가 내 안에 거하는' 그 상태라네."

그 말은 리안의 내면 깊은 곳으로 천천히 스며들었다. 그것은 누군가를 설득하려는 말도, 무엇을 가르치기 위한 교훈도 아니었다. 이미 드러난 진실이 조용히 자리 잡는 순간이었다. 리안은 그것이 말이 아니라, 계시라는 것을 느끼고 있었다.

정원은 고요했다. 햇살은 나뭇잎 사이로 흘러내리고, 바람은 조용히 말을 삼켰다. 두 사람은 찻잔을 사이에 두고 마주 앉아 있었다. 그들 사이에는 오래된 평화가 깃들어 있었고, 그 위로 보이지 않는 말씀이 고요히 흐르고 있었다.

정오의 빛이 성의 마당을 가득 채우고 있었다. 태양은 하늘 한가운데 높이 떠 있었고, 하늘은 아무 구름도 없이 투명했다. 이 시간에는 그 어떤 것도 숨길 수 없을 만큼 모든 것이 또렷이 드러나 있었다. 공기에는 오래된 돌이 품고 있던 온기가 배어 있었고, 성벽에 부딪힌 바람은 소리를 내지 않은 채 잔잔하게 귓가를 스쳤다. 마당 전체가 마치 오래도록 이 시간을 기다려 왔다는 듯 고요히 열려 있었다.

시간이 정확히 정오를 가리키자, 성주는 조용히 입을 열었다. 지금쯤이면 허기를 느낄 시간이라며, 단출한 음식을 준비해 오겠다고 말했다. 그는 탁자 위에 놓여 있던 찻주전자와 찻잔들을 하나씩 쟁반 위에 모아 올렸다. 이윽고 성주는 자리에서 일어나, 정원을 가로질러 천천히 성 안쪽으로 걸어 들어갔다.

리안은 홀로 남아 조용히 자리에 앉아 있었다. 그는 성주가 사라진 방향을 오래 바라보지 않았다. 대신 시선은 탁자 위에 남아 있던 자리에 머물렀고, 마음은 이미 바깥의 풍경이 아니라 안쪽으로 가라앉아 있었다. 그동안 리안은 지금까지 들었던 성주의 말들을 되새기며 곱씹고 있었다. 말들은 더 이상 문장의 형태로 남아 있지 않았다. 의미는 이미 그의 내면 깊은 곳에 내려앉아, 생각이 아니라 확신에 가까운 무게로 자리 잡고 있었다. 정오는 그렇게, 말 없는 생각과 조용한 기다림 속에서 천천히 흘러가고 있었다.

제 6 장

제3계명
『하늘의 신의 이름을 헛되이 취하지 말라』

잠시 후, 성 안쪽에서 희미한 기척이 들려왔다.

성주는 작은 나무 쟁반을 들고 다시 모습을 드러냈다. 쟁반 위에는 갓 데운 차가 놓여 있었고, 그 옆에는 말린 무화과와 건포도 같은 소박한 과일들, 그리고 보리와 밀을 섞어 만든 갈색 빵이 함께 담겨 있었다. 성주는 그것을 탁자 위에 내려놓으며 리안에게 먹으라고 말했다.

리안은 빵을 손에 들었다. 향긋한 냄새와 함께 따뜻하고 부드러운 식감이 입안으로 전해졌다. 빵과 말린 과일, 그리고 차를 함께 먹자, 몸의 허기는 차츰 사라졌다. 그러나 말씀은 여전히 그 자리에 머물러 있었고, 이 소박한 식사는 그 말씀을 방해하지 않는 방식으로만 존재하고 있었다.

허기는 채워졌지만, 리안의 안에서는 여전히 다음 계명을 알고 싶다는 갈망이 조용히 자라나고 있었다. 몸의 필요는 채워졌으나, 그의 마음은 그 자리에 머물지 않았다. 오히려 이제 막 질문의 문 앞에 선 듯, 안쪽에서 조용한 긴장이 맺히고 있었다.

마침 허기를 채운 듯, 성주는 찻잔을 들어 조용히 한 모금을 마신 뒤 다시 내려놓았다. 찻잔이 나무 탁자 위에 닿으며 내는 가벼운 소리만이 잠시 공간에 울렸다.

잠시 침묵이 흘렀다. 바깥에서는 새가 멀리서 울었고, 나뭇잎 사이로 들어온 햇살이 두 사람의 어깨 위를 스치며 부드럽게 움직였다. 성주는 고개를 들어 리안을 바라보았다. 그의 시선은 조용했으나, 안쪽에서 타오르는 불빛처럼 분명한 방향을 품고 있었다.

이윽고 그는 찻잔에서 손을 떼고, 낮고 단정한 목소리로 입을 열었다.

"자, 리안. 그러면 지금부터 셋째 계명에 대해 알아보도록 하지."

리안은 가볍게 고개를 끄덕이며 성주의 말을 기다렸다. 그는 서두르지 않았고, 하나도 놓치지 않겠다는 집중으로 그 자리에 머물렀다. 성주의 목소리는 조용했지만 단단했고, 그 안에는 말씀을 다루는 자가 아닌, 말씀을 알고 있는 자의 흔들림 없는 확신이 깃들어 있었다.

“셋째 계명은 이렇게 명령하지. ‘너는 주 네 하늘의 신의 이름을 헛되이 취하지 말라. 주가 자신의 이름을 헛되이 취하는 자를 죄 없다 하지 아니하리라.’ 많은 이들이 이 계명을 그분의 이름을 욕되게 하거나 경솔히 부르는 행위를 금하는 말씀으로만 이해하지. 그러나 이 계명이 겨냥하는 바는 말의 사용이 아니라, 그 이름을 대하는 관계의 태도라네. 그래서 그 본질은 우리가 흔히 생각하는 것보다 훨씬 더 깊다네.”

그는 리안을 바라보며 잠시 말을 멈췄다. 그 침묵은 설명을 준비하는 시간이 아니라, 이미 던져진 말의 무게를 가라앉히는 순간처럼 보였다. 그리고 잔잔히 숨을 고르듯 한 호흡을 더한 뒤, 낮은 목소리로 말을 이었다.

“이 계명은 하늘의 이름을 부르면서도, 정작 그분의 인격이신 말씀을 마음의 중심에 품지 않은 자들을 향한 경고라네. 겉으로는 하늘의 신을 섬기는 것처럼 경건해 보이지만, 그 중심에는 하늘의 말씀이 없는 상태이지. 이름은 부르되, 인격은 만나지 않은 신앙이라 할 수 있네."

그는 잠시 말을 멈추고, 리안의 눈을 바라보았다.

"하늘의 아들도 이 점을 분명히 지적하셨지. '너희가 경전에서 영생을 얻는 줄 생각하거니와 이 경전이 곧 나를 증거하느니라. 그러나 너희가 생명을 얻기 위하여 내게로 오기를 원하지 아니하는도다.' "

성주는 다시 천천히 말을 이었다.

"경전을 묵상하면서도 그 말씀이 증거하는 분을 마음의 중심에 두지 않는 것, 다시 말해 말씀이 가리키는 인격보다 그 말씀을 해석하고 다루는 자신을 중심에 세우는 것, 이것이 바로 하늘의 신의 이름을 부르면서도 그 이름을 헛되이 취하는 행위라네. 이름은 입술에 머물러 있지만, 하늘의 말씀은 그분과의 인격적 관계 안에 놓여 있지 않기 때문이지."

리안의 눈빛이 서서히 흔들렸다. 그는 무의식처럼 숨을 깊이 들이쉬었다. 성주의 말은 높지도 강하지도 않았지만, 그 말이 닿을 때마다 가슴 깊은 곳을 직접 두드리는 듯한 울림이 있었다.

성주는 다시 시선을 내리며 조용히 말을 덧붙였다.

"하늘의 아들은 이 계명의 본질에 대해 조금도 흐리지 않고 정확히 말씀하셨네. '이 백성이 입술로는 나를 공경하되, 마음은 내게서 멀도다. 사람의 계명으로 교훈을 삼아 가르치니, 나를 헛되이 경배하느니라.' "

그는 잠시 말을 멈췄다가, 리안을 향해 다시 이어갔다.

"입술로는 하늘의 신의 이름을 부르지만, 그 이름의 본질인 말씀이 마음의 중심에 있지 않은 상태, 다시 말해 그 말씀을 사랑하지 않는 상태가 바로 이것이라네. 이름은 사용되고 있지만, 인격적 관계는 맺어지지 않은 신앙, 그것이 곧 하늘의 신의 이름을 헛되이 부른다는 의미이지."

그 말은 설명이 아니라, 리안의 내면을 비추는 거울처럼 조용히 놓여 있었다. 리안은 고개를 천천히 숙였다. 말씀을 중심에 두지 않고 이름만을 붙들고 살아왔던 자신의 시간이 차례로 떠올랐다. 성주의 목소리는 점점 낮아졌지만, 그 울림은 오히려 더 묵직하게 리안의 가슴을 두드렸다.

성주는 잠시 숨을 고른 뒤, 천천히 말을 이었다.

"이것은 단순한 신앙의 부주의가 아니라네. 말씀이 중심에 없고, 그 말씀을 하늘의 인격으로 사랑하지 않으면서도, 경전을 인용하고 그분의 이름을 입에 올리는 위선이지. 사람들은 그 이름을 부르지만, 그 이름 안에 계신 하늘의 인격인 말씀을 외면한 채, 자신의 생각과 기준만을 마음에 가득 채운다네."

그의 시선은 잠시 허공을 향했다. 찻잔에 비친 빛이 미세하게 흔들리듯, 그의 눈빛 속에서도 생각이 조용히 흐르고 있었다. 이윽고 그는 다시 시선을 거두고, 차분한 목소리로 말을 이었다.

"그렇게 되면 결국 사람은 하늘의 신을 알아보지 못하게 되지. 자신의 지식과 기준이 무너지지 않은 상태에서 그 이름을 자기 목적에 따라 도용하고, 마치 그것이 곧 신의 뜻인 것처럼 포장하게 된다네. 이름은 계속해서 부르지만, 그 이름 안에 계신 하늘의 인격은 완전히 지워진 채로 남는 것이지."

성주는 리안을 바라보며 설명을 이어갔다.

"하늘의 이름을 헛되이 취하는 자들의 공통된 특징은, 하늘의 말씀을 하늘의 인격이 아니라 지식으로 취한다는 데 있다네. 그런 자들이 왜 위험한지 아는가? 사람이 하늘의 말씀을 인격이 아니라 지식으로 보기 시작하는 순간, 신앙은 필연적으로 왜곡되기 시작하네. 말씀은 더 이상 만나는 분이 아니라, 공부해야 할 대상, 곧 쌓아 두고 활용하는 지식이 되기 때문이지.

그렇게 되면 신앙은 하늘과의 관계가 아니라 자신의 태도를 관리하는 문제가 되고, 하늘을 향한 사랑이 아니라 자신을 단련하고 증명하려는 수행의 문제로 바뀌게 되네."

그는 잠시 말을 멈췄다가 다시 입을 열었다.

"그래서 하늘의 신의 이름을 헛되이 취하는 사람들은 흔히 이런 말을 하네. '경전공부를 많이 한다고 해서 신앙이 성숙해지는 것은 아니다. 중요한 것은 경전에 대해 아는 것이 아니라, 그 내용을 삶 속에서 실천하며 살아내는 것이다.' 이 말은 처음 들으면 꽤 옳고 성숙하게 들리지. 실제로 경전공부는 많이 하지만 삶이 전혀 바뀌지 않는 신앙을 비판하는 말처럼 보이기 때문이네."

성주는 고개를 천천히 저었다.

"하지만 문제는 그 말이 삶을 제대로 살아내지 못한 채 경전공부만 하는 사람들을 비판하는 데서 끝나지 않는다는 데 있네. 그 말은 결국 하늘의 말씀을 통해 하늘의 인격을 만나는 자리 자체를 밀어내 버리게 되지.

경전공부가 문제인 것이 아니라, 말씀을 인격으로 만나지 못한 경전공부가 문제인데, 이 둘을 구분하지 못한 채 '공부가 아니라 삶' 이라고 말해 버리는 것은 신앙의 중심을 하늘에서 사람에게로 옮기는 매우 위험한 태도라네. 그렇기 때문에 하늘의 신께서 그들을 죄 없다 하지 않으시는 것이지."

그는 이어서 신앙의 중심이 어떻게 이동하는지를 짚어 주었다.

"그러한 자들의 사고방식 속에서는 신앙의 중심이 말씀과의 관계의 깊이에서 사람 중심의 삶의 태도로 옮겨 가게 되네. 그들에게 있어서 신앙의 성숙은 더 깊이 말씀과의 관계 안으로 들어가는 것이 아니라, 스스로 더 많은 고통을 견디고, 더 현실을 잘 감당하며, 더 묵묵히 살아내는 것으로 정의되지. 그 결과 하늘의 말씀과의 관계가 아니라, '자신의 노력으로 얼마나 삶 속에서 감사하며 버텼는가' 가 신앙의 척도가 되는 걸세."

성주는 조용히 덧붙였다.

"그때 하늘의 말씀은 삶을 이끄는 하늘의 인격이 아니라, 삶을 평가하는 배경 지식, 다시 말해 경전에 대한 이해 정도로 밀려나게 되네. 그러나 이것은 신앙의 방향을 거꾸로 세운 것이지. 신앙은 삶으로 증명되는 것이 아니라, 말씀과의 인격적 만남으로부터 흘러나오는 것이네. 삶은 신앙의 근거가 아니라, 그 열매일 뿐이지."

그의 목소리는 한층 더 단단해졌다.

" '경전공부 말고 삶' 이라는 말은, 사실 말씀 안으로 더 깊이 들어가 사랑이 깊어지는 과정을 건너뛰게 만드는 말일세. 그 결과 사람은 말씀 앞에서 낮아지기보다는, 자신이 얼마나 참고 견뎠는지를 은근히 자랑하게 되지."

성주는 특히 한 가지를 분명히 했다.

"또 많은 이들이 말하지. '삶 속에서 고통을 이겨내야 신앙이 성숙한다' 고. 그러나 고통은 그 자체로 신앙을 자라게 하지 않네. 사랑하는 인격과의 관계 안에 있지 않은 고통은 사람을 성숙하게 하는 것이 아니라, 오히려 굳게 만들 뿐이네. 그것은 신앙의 깊이가 아니라, 자기 의지의 단련일 뿐이지."

성주는 잠시 숨을 고른 뒤, 앞선 말의 흐름을 끊지 않은 채 다시 입을 열었다.

"리안, 신앙의 성숙이란 삶을 얼마나 잘 살아내느냐의 문제가 아니네. 그것은 하늘의 말씀을 인격으로 더 깊이 만나는 관계의 여정이지. 성숙이란 환경에서 오는 고통을 더 잘 견디는 것이 아니라, 하늘의 인격이신 말씀 안으로 더 깊이 들어가 사랑의 깊이와 넓이와 높이와 그 길이가 자라나는 것이네.

그리고 그 사랑이 깊어질수록 삶은 억지로 애쓰지 않아도 자연히 하늘을 향한 깊은 사랑으로 변화되게 되지. 그때는 그 분을 사랑하기 때문에 겪게 되는 고통마저도, 그 사랑 안에서 비로소 의미를 얻게 되는 것이네.

성주는 잠시 말을 멈췄다가, 앞선 설명을 정리하듯 조용히 덧붙였다.

"그러니 '경전공부를 한다고 신앙이 성숙하는 것이 아니라, 그 지식을 삶 속에서 살아내야 성숙해진다' 는 말은, 말씀의 인격을 중심에서 제거하는 또 하나의 교묘한 태도라네. 결국 그것은 신앙을 하늘과의 관계의 문제에서 떼어내어, 인간의 태도와 성품의 문제로 돌려버리는 사악한 종교적 사고에 머무르게 하지.

겉으로는 하늘의 신을 사랑하는 것처럼 보이고, 현실적이며 깊어 보일 수 있네. 그러나 실제로는 사람을 말씀의 인격과의 관계 안으로 더 들어가게 하지 못하고, 오히려 그 자리에 머물게 만드는 말이지. 그렇기 때문에 하늘의 이름을 헛되이 취하는 자들이 내뱉는 이러한 말은, 하늘의 인격을 더 사랑하도록 이끄는 말이 아니라, 스스로를 회칠한 무덤처럼 겉모습만 단정히 꾸미며 자기 만족에 머물게 하는 말이네. 하늘의 인격을 잃은 신앙은 결국 자신을 중심에 두게 되고, 그 순간 신앙은 성숙이 아니라 자기 확신과 자기기만으로 굳어지게 되지."

그의 목소리는 낮았지만, 그 안에는 분명한 단호함이 담겨 있었다. 마치 오래전부터 같은 모습을 수없이 보아온 사람처럼, 성주는 한 단어 한 단어를 또렷하게 내뱉었다. 그 말은 공기를 가르며 리안의 마음 깊은 곳으로 스며들었다.

이윽고 그의 음성은 책망에서 한 걸음 물러나, 깊은 안타까움의 결로 바뀌었다.

"리안, 이것이 바로 하늘의 아들께서 이미 보시고 지적하신 그 모습이라네."

성주는 조용히 말을 이었다.

"하늘의 아들께서 이렇게 말씀하셨지. 사람들은 영생을 얻고자 한다고 말하면서도, 정작 영생이신 그분께로는 오지 않는다고 말일세. 그들은 경전을 붙들고 있지만, 경전을 생명으로 인도하는 인격이 아니라 지식으로 여기며, 결국 자신들이 세운 법과 기준을 따라 나아간다네. 그러나 그분은 말씀으로 오셨고, 말씀은 곧 생명의 근원이신데도 말이네."

그는 잠시 숨을 고른 뒤, 다시 말을 이었다.

"그러한 사람들은 그분의 이름을 날마다 불렀네. 하지만 그들은 하늘의 말씀을 지식으로 다루거나, 신앙을 삶을 잘 살아내는 태도의 문제로만 여겼지. 그래서 하늘의 신께서 육신을 입고 그들의 이웃으로 오셨을 때, 자신들의 기준과 충돌을 일으키는 그분을 알아보지 못했네. 아니, 알아보려 하지도 않았지."

성주의 목소리는 낮았으나 분명했다.

"오히려 그들은 그분을 외면했고, 자기들 안에 이미 자리 잡은 내면의 법으로 그분을 판단하여, 신앙의 틀 밖에 있는 존재로 밀어내 버렸네. 이것이 바로 하늘의 신의 이름을 헛되이 부르는 것의 실체라네. 이름은 불렀지만, 말씀은 인격이 아닌 지식으로 취했고, 신앙은 하늘의 신을 모시는 관계가 아니라 더 나은 삶의 태도로만 여기며, 인격으로 오신 하늘의 신을 거절한 것이지. 그러니 하늘의 인격으로 오신 그분을, 그들이 어찌 알아볼 수 있었겠는가."

성주는 말을 마친 뒤 잠시 침묵했다. 그의 시선은 하늘을 향했다가 다시 리안에게로 옮겨왔다. 그 침묵은 생각을 재촉하는 듯 길었고, 그는 이내 천천히 고개를 돌려 리안을 바라보며 다시 입을 열었다.

"한 번 곰곰이 생각해보게. 만약 경전을 하늘의 인격이 아닌 지식으로 여기고, 그 지식을 스스로 살아내는 삶의 태도라고 믿으며, 그 기준 위에서 자신들은 열심히 살고 있다고 자부하는 종교의 도시, 사르그에 하늘의 아들께서 오신다면 어떻겠는가. 그 도시의 사람들이 과연 자기들의 삶의 방식과 정면으로 충돌하고, 그들이 붙들고 있는 중심을 무너뜨리는 진리로 오시는 그분을 하늘의 아들로 알아보고 그분을 섬길 수 있겠는가.

그들은 분명 그분의 이름을 부를 것이고, 그분의 이름으로 예배를 드리며, 그분의 말씀이라는 경전을 줄줄 외울 것이네. 그러나 정작 그 이름 안에 계신 말씀의 인격을 사랑하지 않는다면, 말씀으로 오시는 그분을 눈앞에 두고도 알아보지 못할 수밖에 없지.

이름은 부르되 인격은 지식으로 바뀌고, 스스로의 삶의 태도는 고치되 그분의 통치는 받아들이지 않으니, 그분은 그들 가운데 서 계셔도 낯선 이가 되고 말 것이네. 이것이 바로 하늘의 아들의 이름을 헛되이 부른다는 뜻이라네. 이름을 사용하면서도 그 이름이 가리키는 분 자체를, 하늘의 인격이 아닌 사람이 다룰 수 있는 지식으로 받아들이는 것, 그것이 하늘의 신 앞에서는 죄가 되는 것이지."

리안은 그 말을 듣는 순간 가슴이 서늘하게 식었다. 성주의 시선은 조용했지만, 그 안에는 오랜 세월 사르그를 바라보며 쌓여 온 깊은 슬픔이 고스란히 담겨 있었다.

리안의 마음속에는 자연스레 회상의 물결이 일었다. 그가 떠나온 사르그의 거리들, 신의 이름이 적힌 현수막들, 신을 찬양

한다는 노래와 행렬들이 떠올랐다. 그러나 그 모든 풍경 속에 경전의 지식은 가득했지만, 경전 안에 계셔야 할 하늘의 인격은 보이지 않았다. 사람들은 모두 이름을 불렀지만, 그 이름의 본질이신 그분의 인격을 찾는 이는 없었다.

리안은 조용히, 거의 속삭이듯 생각했다.

'정말 그분이 하늘의 진리로, 사람의 교훈으로 가득 찬 사르그에 오신다면 사람들은 알아보지 못할 거야. 신을 섬긴다고 말하면서도, 정작 신을 알지 못하는 도시. 그게 바로 사르그였어.'

그 생각은 자연스럽게 성주의 말과 겹치며, 하늘의 아들께서 오셨을 당시 유대 땅에서 실제로 일어났던 사건으로 이어졌다. 사람들은 메시야를 기다린다고 말했지만, 정작 그분이 눈앞에 서셨을 때는 알아보지 못했다. 그들은 그분을 자신들이 쌓아 올린 율법과 전통 안에 가두었고, 자기들의 기준으로 그분을 판단하며 끝내 배척했다.

그 순간 리안의 마음속에, 하늘의 아들께서 하신 말씀이 또렷이 떠올랐다.

"너희가 하늘을 믿는 것은, 사람의 교훈으로 가르침을 받았을 뿐이라."

그 말씀은 사르그를 향한 고발처럼 들리면서도, 동시에 리안 자신의 과거를 정면으로 비추는 선언처럼, 그의 마음 깊은 곳에 조용하지만 분명하게 울려 퍼졌다.

리안은 깊은 숨을 내쉬었다. 사르그의 모습과 유대의 모습이 하나의 장면처럼 겹쳐졌다. 이름은 남아 있었으나 그 이름이 가리키는 하늘의 인격은 사라진 도시, 신을 사랑한다고 말하지만 정작 하늘의 신을 알지 못하는 사람들. 그 모든 모습이 본질에서 하나같이 같았다.

성주는 리안의 눈빛을 가만히 바라보다가 리안의 생각을 읽은듯 조용히 말을 이었다.

"지금의 사르그 도시는 그때의 유대와 다르지 않네. 신을 섬긴다고 말하지만, 정작 신을 알아보지 못하는 도시지. 이름은 있지만 이름의 본질인 말씀의 인격은 사라졌고, 신앙은 있지만 신앙의 본질인 하늘의 인격이 없는 곳이네."

그 말은 공기 속에 천천히 흩어졌고, 리안은 아무 말도 하지 못한 채 그 고요 속에 머물러 있었다. 그는 오랫동안 숨을 고르며, 방금 들은 말들이 마음 깊은 곳에서 차분히 가라앉기를 기다렸다.

잠시 후, 그 침묵을 정리하듯 성주는 다시 말을 이었다. 그의 목소리는 낮았지만, 그 안에는 피할 수 없는 결론이 담겨 있었다.

"이것이 바로 하늘의 신의 이름을 헛되이 부르는 상태라네. 입술로는 하늘의 신을 사랑한다고 말하지만, 마음은 하늘의 인격을 향한 사랑이 없는 상태지. 결국 그 이름은 깊은 사랑의 관계 속에서 불리는 이름이 아니라, 사람의 욕망과 자기 의를 포장하는 도구로 전락하고 만다네."

성주는 잠시 고개를 돌려 하늘을 바라보았다. 그 시선에는 거짓을 구별하는 무게가 실려 있었고, 이내 다시 리안에게로 돌아왔다. 그리고 그는 가르치려 들지 않으면서도, 설명하듯 차분하게 말을 이어갔다.

"자네도 알고 있다시피, 하늘의 신의 이름은 단지 '여호와' 라는 발음이 아니네. 그분은 이름이라는 소리로 세상에 오신 분이 아니라, 말씀이라는 본질로 세상에 오셨고, 말씀으로 자신의 인격을 계시하신 분이라네. 그래서 그 말씀은 곧 그분의 인격이며, 뜻이며, 계시이며, 권위이자 그분 자신이라네.

하늘의 신께서 선지자에게 자신의 이름을 '나는 스스로 있는 자니라' 고 말씀하셨고, 아버지의 말씀을 전하셨던 하늘의 아들은 이렇게 기도하며 고백했지.

'아버지의 이름을 그들에게 나타내었나이다.'

성주는 잠시 말을 멈췄다가, 방금 인용한 고백의 의미를 정리하듯 차분히 덧붙였다.

"이 기도의 고백이 말해주는 바는 분명하네. 그분의 이름은 단순한 호칭이 아니라 곧 말씀이셨고, 하늘의 신께서는 말씀을 통해 자신을 계시하신 분이라네. 그러니 말씀을 하늘의 인격으로 사랑하지 않는 자는, 그 이름을 부를 자격이 없지.

만약 말씀을 하늘의 인격으로 사랑하지 않는 자가 그 이름을 부른다면, 그것은 이름을 통해 하늘과의 관계로 들어가려는 것이 아니라, 이름을 자기 목적을 위해 사용하는 행위가 되고 말지. 그것이 바로 하늘의 이름을 헛되이 부르는 것이며, 하늘 앞에서 죄가 되는 것이지.

리안은 천천히 고개를 끄덕였다. 하늘의 신의 이름은, 말씀을 하늘의 인격으로 사랑하지 않는 자에게는 허락되지 않는다는 성주의 말이 그의 마음 깊은 곳으로 스며들었다. 그것은 단순한 교리가 아니라, 신과의 관계에 대한 선언처럼 느껴졌다.

성주는 그 반응을 확인하듯 다시 말을 이었다.

"요한은 이렇게 증언하지. '그를 아노라 하고 그의 계명을 지키지 아니하는 자는 거짓말하는 자요, 진리가 그 속에 있지 아니하되' 라고 말일세. 이 말의 뜻은 분명하네. 계명을 지키지 않는 자, 곧 말씀을 하늘의 인격으로 여기지 않고, 그분의 인격을 사랑하여 마음 깊은 곳에 모시지 않는 자가 신을 안다고 말하는 것은 거짓이라는 뜻이지.

그들은 이름을 부르기는 하지만, 그 이름 안에는 본질이신 하늘의 인격이 없고, 그러므로 하늘의 진리 또한 그들의 중심에 자리하지 않네. 이름은 있으되 관계는 없고, 고백은 있으되 인격은 부재한 상태인 것이지.

그러니 그들이 어찌 하늘의 신을 마음을 다하고 뜻을 다하고 목숨을 다하여 사랑하라는 그분의 계명을 지킬 수 있겠는가. 계명은 지식에 기반한 규율로 지켜지는 것이 아니네. 그것은 외워서 따르는 규칙이 아니라, 하늘의 인격을 사랑하는 관계 안에서만 비로소 살아 움직이는 것이지.

관계가 없는 지식은 결국 형식에 머물 뿐이고, 사랑이 없는 순종은 뜨거움이 없는 차가운 행위로 남게 된다네. 그러므로 그분의 계명을 지킨다는 것은 겉으로 따르는 행동을 말하는 것이 아니라, 마음 깊은 곳에서 하늘의 인격을 향한 사랑이 먼저 시작될 때에야 비로소 의미를 갖고, 삶 속에서 자연스럽게 드러나게 되기 때문이지."

리안은 앞에 놓인 찻잔을 들어 한 모금 마신 뒤 조용히 내려놓고, 두 손을 모았다. 그의 마음은 말없이 가라앉았고, 눈에 보이지 않는 진리 앞에서 조심스레 마음의 무릎을 꿇고 있었다. 그 순간 성주의 음성이 다시 이어졌고, 그 말은 리안의 깊은 침묵 속으로 자연스럽게 스며들었다.

"이와 같이 신의 이름을 부른다는 것은 단순히 종교적 언어를 사용하는 행위가 아니네. 그분의 이름을 부른다는 것은, 그분의 말씀이 곧 하늘의 인격이심을 분명히 확신하고, 그 인격을 마음 깊은 곳에서 사랑하고 있음을 드러내는 고백이어야 하지. 이름은 소리로 끝나는 것이 아니라, 말씀을 인격으로 믿고 사랑하며 그분과 관계 안에 있음을 증언하는 고백이기 때문이라네."

성주는 천천히 숨을 내쉰 뒤, 의미를 분명히 하려는 듯 하늘의 아들의 말씀을 인용했다.

"그래서 하늘의 아들은 이렇게 말씀하셨지. '나더러 주여 주여 하는 자마다 다 천국에 들어갈 것이 아니요, 아버지의 뜻대로 행하는 자라야 들어가리라.' "

그의 눈빛에는 타협 없는 진실이 담겨 있었다.

"이름만 부르고, 그 이름의 본질이신 그분의 인격을 사랑하지 않는다면, 결국 그 사람은 스스로를 속이며 신을 모독하는 자일 뿐이라네. 입술로는 '주여' 라고 외치지만, 말씀을 하늘의 인격으로 사랑하지 않기에 그의 삶은 결코 그분의 뜻을 따를 수 없지. 하늘의 뜻은 하늘의 말씀 안에 있기 때문이라네.

그분을 사랑하지 않으면서 어떻게 그분의 뜻을 따라 그분과 동행할 수 있겠는가. 그러므로 하늘의 아들께서 말씀하신 주의 이름을 부르면서도 하늘의 뜻대로 행하지 않는다는 것은, 그분을 인격으로 사랑하지 않았다는 증거이며, 동시에 그분과 동행하지 않았다는 뜻이지. 많은 이들이 하늘의 인격을 사랑하지 않으면서도 여전히 자신이 신을 따르고 있다고 믿고 있네. 그러나 그것은 신앙이 아니라 자기 확신이라는 이름으로 포장된 속임이며, 실제로는 아무 근거 없는 자신감일 뿐이라네."

성주는 찻잔을 들어 차를 한 모금 마신 뒤 조용히 내려놓고 리안을 바라보았다. 차가운 빛이 그의 얼굴을 스쳤지만, 목소리에는 여전히 따뜻한 연민이 담겨 있었다.

"리안, 하늘의 뜻대로 산다는 것은 그분의 이름을 알고 종교적 행위를 하거나, 윤리적인 삶을 살며 경전의 지식을 쌓는 데 있지 않네. 그것은 하늘의 뜻이 사람의 중심에 들어와, 그의 삶을 하늘을 향한 깊은 사랑으로 이끄는 상태를 말하지. 그러나 그러기 위해서는 먼저 사람의 뜻이 무너져야 하네. 하늘의 뜻과 타락한 사람의 뜻은 본질적으로 다르기 때문이지. 사람의 뜻이 중심에 서 있는 한, 하늘의 뜻은 그 안에 들어올 수 없네."

리안은 그 말을 듣고 천천히 고개를 들었다. 성주의 단호함에는 정죄가 아니라 진리를 전하려는 깊은 연민이 배어 있었다.

"그러니 하늘의 뜻대로 산다는 것은 곧 하늘의 인격과 동행하는 삶이라네. 그러나 그 뜻과 동행하려면 내 뜻이 완전히 무너져야 하지. 두 뜻은 결코 공존할 수 없네. 뜻이 다르면 함께 걸을 수 없기 때문이지. 선지자가 말하지 않았는가. '두 사람이 뜻이 같지 않은데 어찌 동행하겠느냐.' 내 뜻이 살아 있는 한, 하늘의 뜻은 언제나 거절당하게 되네."

리안은 아무 말도 하지 못한 채, 그 말을 가슴 깊은 곳에서 천천히 되뇌었다.

'하늘의 뜻이 들어오려면, 내 뜻이 먼저 무너져야 한다. 하늘의 뜻이 내 중심에 없이 하늘의 신의 이름을 부르는 것은, 그 이름을 헛되이 부르는 것이며, 결국 그분 앞에서 죄가 된다.'

그 문장은 단순한 생각이 아니라, 마치 돌 위에 새겨지듯 그의 내면 깊숙이 자리 잡았다. 그것은 더 이상 흘러가는 깨달음이 아니라, 그의 삶의 방향을 가르는 기준이 되고 있었다.

성주는 잠시 시선을 내리고, 마치 방금까지 흩어져 있던 의미들을 한곳에 모으는 듯 고개를 천천히 숙였다. 그 짧은 침묵 뒤에, 그는 세 번째 계명의 핵심을 꺼내듯 조용히 입을 열었다.

"결국 이 세 번째 계명은 이렇게 말하고 있다네. '입으로는 신의 이름을 부르지만, 마음으로는 그분의 말씀을 사랑하지 않고 자신의 뜻을 중심에 놓고 산다면, 너는 신의 이름을 헛되이 부르고 있는 것이다.' 라고 말일세."

그 말은 날이 선 칼처럼 리안의 영혼을 깊이 찌르면서도, 동시에 눈을 뜨게 하는 빛처럼 그의 내면을 환히 비추었다.

성주는 다시 눈을 들어 리안을 바라보았다. 그의 시선은 단단했지만, 그 안에는 오랜 시간 진리를 붙들어 온 이의 슬픔과 사랑이 함께 깃들어 있었다.

"이처럼 하늘의 신께서는 그 이름을 헛되이 부르는 자를 결코 죄 없다 하지 않으신다네. 하늘의 말씀을 하늘의 인격으로 여기지 않고, 그 인격을 사랑하지 않은 채 부르는 신의 이름은 위선이며, 동시에 신의 이름을 자신의 욕망을 위한 도구로 삼는 행위지. 그분의 이름은 그 이름의 본질이신 말씀을 하늘의 인격으로 사랑하고, 그 말씀을 삶의 중심에 두며, 그 말씀을 사랑하기에 기꺼이 십자가를 지는 자에게만 허락된다네."

그의 말이 끝나자 잠시 침묵이 흘렀다. 고요한 공기 속에서 정원의 바람이 잎사귀 사이를 스치며 천천히 움직였고, 멀리서 들려오는 새소리는 그 침묵을 깨뜨리지 않은 채 주변을 맴돌았다.

리안은 숨을 깊이 들이쉬고 고개를 숙였다. 그의 마음속에서는 성주의 말이 메아리처럼 계속 울리고 있었다. 그는 이제 이름을 부르며 살아온 지난 시간은 끝나고, 그 이름의 본질이신 말씀을 사랑하는 삶이 시작되어야 함을 분명히 느꼈다.

리안에게 그 계명은 더 이상 율법의 문장으로 남아 있지 않았다. 그것은 하늘을 향한 사랑의 고백이 되었고, 동시에 신과 사람 사이에 맺어지는 거룩한 관계의 선언으로 그의 내면에 깊이 새겨졌다.

성주는 조용히 리안을 바라보며 셋째 계명의 자리를 정리하듯 말을 이었다.

"이 셋째 계명 역시 결국 첫 번째 계명에서 나온 것이네. 첫 번째 계명이 뿌리라면, 그 뿌리에서 자라난 줄기가 둘째 계명이고, 셋째 계명은 그 줄기에서 자연스럽게 뻗어 나온 가지라네."

그는 말을 멈추지 않고 차분히 이어갔다.

"마음의 중심에 오직 하늘의 신만 계시고, 그분만을 사랑한다면 그 이름을 헛되이 부를 수는 없네. 뿌리가 바로 서 있으면 줄기는 억지로 만들지 않아도 자연히 자라고, 그 줄기에서 가지가 자라듯, 셋째 계명은 따로 떼어 지켜야 할 규칙이 아니라 첫 번째 계명에서 시작되어 두 번째 계명을 거쳐 필연적으로 나타나는 결과라네."

성주는 앞서 말한 흐름을 다시 한 번 짚어 주듯 말을 이었다.

"뿌리, 곧 마음의 중심에 오직 그분만 계시다면, 입술의 고백은 억지로 통제하고 관리해야 할 대상이 되지 않네. 삶의 중심에서부터 말씀이 자리를 잡고 있으면, 말과 고백은 자연히 그 삶을 따라 흘러나오게 되지."

그는 차분히 결론을 맺었다.

"그렇게 흘러나온 고백과 삶은 의식적으로 이름을 높이려 애쓰지 않아도, 결국 그 이름을 영화롭게 하는 방향으로 드러나게 되는 것이네."

리안은 아무 말 없이 고개를 끄덕였다.

그의 마음은 이제 가지가 아니라 '뿌리' 를 향해 있었다. 그 뿌리에서 나무가 자라나고, 그 나무에서 열매가 맺히기를, 그는 진심으로 바라고 있었다.

제 7 장

제4계명
『안식일을 기억하여 거룩히 지키라』

정원 가장자리, 무화과나무 그늘에 앉은 리안은 차를 한 모금 마신 뒤 두 손을 무릎 위에 모은 채 생각에 잠겼다. 잎사귀 사이로 스며드는 햇살이 그의 어깨 위에 내려앉았고, 시선은 멀리 성곽 위에 머물렀다. 아직 풀리지 않은 질문들이 얼굴에 남아 있었지만, 그 눈빛에는 이전과 다른 이해의 빛이 어렴풋이 비치고 있었다.

성주는 그런 리안을 잠시 바라보다가 부드럽게 입을 열었다. 그의 목소리는 낮고 잔잔했지만, 가볍게 흘려들을 수 없는 무게가 담겨 있었다.

"리안, 자네는 십계명의 네 번째 계명이 무엇인지 알고 있는가?"

리안은 고개를 들고 잠시 숨을 고른 뒤 대답했다.

"네. '안식일을 기억하여 거룩히 지키라' 는 계명입니다."

성주는 고개를 끄덕였다.

"그렇지. 그러나 많은 사람들이 이 계명을 아주 단순하게 이해하지. 일주일 가운데 하루를 정해 일을 멈추고, 성전에 가서 예배드리고, 조용히 지내면 그걸로 충분하다고 생각한다네."

그는 잠시 말을 멈추고, 바람에 흔들리는 무화과나무 잎을 바라보았다.

"그래서 안식일은 어느새 '지켜야 할 일정' 이 되었고, '어기면 문제가 되는 규칙' 이 되었지. 사람들은 그날을 얼마나 잘 지켰는지, 무엇을 하지 않았는지를 기준으로 자신과 다른 사람을 판단하게 되었네. 하지만 그것은 안식일 계명이 말하려는 중심과는 다른 방향일세."

리안의 눈빛이 점점 반짝거렸다.

"그렇다면 … 안식일 계명은 무엇을 말씀하신 건가요?"

성주는 고개를 들어 무화과나무 사이로 내려오는 빛을 바라보며 차분히 말을 이었다.

"안식일은 하늘의 신께서 하신 일을 기억하라는 명령이네. 여섯 날 동안 모든 만물을 말씀으로 창조하시고, 일곱째 날에 안식하셨다는 그 사건 말일세."

그는 손을 들어 천천히 원을 그리듯 움직였다.

"그 안식은 피곤해서 쉬셨다는 뜻이 아니었네. '보시기에 좋았더라' 는 말씀은, 창조가 미완이 아니라 완성되었음을 선포한 것이지. 다시 말해, 안식은 노동을 멈췄다는 의미가 아니라, 더 이상 보탤 것이 없는 완전함의 상태를 가리키네."

리안은 그 말을 곱씹듯 조용히 숨을 내쉬었다.

성주는 말을 이어갔다.

"그래서 안식일은 단순히 쉬는 날이 아니라, 하늘의 신께서 이루신 완성을 기억하고 그 완성 안으로 들어가라는 초청이네. 사람의 손으로 무언가를 더하려는 수고를 멈추고, 이미 이루어진 일 안에 머무르라는 뜻이지."

리안의 눈이 조금 크게 뜨였다.

"그렇다면 … 그 안식은 장차 오실 분과도 관련이 있는 것이군요?"

성주는 미소를 지으며 고개를 끄덕였다.

"그렇다네. 안식일은 그 자체가 목적이 아니었네. 앞으로 이루어질 더 큰 안식을 가리키는 표지였지. 하늘의 신께서 장차 하늘의 아들을 통해 이루실 참된 안식, 곧 사람과 하늘 사이의 관계가 회복되는 그 안식을 미리 보여주는 예표였네."

리안은 천천히 고개를 끄덕이며 다시 물었다.

"그렇다면 안식일은 특정한 요일이나 형식에 묶인 것이 아니라 … 이 세상에 오셔서 구원을 완성하실 분 자체를 가리키는 거군요?"

그의 질문에는 이제 단순한 이해를 넘어서, 자신의 삶이 어디로 향해야 하는지를 묻는 진지함이 담겨 있었다.

성주는 리안을 똑바로 바라보며 조용하지만 분명하게 말했다.

"그렇다네. 안식은 날짜 안에 묶여 있지 않네. 하늘의 아들께서 스스로를 안식일의 주인이라 말씀하신 것은, 안식이 특정한 요일이나 규칙에 속한 것이 아니라 그분의 권한과 인격 아래에 있음을 밝히신 선언이었지. 다시 말해, 안식은 제도가 아니라 그분께 속한 것이네."

성주는 말을 이어갔다.

"그래서 그분은 안식을 설명하는 규칙을 더하지 않으시고, 사람들을 자신에게로 부르셨네. 수고하고 무거운 짐에 눌린 이들에게 오라고 하시며, 그 안에서 쉼을 얻으라고 초대하셨지.

이는 안식이 지켜야 할 형식이 아니라, 안식의 주인과 맺는 관계 안에서 주어진다는 뜻이네."

그는 고개를 끄덕이며 조용히 덧붙였다.

"그러므로 안식일을 지킨다는 것은 하루를 잘 구분해 관리하는 문제가 아니네. 안식일의 주인 되신 분 안으로 들어가, 그 분을 삶의 주로 받아들이는 일이네. 그 안에 들어갈 때 사람은 스스로 쌓아 올리던 수고를 내려놓고, 이미 이루어진 완성 안에서 비로소 참된 쉼을 얻게 되지."

리안은 말없이 고개를 숙였다. 무화과나무 아래로 내려앉은 햇살처럼, 성주의 말은 그의 마음 깊은 곳으로 조용히 스며들고 있었다.

성주는 잠시 말을 멈추었다가, 천천히 이야기를 이어갔다.

"세상이 하늘의 말씀으로 창조되었고, 그 창조의 마지막이 안식이었듯, 하늘의 신께서 이 땅에 보내신 말씀 또한 사명을 마치며 완성에 이르렀네. 그 말씀은 사람의 몸을 입고 오셔서 구속의 일을 이루셨고, 그 완성은 곧 새 창조의 시작이었지."

그는 리안을 바라보며 낮게 덧붙였다.

"십자가 위에서 '다 이루었다' 고 선포하신 그 순간은 단순한 죽음의 끝이 아니었네. 처음 창조에서 '보시기에 좋았더라' 하셨던 완성이, 이제 구속의 역사 안에서 다시 한 번 말씀으로 이루어진 순간이었지."

성주의 목소리는 점점 깊어졌고, 그 말은 부드럽게 정원의 공기를 울렸다.

그의 시선은 잠시 하늘을 향했다가 다시 리안에게로 돌아왔다.

"결국 '안식일을 기억하여 거룩히 지킨다' 는 말은, 단순히 어떤 날을 구분해 쉬는 행위를 뜻하지 않네. 그것은 안식일의 주인이신 그분을 진심으로 사랑하고, 그분 안에서 쉼을 얻는 삶을 의미하지. 안식의 본질은 날짜에 있는 것이 아니라 관계에 있네. 그분과 함께하는 것이 곧 참된 안식일이지."

성주는 잠시 숨을 고른 뒤 차분히 말을 이었다.

"그래서 '안식일의 주인' 이라는 말에는 중요한 뜻이 담겨 있네. 그분이 주인이라는 것은, 안식일이 그분에게서 비롯되었다는 뜻이네. 다시 말해, 그분은 안식을 만들어 낸 분이시며, 안식이 가능하게 된 근원이시지."

그는 고개를 끄덕이며 말을 정리했다.

"세상이 하늘의 신으로 말미암아 존재하게 되었기에 그분이 세상의 주인이신 것처럼, 안식일 또한 그분에 의해 제정되었기에 그분이 안식일의 주인이시네. 그러므로 참으로 안식일을 기억하고 거룩히 지킨다는 것은, 그분이 안식의 근원이심을 인정하고, 오직 그분 안에서만 참된 쉼이 있음을 받아들이는 것이네."

리안은 천천히 고개를 끄덕였다. 그 말은 단순한 설명이 아니라, 자신이 어디로 들어가야 하는지를 가리키는 초대처럼 그의 마음에 닿고 있었다.

그는 입술을 미세하게 떨며 조심스럽게 입을 열었다.

"그렇다면 안식일은 단순히 쉬기 위한 날이 아니라, 하늘의 아들 안으로 들어가도록 가리키는 표지였군요. 그리고 '기억하라' 는 말씀은, 과거의 창조를 되새기라는 뜻에 머무는 것이 아니라, 하늘의 신께서 아들을 보내어 이루실 새 창조의 일을 잊지 말고 마음에 붙들라는 의미였던 것이군요. 결국 그것은 하늘의 아들 안에서만 참된 쉼을 누릴 수 있음을 기억하라는 초대였군요."

성주는 만족스러운 미소를 지으며 고개를 끄덕였다.

"그렇다네. 처음 창조의 안식은, 장차 이루어질 구속을 통한 새 창조의 안식을 미리 보여준 그림이었지. 하늘의 신께서 아들을 통해 이루신 구속이 바로 그 안식의 완성이네.

하늘의 신께서 쉬시는 참된 안식은, 하늘의 아들을 통해 완성된 것이지."

그는 잠시 말을 멈췄다가 차분히 이어갔다.

"그러므로 이제 우리가 안식일을 기억한다는 것은, 단순히 어떤 날을 구분하는 일이 아니네. 그분 없이도 자신의 힘과 의로 무언가를 이루려 했던 모든 수고를 멈추고, 하늘의 신께서 이미 완성하신 새창조를 기억하며, 전적으로 그분을 신뢰하고 바라보는 것이네."

성주의 목소리는 낮았지만, 그 안에는 흔들림 없는 확신이 담겨 있었다.

"하늘의 신께서는 사람에게 단순히 쉬라고 명하신 것이 아니네. 당신의 쉼으로 들어오라고 부르신 것이지. 스스로 의를 세우려는 수고를 내려놓고, 이미 이루어진 그분의 완전한 일을 신뢰하라는 초대라네. 그분 안으로 들어가는 것, 그것이 참된 안식이네."

그는 천천히 두 손을 모으며 말을 이었다.

"그래서 하늘의 신께서는 그 날을 복되게 하셨다고 말씀하신 것이네. 그 복은 특정한 날 자체에 머물러 있지 않고, 그 날이 가리키는 분 안에 있지. 곧 하늘의 신께서 주신 복은 하늘의 아들 안에 있으며, 그분 안에 거하는 자마다 안식에 거하게 되고, 그 안에서 그 복을 누리게 된다네."

성주의 말이 끝났을 때, 리안의 마음속에서는 무언가가 조용히 무너지고 있었다. 그는 더 이상 안식일을 지켜야 할 의무의 날로 바라보지 않았다. 이제 그는 안식일의 주인을 향해 나아가, 그분 안에서 참된 쉼을 누리고자 하는 자로 바뀌어 가고 있었다.

리안은 천천히 숨을 들이마시며 조심스럽게 말했다.

"결국 안식일을 거룩히 지킨다는 것은, 내가 무엇을 지켜냈는가의 문제가 아니라 하늘의 신께서 이미 무엇을 이루셨는가를 기억하는 일이군요. 그리고 그 이루신 일을 전적으로 신뢰하고, 그분을 사랑하며 그분 안에 머무는 것이 참된 안식이군요. 그것이 안식일을 손상시키지 않고 거룩하게 지키는 길이라는 것을 조금은 알것 같습니다."

성주는 고개를 천천히 끄덕였다. 그의 눈빛에는 따뜻한 기쁨이 담겨 있었고, 잠시 리안을 바라보던 그는 부드럽게 말을 이었다.

"정확하네. 그것이 바로 안식일을 거룩하게 지킨다는 말의 본질일세. 그래서 이제는 안식일이라는 특정한 날을 따로 붙들

필요가 없네. 하늘의 아들을 사랑하여 그분을 마음의 중심에 두고 그분 안에 거하는 자는 이미 그분 안에서 참된 쉼에 들어가 있기 때문이지. 그런 자는 요일을 지키는 것으로 안식을 유지하는 것이 아니라, 안식일의 주인이신 분의 은혜를 기억하며 살아감으로써 안식을 거룩하게 지키게 되네."

그는 잠시 정원의 나뭇잎들을 바라보다가 다시 고개를 돌렸다.

"이제 날짜로 구분된 안식일은 그 역할을 마쳤지만, '안식일을 기억하여 거룩히 지키라' 는 말씀의 중심은 사라지지 않았네. 그 말씀은 하늘의 아들 안에서 여전히 살아 있지. 안식일은 지나갔어도, 안식일의 주인이신 하늘의 아들, 곧 말씀은 지금도 살아 계시기 때문일세."

성주는 조용히 말을 맺었다.

"그러므로 하늘의 아들 안에 있는 자는 요일을 따라 안식을 지키지 않아도, 그분께서 이루신 완성을 전적으로 신뢰하는 삶으로 그 계명을 온전히 살아 내게 되네. 그것이 참으로 안식일을 거룩히 지키는 삶일세."

성주의 목소리는 낮았지만 단호했다. 그 안에는 오랜 세월을 지나온 사람만이 지닐 수 있는 확신이 담겨 있었다.

"바울도 같은 맥락에서 이렇게 말했지. '그들이 하늘의 신께 열심은 있으나 올바른 지식을 따른 것이 아니니라. 하늘의 의를 모르고 자기 의를 세우려 힘써 하늘의 의에 복종하지 아니하였느니라.' 이는 하늘의 말씀, 곧 안식일의 주인을 마음의 중심에 모시지 않은 채, 자신의 열심과 노력으로만 신께 나아가려 했다는 뜻이라네."

성주는 잠시 숨을 고른 뒤 말을 이었다.

"그런 자들은 비록 날짜로 된 안식일을 철저히 지켰다 해도, 하늘의 신께서 이미 완성하신 안식의 뜻에는 이르지 못했지. 그들은 날은 기억했지만, 그 날이 가리키는 분을 기억하지 못했네. 그러니 참된 안식이 어디에 있는지를 알지 못한 채, 어떻게 안식일을 거룩히 지킬 수 있었겠는가. 날짜는 지켰을지 몰라도, 안식의 주인께 복종하지 않았으니, 그들의 열심은 결국 안식으로 인도하지 못한 것이네."

그는 고개를 천천히 숙이며 조용히 말을 이었다.

"이처럼 입술로는 하늘의 신을 섬긴다 말하면서도, 특정한 날만을 안식일로 여기고 그날의 행위에만 매달린다고 해서 참된 안식에 이르는 것은 아니네. 그 마음의 중심이 여전히 자기 의에 붙잡혀 있다면, 그는 안식을 누리는 것이 아니라 참된 쉼을 알지 못한 채 수고만 반복하게 되지."

그 말을 듣는 순간, 리안의 눈가가 젖기 시작했다.

"저는 … 신을 믿는다 말하면서도, 늘 무언가를 해야만 받아들여질 수 있다고 생각하며 제 의를 쌓으려 했습니다. 말씀을 사랑하지 않으면서도, 더 열심히 헌신하면 신이 기뻐하실 거라 여겼어요."

성주는 말없이 다가와 그의 어깨에 조용히 손을 얹었다.

"그 마음이 거짓되었다고 말하는 것은 아니네. 자네의 열심과 진실함은 분명했을 것이네. 그러나 말씀이 자네 삶의 중심이 아니었다면, 그 열심은 쉼이 아니라 종교적인 피로가 되었을 뿐이지."

그는 잠시 숨을 고른 뒤 말을 이었다.

"하늘의 아들께서 오셨을 때 유대인들이 바로 그런 모습이었네. 그들은 안식일을 철저히 지켰지만, 안식을 주시는 분을 보지 못했지. 그래서 말씀이 이렇게 우리에게 전하시는 것이네. '쉬라. 너의 공로로는 그 안식에 들어갈 수 없고, 오직 그 분 안에 거할 때만 참된 쉼을 얻을 수 있다' 고 말일세."

리안은 조용히 눈을 감았다. 그의 가슴이 천천히 오르내렸고, 들숨과 날숨 사이로 깊은 깨달음이 스며들었다.

"그래서 … 하늘의 아들께서 말씀으로 오셨고, 말씀 안에 거하라 하셨으며, 그 말씀 안에서 쉬라고 하신 것이군요."

그의 목소리는 떨렸지만, 그 안에는 더 이상 흔들리지 않는 확신이 담겨 있었다. 성주는 부드럽게 고개를 끄덕이며 마지막으로 말했다.

"그렇지. 하늘의 아들께서 '수고하고 무거운 짐 진 자들아 다 내게로 오라; 내가 너희를 쉬게 하리라' 하신 이 초청은 단순한 위로가 아니네. 그분이 안식일의 주인이시며, 참된 쉼이 그분 안에 있음을 밝히는 선언이지. 결국 이는 그분 안에 거하라는 부르심이라네. 이것이 하늘의 신께서 주신 안식일의 참된 의미요, 영원한 쉼으로의 초청이네."

리안은 성주의 말을 곱씹듯 잠시 침묵했다. 그 침묵은 망설임이 아니라; 마음속에서 기준이 정리되는 시간이었다. 잠시 후 그는 다시 입을 열었다.

"말씀을 믿고, 그 말씀을 삶의 중심에 두며, 말씀을 왕으로 섬기는 삶 … 그것이 참된 안식이군요."

그의 고백에 성주는 고개를 끄덕이며 단호하게 대답했다.

"그렇네. 말씀이 내면의 중심에 없는 안식은 쉼이 아니라 공허함일 뿐이네. 말씀이 주인이 되지 않은 채 드려지는 인간의 열심은, 결국 하늘의 안식을 이루는 것이 아니라 오히려 훼손하고 깨뜨리는 일이 되지.”

성주는 잠시 숨을 고른 뒤 말을 이었다.

“그리고 그 말씀의 통치를 받지 않으며, 그 말씀을 귀하게 여기지 않는 자는 결코 참된 안식에 들어갈 수 없네. 참된 안식은 노력의 크기로 얻는 것이 아니라, 말씀을 왕으로 모시고 그 통치 아래 거할 때 비로소 주어지는 것이기 때문이지.”

리안은 잠시 침묵하다가 고개를 들고 조심스럽게 물었다.

“그런데 성주님, 안식일의 계명을 보면 이렇게 말하지 않습니까. ‘너나 네 아들이나 네 딸이나 네 남종이나 네 여종이나 네 가축이나 네 문 안에 거하는 객이라도 아무 일도 하지 말라’ 고요. 그 말씀은 단순히 일을 멈추라는 뜻이 아니라, 한 사람에게 속한 모든 존재가 함께 하늘의 쉼으로 들어오게 하라는 의미인가요?”

성주는 미소를 지으며 천천히 고개를 끄덕였다.

“바로 그것이네, 리안. 하늘의 신께서는 한 사람만 따로 안식에 들어오길 원하지 않으신다네. 한 사람이 말씀 안으로 들어올 때, 그에게 속한 모든 존재가 함께 그 쉼에 참여하길 바라시지. 가족과 종들뿐 아니라, 그에게 맡겨진 모든 생명들까지 말일세.”

그는 잠시 말을 멈추었다가 조용히 이어갔다.

"사람이 자기 힘과 자기 의로 살아가며 쉼을 잃어버리면, 그에게 속한 모든 것 역시 쉼을 잃게 되네. 그래서 바울 사도도 인간의 타락 이후 모든 창조물이 함께 탄식하며 고통받고 있다고 고백했지. 한 사람의 중심이 무너질 때, 그 아래에 있는 모든 창조가 함께 흔들리게 되는 것이네."

성주는 리안을 바라보며 말을 이었다. 그의 시선에는 가르침을 전하는 이의 단호함과, 이미 길 위에 들어선 이를 바라보는 따뜻함이 함께 담겨 있었다.

"그러나 반대로, 한 사람이 말씀 안으로 들어와 참된 안식을 누리게 되면, 그에게 속한 자들뿐 아니라 그와 연결된 모든 창조물 또한 그 쉼의 영향을 받게 되네. 사람이 더 이상 자신의 법을 중심에 세우고 자기 의와 기준으로 버티며 살지 않고, 말씀의 통치를 받으며 말씀 안에서 쉬기 시작하면, 그 사람의 삶 전체가 달라지게 되지. 가축이 주인과 함께 쉴 때 억지로 멈추는 것이 아니라 자연스럽게 쉼에 들어가듯, 그 사람의 삶 안에 있는 모든 존재도 억압에서 풀려나게 되는 것이네."

그는 잠시 숨을 고르며, 안식일의 계명을 다시 떠올리듯 덧붙였다.

"그래서 '아무 일도 하지 말라' 는 말씀은 속박을 주는 명령이 아니네. 그것은 인간의 활동을 억제하려는 규제가 아니라, 스스로를 지탱하려는 수고를 내려놓고 참된 쉼 안으로 들어오라는 초청이지. 한 사람을 통해 그의 집과 그에게 맡겨진 모든 생명이 함께 하늘의 쉼을 누리게 하라는 뜻이라네. 안식은 개인의 경건을 시험하는 날이 아니라, 생명을 살리는 질서이네."

성주는 말을 멈추지 않고 차분히 이어갔다.

"바울이 '하늘의 아들을 믿으라, 그리하면 너와 네 집이 구원을 얻으리라' 고 말한 것도 같은 맥락이지. 안식일을 기억한다는 것은 그분의 쉼을 혼자 소유하려는 것이 아니라, 그 쉼이 흘러가도록 자신을 내어놓는 것이네. 그리고 안식일을 거룩히 지킨다는 것은, 그 쉼의 근원이 사람의 노력이나 규칙이 아니라 오직 말씀임을 삶으로 인정하는 것이지. 참된 안식은 '아무것도 하지 말라' 는 억압에서 오는 것이 아니라, 말씀 안으로 들어가 자유를 누릴 때 비로소 주어지는 쉼이라네."

리안은 천천히 고개를 숙였다. 그의 마음에는 '쉼' 이라는 단어가 새롭게 자리 잡고 있었다. 그것은 이제 단순히 몸을 멈추는 휴식이 아니라, 말씀이 중심이 된 생명의 자리였고, 더 이상 스스로를 증명하지 않아도 되는 안전한 공간이라는 사실이 분명해지고 있었다.

성주는 리안의 눈을 바라보며 넷째 계명이 가리키는 뜻을 차분히 정리해 갔다.

“그분은 누구든지 그분 안에서 쉬기를 원하시네. 말씀을 사랑하는 자는 결국 그분 안에 거하게 되고, 그 안에 거하는 자는 반드시 참된 쉼을 얻게 되지. 안식이 그분 안에 있는 것처럼, 그분 안에 있는 자는 이미 안식과 함께 있는 자라네. 그리고 그렇게 쉼을 누린 사람은, 자기 자신만이 아니라 그 곁에 있는 이들까지도 그 말씀 안에서 함께 안식하기를 바라게 되지.”

성주는 잠시 숨을 고른 뒤, 지금까지의 내용을 하나의 흐름으로 정리하듯 말을 이었다.

“이 넷째 계명 역시 첫 번째 계명의 뿌리와 두 번째 계명의 줄기에서 자연스럽게 나온 가지라네. 마음의 중심에 오직 하늘의 신만 계시고 그분만을 사랑한다면, 안식일의 주인이신 하늘의 말씀을 기억하지 않을 수는 없지.”

그는 이어서 ‘거룩하게 지킨다’ 는 표현의 뜻을 분명히 했다.

“말씀을 거룩하게 지킨다는 것은 무엇을 더 열심히 하라는 요구가 아니네. 그것은 말씀을 훼손하지 않는다는 뜻이지. 더하지도 않고, 빼지도 않으며, 사람의 기준이나 필요에 맞게 바꾸지 않고, 말씀을 말씀 그대로 보존하는 것이네."

성주는 그 의미를 비유로 풀었다.

"사람이 정말 귀한 것을 손에 쥐면, 그것을 함부로 다루지 않지. 상할까 조심하고, 형태가 변할까 염려하며 그대로 간직하려 애쓰네. 거룩하게 지킨다는 것도 이와 같네. 말씀을 내 목적을 위한 도구로 쓰지 않고, 내 생각으로 재단하지 않으며, 그 가치가 손상되지 않도록 그대로 모시는 것이지."

그는 차분하지만 분명한 어조로 결론을 이었다.

"그러므로 안식일을 거룩하게 지킨다는 것은 특정한 날을 잘 관리하는 문제가 아니네. 안식일의 주인이신 말씀을 삶의 중심에 두고, 그 말씀이 더럽혀지거나 왜곡되거나 다른 것으로 대체되지 않도록 지키는 삶이지. 필요하다면 대가를 치르더라도, 그 말씀이 변형되지 않도록 붙드는 것이네. 그래서 안식일을 지키는 것은 부담의 조건이 아니라 사랑하기 때문에 나타나는 자연스러운 결과라네. 하늘의 신을 사랑하는 자는 그분의 말씀을 소중히 여기지 않을 수 없고, 그 말씀을 훼손하지 않으려 애쓰지 않을 수 없지. 기억한다는 것은 잊지 않는 것이고, 거룩하게 지킨다는 것은 그 말씀을 그대로 보존하는 것이네.

이것이 넷째 계명이 말하는 참된 뜻이라네."

성주의 말이 끝나자, 정원에는 잠시 고요가 내려앉았다.

따사로운 햇볕이 나뭇잎 사이로 부드럽게 스며들어 두 사람의 어깨 위에 머물렀고, 바람은 잎사귀를 살짝 흔들며 조용히 지나갔다. 어디선가 들려오는 새들의 낮은 울음소리가, 그 침묵을 깨뜨리지 않을 만큼 조심스럽게 공기를 채우고 있었다.

제 8 장

제5계명
『네 부모를 공경하라』

리안과 성주는 말없이 차를 들었다.

찻잔 안에서 피어오르는 잔잔한 향이 정원의 고요와 어우러졌고, 지금 이 순간 자체가 이미 설명이 필요 없는 쉼처럼 느껴졌다. 정원은 여전히 고요했고, 햇빛은 변함없이 내려앉아 있었다.

잠시의 침묵 속에서, 리안은 고개를 숙인 채 조용히 생각에 잠겼다.

지금까지의 대화를 통해 그의 마음은 한결 맑아졌지만, 이어질 다섯 번째 계명의 의미가 내면을 은근히 건드리고 있었다. 넷째 계명까지는 하늘의 신과 말씀을 향한 계명으로 이해해 왔는데, 다섯째 계명부터는 대상이 달라지는 것처럼 느껴졌기 때문이다. 그의 표정에는 그 계명이 앞선 계명들과 어떻게 이어지는지에 대한 조심스러운 의문이 담겨 있었다.

그 모습을 본 성주는 리안의 얼굴을 잠시 바라보다가, 부드럽게 입을 열었다.

"리안. 자네의 마음이 조금 복잡해 보이네. 무엇이 걸리는 것이 있는가?"

리안은 잠시 숨을 고르며 말을 잇지 못하다가, 망설임이 섞인 눈빛으로 천천히 입을 열었다.

"성주님 … 다섯째 계명부터는 지금까지의 계명들과 방향이 달라지는 것처럼 느껴집니다. '네 부모를 공경하라' 는 말씀 말입니다. 저는 그동안 이 계명을 단지 효도나 예의 범절의 차원으로만 이해해 왔고, 다섯 번째 계명부터는 사람을 향한 계명이라고 배워왔습니다."

그는 잠시 말을 멈췄다가, 마음속 생각을 정리하듯 이어 말했다.

"그런데 지금까지 성주님의 말씀을 되돌아보니, 그 계명에도 훨씬 깊고 본질적인 뜻이 담겨 있다는 생각이 들었습니다. 다섯 번째 계명이 어떻게 '하늘의 신 앞에 다른 신들을 두지 말라'는 첫 번째 계명과 연결되는지 … 그 의미를 알고 싶습니다."

그는 말을 멈추고 잠시 시선을 아래로 떨어뜨렸다. 입술을 굳게 다물었다가, 천천히 열며 마음속 깊이 눌러 두었던 고백을 꺼냈다.

"사실 … 이곳에 오기까지도 쉽지 않았습니다. 좁은 문을 통과해 이곳에 들어서기까지, 제 마음을 가장 크게 붙잡았던 것도 바로 이 계명이었습니다. 사르그를 떠나야 했지만, 부모님은 끝까지 그것을 반대하셨습니다."

그의 목소리는 차분했지만, 그 안에는 오래 눌러 두었던 흔들림이 배어 있었다.

"그분들의 뜻을 거스르고 이곳으로 오는 일이 저에게는 이 계명을 어기는 것처럼 느껴졌습니다. 하늘의 신을 사랑하여 이 길을 따랐지만, 동시에 '부모를 공경하라'는 말씀 앞에서 제 영혼은 계속 괴로웠습니다."

리안은 잠시 숨을 고른 뒤 말을 이었다.

"이 길을 걸어오는 동안, 두 계명은 제 안에서 끊임없이 부딪치며 갈등을 일으켰습니다. 그 충돌 속에서 마음이 흔들렸고,

결국 그 혼란이 저를 죄의 늪으로 끌어당겼습니다."

그는 고개를 더 깊이 숙였다.

"그 이후로 이 다섯째 계명은 제 마음을 계속 아프게 했습니다. 그 안에 담긴 하늘의 뜻이 무엇인지, 하늘의 신께서 진정으로 원하시는 것이 무엇인지 … 저는 알고 싶었습니다."

그의 마지막 말은 거의 속삭임처럼 흘러나왔다. 리안은 고개를 숙인 채, 대답을 기다리듯 잠시 침묵했다. 눈길은 바닥을 향하고 있었고, 두 손은 무릎 위에서 가만히 겹쳐져 있었다. 방금 꺼낸 말들이 아직 공기 속에 남아 있는 듯, 그는 숨을 깊게 들이쉬지도 내쉬지도 못한 채 그대로 멈춰 있었다.

그의 마음속에서는 여러 감정이 조용히 뒤섞이고 있었다.

그는 혹시라도 자신의 선택이 잘못된 것은 아니었을까 하는 두려움, 그리고 그 모든 것을 내려놓고도 여전히 알고 싶다는 갈망이 함께 일렁였다. 부모를 향한 마음도, 하늘의 신을 향한 마음도 어느 하나 가볍지 않았기에, 그는 그 사이에서 스스로를 오래 붙들어 왔다는 사실을 다시 느끼고 있었다.

성주는 조용히 고개를 끄덕이며, 잠시 리안의 마음을 헤아리듯 눈을 감았다. 그의 얼굴에는 따뜻함이 있었지만, 그 안에는 이미 분별된 진리가 차분히 자리하고 있었다.

성주는 부드럽게 입을 열었다.

“그럴 수 있지. 많은 이들이 바로 이 계명 앞에서 혼란을 겪는다네. ‘네 부모를 공경하라’ 는 말씀이 너무 익숙하다 보니, 사람들은 종종 이 계명을 육신의 부모에게 예의를 다하여 부모의 말에 순종하는 정도로만 이해하지. 하지만 이 계명은 단순한 문화적 예절이나 도덕 규범을 말하는 것이 아니네.”

성주는 시선을 리안에게 두고 차분히 말을 이어갔다.

“이 계명은 생명의 통로를 존중하라는 선언이지. 생명이 흘러오도록 허락된 질서와 권위를 가볍게 여기지 말라는 뜻이네. 부모를 공경하라는 말은 그 사람 자체를 절대적인 기준으로 세우라는 명령이 아니지. 오히려 그들을 통해 생명이 전달되었다는 사실을 인정하고, 그 생명이 흘러오도록 세워진 질서를 존중하라는 의미라네.”

그는 잠시 말을 멈추었다가, 논리를 또렷하게 정리하며 덧붙였다.

“이 질서가 무너질 때 사람은 생명의 흐름을 스스로 끊어버리게 되지. 반대로, 그 질서를 인정하고 존중할 때 비로소 부모로부터 이어진 생명을 온전히 받아들이게 되는 것이네. 그러므로 부모를 공경하라는 계명은 사람을 높이라는 말이 아니라,

생명이 어디에서 왔는지를 잊지 말고 그 흐름 안에 머물라는 말씀이라 할 수 있지."

리안은 고개를 들고 조용히 숨을 들이켰다.

성주는 잔잔한 눈빛으로 그를 바라보다가, 더 분명하게 설명했다.

"하늘의 신께서는 사람을 세상에 보내실 때, 부모라는 통로를 사용하셨네. 생명이 우연히 생긴 것이 아니라, 질서 안에서 전달되도록 하신 것이지. 그래서 다섯째 계명은 생명에 대한 계명이면서 동시에 말씀의 질서에 대한 계명이네."

그는 잠시 말을 멈추었다가, 핵심을 짚듯 덧붙였다.

"그러나 중요한 것은, 그 질서의 근원이 부모에게 있지 않다는 사실이네. 모든 질서의 시작은 첫째 계명, '너는 내 앞에 다른 신들을 두지 말라'에서 비롯되어야 하네. 곧 모든 권위와 생명의 근원은 하늘의 말씀이라는 뜻이지."

성주의 목소리는 차분했지만 분명했다. 그의 말은 하나하나 질서를 세우듯 이어졌다.

"부모는 그 말씀과 생명이 흘러가도록 맡겨진 통로일 뿐이라네. 그러므로 다섯째 계명은 첫째 계명과 결코 떼어 놓을 수 없지. 하늘의 신을 가장 위에 두지 않고서는, 부모를 바르게 공경하는 일도 가능하지 않네."

그 말은 리안의 마음속에서 오랫동안 엉켜 있던 질문의 매듭을 조용히 풀어내고 있었다.

부모를 향한 순종과 하늘의 신을 향한 순종이 서로 충돌하는 것처럼 느껴졌던 이유가, 서서히 자리를 잡기 시작했다.

성주는 잠시 시선을 들어, 나뭇가지 위로 날아와 앉은 새를 바라보다가 조용히 말씀을 인용했다.

"하늘의 신께서는 이스라엘에게 이렇게 말씀하셨지. '이스라엘아, 들으라. 주 우리 하늘의 신은 한 주시니, 너는 네 마음을 다하고 혼을 다하고 힘을 다하여 주 네 신을 사랑하라.' 그리고 이어서 그 말씀을 부모가 자녀에게 전하고, 삶의 모든 자리에서 말하며 가르치라고 하셨네."

그는 그 의미를 풀듯 말을 이었다.

"이 말씀에서 보듯, 부모에게 맡겨진 사명은 자녀에게 하늘의 말씀을 전하여 하늘의 생명이 흐르게 하는 것이었네. 부모가 말씀을 품고 그 말씀 안에 거할 때, 자녀가 부모를 공경하는 것은 곧 하늘의 신을 공경하는 일이 되지. 그 질서 안에서는 사랑과 순종이 자연스럽게 이어지게 마련이네."

그러나 성주의 목소리는 여기서 한층 더 분명해졌다.

"하지만 부모가 말씀을 거스르거나, 사람의 뜻으로 진리의 길을 막으려 한다면 이야기는 달라지네. 그런 경우에 부모를 그대로 따르는 것은 참된 공경이 아니지. 오히려 하늘의 뜻을 거스르는 불순종이 되고 마네. 질서의 근원이 하늘의 신께 있지 않고 사람에게로 옮겨지는 순간, 그 질서는 이미 무너진 것이네."

성주는 다시 리안을 바라보며 조용히 미소 지었다.

"그러니 자네가 좁은 문을 통과해 이곳에 오기까지 겪었던 고통은, 계명을 어긴 결과가 아니네. 오히려 그 계명의 본질을 따르기 위해 치른 대가였고, 십자가였네. 자네는 다섯째 계명을 거스른 것이 아니라, 오히려 하늘의 신을 가장 위에 두는 참된 질서 안에서 그 계명을 지킨 셈이라네."

그 말은 리안의 마음에 오래 남아 있던 죄책감을 조용히 걷어내고 있었다. 무엇을 잘못했는지 알지 못한 채 짊어지고 있던 무거움이 서서히 풀리며, 순종이라는 말의 의미가 그의 안에서 새롭게 자리를 잡기 시작했다.

리안의 마음속 깊은 곳에 머물러 있던 혼란도 함께 풀려 갔다. 그동안 그를 붙잡고 있던 얽매임이 느슨해지자, 그의 눈빛에는 서서히 빛이 돌았다. 그는 더 이상 두 계명 사이에서 갈라지는 사람처럼 느껴지지 않았다.

리안은 조심스럽지만 분명한 어조로 말했다.

“말씀의 질서 … 그렇다면 이 계명도 결국 첫째 계명 위에 세워진 것이군요. 하늘의 신 외에 어떤 존재도 신앙의 중심에 둘 수 없다는 그 계명 말입니다. 지금 말씀을 들으니, 그동안 헷갈렸던 이유가 분명해진 것 같습니다.”

성주는 미소를 머금은 채 고개를 끄덕였다.

“바로 그거네. 십계명의 모든 계명은 첫째 계명에서 흘러나오고, 다섯째 계명도 예외가 아니지. 육신의 부모라 할지라도, 하늘의 말씀을 거역하며 말할 때 그 권위는 하늘의 신보다 앞설 수 없네. 반대로 부모가 말씀을 사랑하고 그 말씀을 자녀에게 전한다면, 자녀가 부모를 공경하는 그 행위는 곧 하늘의 말씀을 향한 순종이 되지. 이것이 하늘의 질서라네.”

성주의 목소리는 차분했지만 분명한 힘이 실려 있었다.

“부모라 해도 그분은 창조주가 아니네. 생명을 주신 분은 하늘의 신이시지, 부모는 그 생명이 전해지도록 쓰임 받은 존재일 뿐이라네. 그러니 어떤 부모도 하늘의 신을 대신할 수 없고, 하늘의 뜻을 거스르라고 명령할 권한은 없네.”

그는 말을 조금 더 풀어 설명하듯 덧붙였다.

"부모의 권위는 하늘의 질서 안에서만 의미가 있지, 그 질서를 넘어서는 순간 더 이상 절대적인 것이 아니네. 부모가 하늘의 말씀과 어긋나는 길로 이끌 때, 그 말을 따르는 것은 공경이 아니라 오히려 하늘의 신을 거스르는 일이 되고 마네."

그 말은 리안의 마음속에 오래 남아 있던 무게를 서서히 내려놓게 하고 있었다. 그는 더 이상 자신을 다섯째 계명을 어긴 사람으로 보지 않았다. 오히려 말씀 안에서 바르게 순종하고자 애써 걸어왔던 자신의 걸음이 헛되지 않았다는 사실을 받아들이고 있었다. 부모와의 갈등 속에서 겪었던 혼란의 시간마저도, 진리를 향해 방향을 잡아 가는 과정이었음을 이제는 이해할 수 있었다.

사르그를 떠나던 날이 떠올랐다. 부모는 그 선택을 끝까지 반대했고, 그 반대는 단순한 염려가 아니라 강한 뜻으로 다가왔다. 그 뜻을 거스르는 일이 곧 계명을 어기는 것처럼 느껴졌기에, 그의 마음은 깊이 갈라질 수밖에 없었다. 그러나 지금 리안은 분명히 알게 되었다. '공경'이란 육신의 부모에게 무조건 복종하는 태도가 아니라, 말씀의 질서를 따르는 일이라는 것을 말이다. 참된 권위는 혈통에 있는 것이 아니라 말씀에 있으며, 그 말씀이 전달되는 관계 안에서만 올바른 질서가 세워진다는 사실도 깨닫고 있었다.

그 이해가 마음에 자리 잡는 순간, 경전의 한 내용이 자연스럽게 떠올랐다. 혈연으로만 이어진 관계가 아니라, 말씀으로 생명을 전했던 사람들이었다. 그는 고개를 들고 조용히 말했다.

"그렇다면 디모데의 경우도 그렇겠군요. 말씀을 전해 준 외할머니 로이스와 어머니 유니게에게 순종한 것은, 단지 가족이었기 때문이 아니라 그들이 말씀의 질서를 전한 통로였기 때문이겠군요. 그래서 디모데가 그들에게 순종한 것은 곧 하늘의 신께 순종한 것이고, 그것이 바로 이 계명의 본질을 따른 일이었겠네요."

그 말 속에는 더 이상 혼란이 아니라, 질서를 이해한 사람의 고요한 확신이 담겨 있었다.

성주는 만족스러운 눈빛으로 고개를 끄덕였다.

"그렇네. 그들은 단순히 혈연으로 묶인 가족이 아니었네. 외할머니 로이스와 어머니 유니게는, 디모데에게 신의 생명이 흐르도록 한 말씀의 통로였지. 바울 또한 디모데를 가리켜 '말씀으로 낳은 아들'이라 불렀고, 자신을 그의 영적 아버지로 여겼네. 그러니 '부모를 공경하라'는 이 계명은 바로 그런 관계 안에서 비로소 참된 의미를 가지는 것이지. 혈육이냐 아니냐가 아니라, 그 순종이 말씀의 권위 아래에 있느냐가 질서를 가르는 기준이라네."

리안은 잠시 눈을 감았다가, 오래전부터 마음에 남아 있던 말씀 한 구절을 낮게 읊조렸다.

" '하늘의 말씀을 너희에게 전한 자들을 기억하고, 그들의 삶의 결말을 살펴 그 믿음을 본받으라.' "

그 말씀은 이제 리안에게 분명한 기준을 보여주고 있었다. 누가 자신을 육신으로 낳았는가보다, 누가 생명의 말씀을 전해 주었는가가 공경의 이유가 된다는 것. 다섯째 계명은 말씀의 질서 위에서만 온전히 세워질 수 있다는 사실을 그는 깨닫고 있었다.

성주는 리안의 밝아진 얼굴을 잠시 바라보다가, 조용하지만 단단한 목소리로 말을 맺었다.

"이것이 '네 부모를 공경하라' 는 다섯째 계명의 참된 의미라네. 말씀을 전한 자를 기억하고, 그들의 믿음을 본받는 것, 그것은 단순한 예의가 아니라 말씀 자체를 향한 순종이지. 그러나 사람들은 이 계명마저 인간 중심으로 바꾸려 하지. 혈연을 질서의 출발점으로 삼지만, 혈연은 결코 질서의 시작이 될 수 없네. 질서의 시작과 끝은 하늘의 신이시며, 그분이 처음이

자 마지막이시지.

많은 이들이 입으로는 하늘의 신이 알파와 오메가요, 처음과 나중이라 고백하지만, 그 고백을 삶의 질서 속에서는 적용하지 않네. 그래서 십계명조차 사람과 사람 사이의 도덕으로만 해석하고, 말씀이라는 근원을 잃어버리는 것이지.

그러나 질서의 시작과 끝이 말씀 안에 있음을 깨닫게 되면, 그제야 누가 참된 부모인지도 분명해진다네. 결국 이 계명은 혈육이 아니라 말씀을 전한 자를 참된 부모로 인정할 때 온전히 세워지고, 그 말씀에 순종할 때 다섯째 계명은 비로소 완성되는 것이지."

리안은 성주의 말을 곱씹으며 천천히 고개를 끄덕였다. 지금까지 자신을 짓눌러 왔던 죄책감이, 조금씩 다른 모습으로 보이기 시작했다. 그는 그동안 자신의 선택을 불순종으로 여겨왔지만, 이제는 그것이 무질서한 반항이 아니라 말씀을 사랑한 선택의 길었음을 분명히 인식하게 되었다. 리안의 눈빛이 한결 맑아졌고, 자신이 걸어온 길의 의미가 이전과는 전혀 다른 자리에서 정리되기 시작했다.

리안은 진리를 따르는 것이 옳다는 사실을 분명히 알고 있었다. 그러나 그 깨달음이 부모와의 관계에서 느끼는 아픔과 책임감까지 지워 주지는 못했다. 말씀을 따르는 길이 옳다는 확신과, 부모를 향한 마음에서 비롯된 무거움이 그의 안에서 여전히 함께 남아 있었기 때문이다.

그는 잠시 침묵 속에 머물다 고개를 숙인 채 조심스럽게 입을 열었다.

"그렇다면 성주님 … 만약 부모가 제가 사르그에서 겪었던 것처럼, 말씀을 대적하고 그 길을 가로막는다면, 그때는 어떻게 하는 것이 지혜로운 행동일까요?"

그 질문을 들은 순간, 성주의 얼굴은 한층 더 진지해졌다. 그의 표정에는 회피 없는 분별과 함께, 리안의 고통을 깊이 이해하는 안타까움이 동시에 담겨 있었다.

성주는 낮고 분명한 목소리로 말을 이었다.

"하늘의 아들도 그 문제를 모르지 않으셨지. 그래서 이렇게 말씀하셨다네. '아버지나 어머니를 나보다 더 사랑하는 자는 내게 합당하지 아니하다.' 또 이렇게도 말씀하셨지. '나는 화평을 주러 온 것이 아니라 검을 주러 왔다' 고 말일세."

성주는 잠시 숨을 고른 뒤, 차분하게 말을 이었다.

"이 말씀은 가족 관계를 부수기 위한 선언이 아니네. 진리가 들어올 때 필연적으로 일어나는 현실을 미리 밝히신 것이지.

진리는 언제나 드러남을 동반하네. 그리고 드러남은 곧 분리를 낳지. 빛이 들어오면 어둠이 그대로 머물 수 없기 때문이네."

그는 리안을 바라보며 말을 이어갔다.

"그래서 진리가 한 사람의 삶 안에 들어올 때, 가장 먼저 흔들리는 관계가 가족이라네. '사람의 원수가 자기 집안 식구라' 하신 말씀은 가족을 미워하라는 뜻이 아니라, 말씀을 따르려는 자가 가장 깊은 충돌을 겪게 될 자리가 어디인지를 정확히 짚어 주신 경고였지."

성주는 마시던 찻잔을 조용히 내려놓고 리안을 바라보았다. 그의 눈빛은 흔들림 없이 단호했지만, 그 안에는 리안이 겪어온 갈등과 아픔을 충분히 이해하고 있다는 따뜻한 연민이 함께 담겨 있었다.

"이런 상황에서 지혜로운 행동은 누가 옳으냐를 가려내기 위해 논쟁을 벌이는 일이 아니네."

그는 잠시 말을 고른 뒤, 지혜의 기준이 어디에 있는지를 분명히 짚었다.

"결국 문제의 핵심은 누구를 더 사랑하느냐에 있네. 하늘의 신을 사랑하느냐, 아니면 관계가 무너질까 두려워 진리를 뒤로 미루느냐의 문제지. 이 지점에서는 중간 지대가 존재하지 않네.

진리는 타협의 대상이 될 수 없기 때문일세."

성주는 잠깐 숨을 고른 후, 더 단단한 어조로 덧붙였다.

"그래서 필요한 지혜는 지혜로운 계산이 아니라 단호한 결단이네. 단호한 결단, 그리고 그 결단을 즉시 따르는 빠른 순종이지. 머뭇거리면 육신은 연민이라는 이름으로 사람을 붙잡기 시작하네. 그 연민은 선해 보이지만, 실제로는 영혼을 묶는 줄이 되지. 한 번 그 줄에 깊이 얽히면, 그 다음에는 스스로 빠져나오기 어려워진다네. 영혼의 대적자는 바로 그 연민을 사용해 더 단단히 옭아매거든."

그의 말은 리안에게 냉혹한 명령처럼 들리지 않았다. 오히려 지금까지 자신이 왜 그렇게 괴로워했는지, 왜 망설임이 길어질수록 더 깊이 빠져들었는지를 또렷이 설명해 주고 있었다. 리안은 비로소 깨닫고 있었다. 진리를 향한 길은 냉혹해서 감당하기 힘든 것이 아니라, 너무도 분명하여 어느 쪽도 피할 수 없게 만들기 때문에 어려운 길이었다.

그는 잠시 숨을 고른 뒤, 더 낮고 분명한 목소리로 말을 이어갔다.

"심지어 하늘의 아들은 이렇게 선언하셨지. '하늘의 뜻을 행하는 자가 곧 내 형제요 자매요 어머니라.' 이는 관계를 부정하신 말씀이 아니라, 관계의 기준을 새롭게 세우신 선언이네. 혈연이 먼저가 아니라, 말씀이 먼저라는 뜻이지. 말씀보다 앞서는 관계는 없다는 것을 분명히 하신 것이네. 그러니 자네가 누구를 따르느냐의 문제에서도, 그가 혈육이냐 아니냐보다 중요한 것은 그가 하늘의 말씀을 담고 있느냐 없느냐일세."

그 말은 리안의 내면 깊은 곳으로 조용히 스며들었다. 오랫동안 그를 붙잡고 있던 갈등의 이유들이 하나씩 제자리를 찾아가기 시작했다. 공경이라는 이름으로 타협해 왔던 관계들, 사랑이라는 이유로 놓지 못했던 인간적인 정과 책임감 위에, 이제는 분명한 기준 하나가 세워지고 있었다. 그것은 사람을 중심에 두는 기준이 아니라, 말씀을 중심에 두는 질서였다. 무엇을 붙들어야 하고, 무엇을 내려놓아야 하는지가 더 이상 감정이 아니라 말씀으로 분별되기 시작한 것이다.

리안의 눈빛에는 깊은 깨달음이 배어 있었다. 그는 천천히 고개를 끄덕이며 말했다.

"결국 이 다섯 번째 계명은 단순히 육신의 부모를 중심으로 한 가족 윤리를 말하는 것이 아니라, 하늘의 신의 말씀을 사랑한다고 고백하는 사람이 그 고백을 삶에서 어떻게 드러내느냐의 문제군요. 이제 알겠습니다. 중요한 건 누구 말을 따르느냐가 아니라, 결국 무엇을 가장 위에 두고 살아가느냐의 문제였어요."

성주는 리안의 말을 듣고 천천히 고개를 끄덕였다. 그의 얼굴에는 따뜻한 이해와 흔들림 없는 확신이 함께 담겨 있었다. 그는 리안이 붙잡은 깨달음을 확인해 주듯 차분히 입을 열었다.

"맞네. 결국 '부모를 공경하라' 는 계명은 사람 자체를 가장 높은 자리에 두라는 말이 아니네. 말씀의 권위를 가장 위에 두고, 그 말씀을 섬기며 살아가는 질서를 존중하라는 명령이지. 그리고 그 말씀 안에 서 있는 부모를 공경하라는 뜻이네."

성주는 잠시 말을 멈췄다가, 더 분명한 어조로 덧붙였다.

"그 말씀은 생명의 질서를 따라 흐르고, 모든 관계는 그 질서 위에서만 바르게 세워진다네. 그러니 기준이 사람이 되어서는 안 되지. 그 사람 안에 말씀이 있는가, 없는가가 기준이 되어야 하네."

리안은 그 말을 가만히 되새기며 잠시 눈을 감았다. 오래도록 마음을 짓누르던 혼란이 하나의 줄기로 정리되는 느낌이 들었다. 그는 조용히 고개를 숙인 채, 이제는 확신이 담긴 목소리로 말했다.

"이제 알겠습니다. 이 계명도 결국 하늘의 신의 말씀을 사랑하고, 그 말씀을 품고 전하는 사람들과의 관계 속에서만 온전히 이루어지는 것이군요. 그것이 곧 하늘의 신을 사랑하는 삶의 방식이고, 말씀을 향한 참된 순종이네요."

리안은 잠시 숨을 고른 뒤, 자신이 도달한 결론을 분명히 말했다.

"그리고 결국 이것도 첫 번째 계명, '너는 내 앞에 다른 신들을 두지 말라' 는 계명에서 흘러나온 자연스런 결과물이라는 것도 분명해졌습니다."

그 말을 들은 성주는 잠시 리안을 바라보다가, 흐뭇한 미소를 지으며 천천히 고개를 끄덕였다. 그의 표정에는 제자가 바른 자리에 이르렀음을 확인하는 기쁨이 담겨 있었다.

"맞다네. 자네가 정확히 보았네."

성주는 차분한 목소리로 다시 한 번 그 흐름을 짚어 주었다.

"첫 번째 계명이 뿌리라면, 두 번째 계명은 그 뿌리에서 자라난 줄기이고, 세 번째와 네 번째 계명, 그리고 다섯 번째 계명은 그 줄기를 따라 뻗어 나온 가지들이지."

그는 잠시 말을 멈췄다가 덧붙였다.

"말씀을 사랑하는 마음이 뿌리가 되고, 그 말씀이 삶의 중심을 이루면, 관계 속에서는 반드시 자연스럽게 가지들이 생기지. 그렇기 때문에 다섯 번째 계명은 억지로 만들어 내는 윤리가 아니라, 말씀 안에 거하는 삶에서 자연스럽게 드러나는 가지라네."

성주의 눈빛에는 흔들림 없는 확신이 담겨 있었고, 리안은 그 시선을 마주하며 자신이 지금까지 걸어온 길이 헛된 선택이 아니었음을 차분히 깨닫고 있었다.

다섯 번째 계명에 대한 성주의 설명이 마무리되자, 리안은 그 계명이 요구하는 바가 무엇인지 분명히 이해하게 되었다. 그 순간, 오랫동안 그를 짓누르던 죄책감은 더 이상 설 자리를 잃었고, 대신 질서 안에 바로 선 사람에게서만 나타나는 평안이 그의 얼굴에 자리 잡았다. 다섯째 계명은 이제 리안에게 무거운 부담으로 작용하는 명령이 아니라, 말씀이 자신의 삶의 중심에 놓여 있는지를 확인해 주는 분명한 기준이자 증거로 인식되고 있었다.

정원에 고요한 바람이 지나갔다. 리안의 마음에도 잔잔한 평안이 스며들었다. 그것은 단순한 감정의 위로가 아니라, 질서를 깨달은 자만이 누릴 수 있는 진리의 쉼이었다.

제 9 장

제6계명
『너는 살인하지 말라』

시간이 흐르며 해는 서서히 기울었고, 정원 안에는 길어진 그림자가 고요히 드리워지고 있었다. 나무 그늘에서 성주는 십계명이 담긴 작은 두루마리를 손에 들고 있었다. 두루마리는 바람이 스칠 때마다 가볍게 흔들렸고, 그 모습은 마치 보이지 않는 생명이 조용히 숨 쉬고 있는 듯했다.

리안은 성주의 곁에 앉아 있었다. 그의 눈에는 다음 계명의 뜻을 알고자 하는 갈망이 담겨 있었고, 말투에는 조심스러운 진지함이 배어 있었다.

"성주님, 지금까지의 말씀을 들어보면 여섯째 계명도 단순히 사람의 목숨을 빼앗는 일을 금하는 말씀은 아닌 것 같네요. 말씀의 질서 안에서 본다면, 살인은 단지 육신의 생명을 해치는 것이 아니라, 생명의 본질이 되는 하늘의 말씀을 훼손하는 일이 되겠네요."

성주는 리안이 이미 말의 방향을 이해하고 있음을 알아차린 듯, 작게 고개를 끄덕였다. 그리고 고요하지만 흐트러짐 없는 눈빛으로 리안을 바라보며 낮은 목소리로 말을 이었다.

"그렇다네, 리안. 하늘의 계명은 언제나 사람 사이에서 드러난 행위를 그 자체로 판단의 기준 삼지 않네. 먼저 그 행위가 어디를 향하고 있는지, 무엇을 건드리고 있는지를 묻지. 이런 관점에서 보면 여섯째 계명도 같은 방식으로 주어진 계명이라네. 이 계명은 인간의 행위를 겉모양으로 나누고 분류하려는 말씀이 아니라, 그 행위가 하늘의 질서와 생명을 어떻게 대하고 있는지를 드러내는 자리에서 이해되어야 하네. 다시 말해, 하늘의 말씀을 대적하고 하늘에서 비롯된 생명을 훼손하고 죽이는 모든 일을 가리키는 것이지. 그래서 이 계명은 눈에 보이는 폭력의 문제를 넘어서, 생명의 근원을 건드리는 일을 다루고 있는 것이네."

그는 잠시 시선을 정원 바닥으로 내렸다가, 손에 들고 있던 두루마리를 가볍게 만지작거렸다. 그리고 다시 리안을 바라보며 말을 이었다.

“이 점은 십계명이 어떻게 시작되는지를 보면 분명해지지. 하늘의 신께서는 계명을 하나씩 말씀하시기 전에 먼저 이렇게 선포하셨네. ‘나는 너희를 애굽에서, 종 되었던 집에서 인도하여 낸 하늘의 신이라.’ ”

성주는 잠시 말을 멈췄다. 마치 그 문장이 스스로 자리를 잡을 시간을 주는 듯했다.

“이 선언은 계명이 사람들 사이의 규칙이나 윤리로 주어진 것이 아니라는 사실을 먼저 밝히는 말이지. 계명은 ‘이렇게 살아라’ 는 요구로 시작되지 않았네. 하늘의 신께서 이미 구원을 베푸셨다는 사실을 드러내는 선언으로 시작되었지.”

그는 두루마리를 접어 무릎 위에 올려두고, 다시 말을 이었다.

“모든 법과 계명은 그것이 누구에게서 나왔는지를 떠나서는 이해할 수 없네. 어떤 나라의 법은 그 나라의 질서와 권위를 중심으로 만들어지고, 그 법은 그 나라와의 관계 안에서 의미를 가지지. 왕이 있는 나라라면, 그 법은 왕의 통치와 뜻을 중심으로 서 있네.”

성주는 고개를 조금 들어 정원 너머를 바라보다가 다시 리안을 향했다.

"마찬가지로, 어떤 개인에게서 나온 규칙과 요구는 그 개인과의 관계 속에서 주어지는 것이네. 그 사람을 떠나서는 그 규칙의 본래 뜻이 남아 있을 수 없지. 십계명도 그러하네. 이 계명들은 공중에 떠 있는 도덕 규범이 아니라, 먼저 자신을 드러내신 하늘의 신에게서 나온 말씀이지. 그러므로 이 계명들은 인간 사회의 행동을 교정하기 위한 규칙이 아니라, 구원을 베푸신 하늘의 신과의 관계를 어떻게 대하고 있는지를 드러내는 계명이라네."

그는 잠시 말을 멈췄다가, 그 선언이 의미하는 바를 차분히 풀어갔다.

"그러므로 이 계명들은 인간 사회의 질서를 정리하려는 말씀이 아니네. 이 계명들은 모두 구원을 베푸신 그 하늘의 신을 대적하며 관계를 깨뜨리는 일을 금기한 것이지. 다시 말해, 하늘로부터 온 질서와 생명을 거스르는 일을 막기 위한 법이라네."

성주는 목소리를 조금 낮추며 말을 이었다.

"이 구조 안에서 여섯째 계명을 보아야 하네. 여섯째 계명은 사람과의 관계 안에서 어떤 행위를 겉으로 분류하려는 말씀이 아니네. 그것은 하늘로부터 온 생명을 어떻게 대하느냐를 묻는 계명이지. 말씀은 곧 생명의 근원이네. 그러므로 그 말씀을 훼손하고 파괴하는 일은 단순한 불순종으로 끝나지 않네. 그것은 곧 하늘을 향한 대적이 되고, 그 자리에서 살인이 드러나게 되는 것이지."

성주는 말을 이어가듯, 자연스럽게 한 사건을 꺼냈다.

"이 점을 가장 분명하게 보여주는 일이 여리고에서 있었던 아간의 사건이라네. 아간은 누구에게도 칼을 들었던 사람이 아니었지. 사람을 직접 해친 적도 없었고, 겉으로 보기에 피 흘린 흔적도 없었네. 그런데도 하늘의 신께서는 그와 그에게 속한 모든 자들을 죽이라는 명령을 내리셨지. 이 심판은 겉으로 드러난 행위 때문이 아니라, 그가 하늘을 대적하는 근원적인 죄를 범했기 때문이네."

그는 이해를 돕듯 차분하게 설명을 덧붙였다.

"여리고가 무너질 때, 하늘의 신께서는 그 성에서 얻은 것들을 누구의 소유로도 삼지 말고 모두 하늘께 바치라고 하셨네. 금이나 은, 값나가는 물건들까지도 예외가 아니었지. 그것들은 전쟁의 전리품이 아니라, 하늘의 신께 속한 것으로 정해진 것이었네."

성주는 리안을 바라보며 조용히 말을 이었다.

"하지만 아간은 그 가운데 일부를 몰래 숨겼네. 겉옷 하나와 은과 금을 자기 장막 아래에 감추고, 아무 일도 없었던 것처럼 돌아왔지. 겉으로만 보면 작은 욕심처럼 보였을지도 모르네. 그러나 그 행동은 단순한 탐욕이 아니라, 하늘의 신께서 분명히 하신 말씀을 자기 판단으로 무너뜨린 선택이었네."

그의 목소리는 여전히 낮고 차분했다.

"이처럼 그의 죄는 단순히 물건을 취한 데 있지 않았네. 그보다 앞서, 하늘의 신께서 분명히 하신 말씀을 자기 판단으로 무너뜨린 데 있었지. 다시 말해, 자신의 중심에서 하늘의 말씀을 밀어내고 제거한 것이네."

성주는 그 말의 의미를 이어서 풀어갔다.

"말씀은 생명이네. 그러므로 그 말씀을 가볍게 여기고 삶의 중심에서 걷어내는 순간, 그는 이미 하늘의 신과의 관계를 스스로 끊어낸 것이지. 그래서 아간의 사건은 단순한 도둑질의 문제가 아니라, 말씀에 대한 살인의 사건으로 드러나는 것이네."

그는 잠시 숨을 고른 뒤, 그 결과를 분명히 했다.

"이 때문에 하늘의 신께서 아간과 그에게 속한 자들을 심판하신 것이네. 심판이 먼저 있었던 것이 아니라, 관계의 파기가 먼저 일어났기 때문이지. 사람이 먼저 하늘의 신의 말씀을 중심에서 제거했고, 그에 대한 판단이 뒤따른 것이네."

성주는 맥락을 더 또렷하게 짚었다.

"만일 어떤 사람이 사람 사이의 관계에서 도둑질을 했다면, 그 일은 하늘의 율법에 따라 보상이나 배상의 문제로 끝났을 것이네. 그러나 아간의 경우는 달랐지. 그는 단지 사람의 것을 훔친 것이 아니라, 자신에게 구원을 베푸신 영원하신 하늘의 신과의 관계 자체를 깨뜨린 것이네. 그렇기 때문에 용서를 받을 수 없었던 것이네."

그는 이야기를 다시 계명의 자리로 돌려놓았다. 지금까지 나눈 모든 설명이 결국 여섯째 계명이 무엇을 묻고 있는지로 향하고 있음을 분명히 하려는 듯했다.

"그러므로 여섯째 계명도 바로 이 자리에 서 있네. 칼을 들고 사람을 죽였느냐의 문제를 묻기 이전에, 하늘의 신의 생명의 말씀을 어떻게 대했느냐를 묻는 계명이지."

리안은 한동안 아무 말 없이 그 말을 되새겼다. 아간의 선택이 겉으로 드러난 행동의 문제가 아니라, 말씀을 삶의 중심에서 밀어내고 제거한 일이었다는 사실이 마음에 깊이 남아 있었다. 여섯째 계명이 묻고 있는 기준이 점점 분명해지자, 그는 조심스럽게 자신의 이해를 말로 꺼냈다.

"그렇다면 … 아간이 말씀을 제거한 것이 문제였다면, 누군가 하늘의 말씀을 대적하며 그 말씀을 미워하거나, 조롱하거나, 모욕하는 말도 그 말씀을 훼손하는 일이 될 수 있다는 말이군요? 그리고 말씀을 중심에 둔 믿음의 사람의 중심 때문에 그를 대적하는 것도 결국 말씀을 대적하고 훼손하는 일이 되겠네요."

성주는 천천히 고개를 끄덕였다.

"그렇다네. 하늘의 눈은 사람의 눈과 같지 않다네. 그분은 겉으로 드러난 행동만 보시는 분이 아니시지. 하늘의 신께서는 그 사람의 중심에서 말씀이 어떤 자리에 놓여 있는지를 보신다네."

그는 리안의 질문을 다시 여섯째 계명의 자리로 곧바로 연결했다. 여섯째 계명이 무엇을 살인이라 부르고 있는지 분명히 하려는 듯했다.

"그래서 여섯 번째 계명에서 말하는 살인은 단지 눈에 보이는 행동만을 가리키는 것이 아니네. 그보다 먼저, 하늘의 말씀을 어떻게 대하고 있는지가 드러나는 자리이지. 하늘의 말씀을 대적하는 마음에서 나온 미움의 말 한마디만으로도, 그 사람이 하늘의 신을 어떻게 대하고 있는지가 드러나네. 그리고 바로 그 말 한마디만으로도 말씀의 생명은 훼손될 수 있지."

성주는 잠시 말을 멈췄다가, 더 낮은 음성으로 덧붙였다.

"하늘의 신은 그런 일을 결코 가볍게 여기지 않으신다네. 그래서 하늘의 아들께서도 이렇게 말씀하신 것이지. '하늘의 신을 믿는 이 작은 자 중 하나라도 실족하게 하는 자는, 차라리 연자맷돌을 목에 메고 깊은 바다에 던져지는 것이 낫다' 고 말일세."

그는 그 말씀의 의미를 분명히 했다.

"여기서 말하는 '실족하게 한다' 는 것은 단순히 넘어지게 한다는 뜻이 아니네. 그것은 대적한다는 의미를 담고 있지. 곧 진리를 미워하는 마음으로 믿음을 가진 자, 그 중심에 말씀이 있는 자를 흔들고 밀어내는 모든 행위를 가리키는 것이네. 하늘의 신은 그런 일들을 결코 가볍게 넘기지 않으신다네."

성주는 잠시 말을 멈췄다가 조용히 덧붙였다. 지금까지 나눈 이야기가 이미 하늘의 아들이 하신 말씀 안에 담겨 있다는 것을 짚어 주려는 듯했다.

"자네도 알고 있지 않나. 하늘의 아들께서 산상수훈에서 하신 말씀 말이네. '형제에게 라가라 하는 자마다 공회에 잡히게 되고, 미련한 놈이라 하는 자는 지옥 불에 들어가게 되리라.' 그 말씀은 단순히 육신의 형제에게 예의를 지키라는 경고가 아니었지. 하늘의 아들은 이미 그 자리에서 이렇게 밝히셨네. '형제를 미워하는 자마다 살인한 자니 …' ”

그의 눈빛이 한층 깊어졌다.

“여기서 말하는 형제는 혈육의 형제를 뜻하지 않네. 그 형제는 먼저 말씀이시며, 동시에 그 말씀이 심겨진 자를 가리키는 말이지. 하늘의 신께로부터 난 생명의 자녀 안에는 말씀이 있고, 그 말씀은 하늘의 신께서 직접 심으신 것이며 하늘의 생명이 된다네. 그러므로 누군가 그 말씀을 미워하여 욕하고, 조롱하며, 꺾으려 한다면, 그것은 감정의 문제로 끝나지 않지. 그 순간 그는 생명을 대적하는 자가 되고, 살인의 자리에 서게 되는 것이네.”

성주는 잠시 숨을 고른 뒤, 그 말씀의 의미를 한 단계 더 깊이 풀어갔다.

“그래서 하늘의 아들께서 또 이렇게 말씀하신 것이네. '형제와 함께 제단에 예물을 드리려 할 때, 그 형제에게 원망 들을 만한 일이 생각나거든 먼저 가서 화해하라.' 이 말씀에서 중요한 것은, 그 형제가 어떤 사람이냐는 점이지.”

그는 고개를 들어 리안을 바라보며 차분히 설명을 이어갔다.

“여기서 말하는 형제는 같은 죄를 범한 형제가 아니네. 오히려 그 형제는 죄가 없는 자였지. 그가 죄가 없었다는 사실은, 그가 자신을 미워한 이를 심판자에게 고발했다는 점에서 드러나네."

성주는 그 이유를 분명히 했다.

"하늘의 아들께서는 이 형제를 단순한 인간 관계의 대상으로 말씀하지 않으셨네. 곧이어 이렇게 말씀하셨지. '너를 고발하는 자와 함께 길에 있을 때에 급히 용서를 구하라. 그가 너를 재판관에게 넘겨주고, 재판관이 관원에게 넘겨주면 옥에 갇히게 될 것이다.' 이 말씀은 그 형제가 거짓으로 고발하는 자가 아님을 전제로 하고 있네."

그의 목소리가 조금 더 또렷해졌다.

"여기서 그 형제는 고발자로 등장하지만, 동시에 심판자의 친구로 드러나지. 그는 자기 뜻으로 말하는 자가 아니라, 심판자의 말을 알고 있으며 그 뜻을 함께하는 자였네. 그래서 그의 말은 곧 심판자의 말이 되고, 그를 거스르는 것은 결국 심판자 자신을 거스르는 일이 되는 것이지."

성주는 잠시 말을 멈췄다가, 그 의미를 하나로 묶었다.

"그러므로 하늘의 아들께서 말씀하신 화해는 감정의 중재나 인간적인 타협을 뜻하지 않네. 그 형제와 화해하라는 것은,

하늘로부터 내려온 형제와 화해하라는 뜻이지. 길에서 그 형제의 말을 듣고 합의하라는 것은, 아직 심판이 집행되기 전에 하늘의 신의 뜻에 응답할 수 있도록 주어진 마지막 은혜의 자리였네. 그래서 제단에 예물을 드리는 것보다 그 형제와 화해하는 일이 더 중요하다고 하신 것이네. 아무리 제사와 헌신을 쌓아도, 하늘로부터 내려온 말씀, 곧 심판자의 친구를 대적한 채로는 결코 하늘의 심판을 피할 수 없기 때문이지. 이것이 복음이라네."

리안은 말없이 고개를 끄덕이며 그 뜻을 마음속에서 되새겼다. 이제 그는, 진리를 가진 형제를 미워하는 일이 단순히 사람 사이에서 생겨난 감정의 충돌이 아니라는 사실을 분명히 인식하고 있었다. 그것은 사람을 향한 미움처럼 보이지만, 실상은 그 사람 안에 있는 말씀을 향한 거부였고, 결국 그 말씀이 품고 있는 생명을 향한 훼손이었다. 미움은 감정에서 시작되는 듯 보이지만, 그 뿌리는 진리를 받아들이지 않으려는 태도에 있었고, 그 끝은 생명을 부정하는 자리로 이어지고 있었다.

잠시 침묵이 흘렀다. 리안은 성주의 말들을 마음속에서 차근차근 정리하다가, 마침내 자신이 도달한 결론을 조심스럽게 입 밖으로 꺼냈다.

"그렇다면 하늘의 아들께서 산상에서 하신 말씀들, '형제를 미워하면 이미 살인한 자다' '형제에게 욕하면 지옥 불에 들어가게 된다' 는 그 말씀에서 말하는 형제는 … 단순히 함께 살아가는 사람을 뜻한 것이 아니었군요. 결국 그 형제는 하늘의 아들이신 하늘의 말씀 자체를 가리키는 것이었군요."

그의 말은 질문이라기보다 확인에 가까웠다. 성주의 얼굴에 조용한 미소가 번졌다.

"맞네. 그분은 진리로 이 세상에 형제로 오신 분이지. 그래서 그분은 말씀이시며, 동시에 생명이시네."

성주는 그 말을 조금 더 풀어 설명했다.

"그분이 형제로 오셨다는 것은, 진리가 추상적인 교리가 아니라 사람의 자리로 내려왔다는 뜻이네. 그러니 그분을 대하는 태도는 곧 진리를 대하는 태도이고, 그분을 미워하는 것은 곧 생명을 거부하는 일이 되는 것이지."

그는 잠시 말을 고른 뒤, 한층 분명한 어조로 덧붙였다.

"그분은 심판자의 친구로 오셨네. 심판자의 뜻을 알고, 그 뜻을 증언하는 분으로 말일세. 그래서 장차 그분을 대적한 모든 것에 대해 고발하실 뿐 아니라, 그분 자신이 심판의 기준으로 서시게 되지. 그러니 그분을 미워하고 대적하는 일은, 결코 한 인간을 거스르는 수준에서 끝나지 않네. 그것은 말씀 자체를 대적하는 일이 되고, 생명의 근원을 거부하는 일이 되는 것이지."

성주는 리안을 바라보며 조용히 말을 이었다.

"자네가 이 말씀의 깊은 자리를 온전히 아는 때는 자네가 마지막 성, 곧 진리의 성에 이르러 말씀과 하나가 될 때일 걸세. 그때는 이 말씀이 더 이상 외부의 가르침으로 들리지 않을 것이네. 그 말씀이 레마가 되어 자네 안에서 살아 움직이며, 직접 자네에게 말씀하실 것이지."

리안은 자신도 모르게 손을 모으고 고개를 숙였다. 그 순간, 지나온 시간들이 하나씩 떠올랐다. 그는 얼마나 쉽게 진리의 말씀을 자신의 기준으로 판단했고, 말로 그 말씀을 가볍게 다뤘으며, 때로는 자신의 이해에 맞지 않는다는 이유로 그 말씀을 꺾으려 했던가. 그리고 만일 그가 대적하고 판단했던 사람들 안에 말씀이 심겨져 있었다면, 그는 단지 무례했던 것이 아니라, 말씀을 향해 손을 들었던 자, 생명을 향해 칼을 겨눈 자의 자리에 서 있었음을 비로소 깨닫고 있었다.

그 고요한 자각 속에서 리안은 자신이 어디에 서 있었는지를 또렷이 보게 되었다. 그는 작은 목소리로, 더 이상 피할 수 없는 고백을 꺼냈다.

"나는 진리를 내 기준으로 판단했으니 … 하늘의 신께서 보시기에는 이미 살인의 자리에 있었겠네요."

그의 말은 두려움에서 나온 것이었지만, 동시에 스스로를 속이지 않는 진실한 고백이었다. 성주는 그 고백을 듣고도 즉시 대답하지 않았다. 대신 말없이 그의 어깨에 손을 얹었다. 그 손길에는 잘못을 단정하는 정죄가 아니라, 이미 마음이 꺾인 사람을 향한 이해와 기다림이 담겨 있었다.

잠시의 침묵 뒤에 성주가 입을 열었다. 그는 리안이 무엇을 두려워하고 있는지, 그리고 그 두려움이 어디에서 비롯되었는지를 정확히 알고 있는 듯 보였다.

"하지만 자네는 지금 회개하고 있네. 회개란 도덕적으로 완벽하게 살겠다는 결단이 아니네. 자신의 중심의 방향에서 진리를 향해 돌이킨다는 의미지. 진리를 듣게 되었고, 그 진리를 사랑하기 시작했다는 것, 그리고 그 진리를 향해 걸어가고 있다는 것, 그것이 회개의 시작이지."

성주는 리안이 걸어온 길과 앞으로 가야 할 길을 하나의 흐름으로 엮듯 말을 이었다.

"자네가 한때 심판자의 친구를 미워했다면, 지금은 그 친구와 화해하러 가는 길 위에 서 있는 것이네. 그러니 이 길은 사람과의 화해를 위한 길이 아니라, 하늘의 진리와의 화해를 위한 길이고, 말씀을 향한 길이며, 생명이 다시 회복되는 여정이라네."

바람이 잠시 멎은 듯 고요가 흘렀다. 리안은 깊게 숨을 들이쉬었다. 이제 그는 여섯째 계명이 단순히 '어떤 행동을 하지 말라' 는 규칙이 아니라는 것을 분명히 이해하고 있었다. 그것은 진리의 생명을 어떻게 대하느냐를 묻는, 하늘의 판단이었다.

성주는 잠시 리안을 바라보다가, 그 이해를 더 분명히 하기 위해 한 예를 들었다.

"만약 이 계명을 단지 육신의 살인을 금하는 말로만 이해했다면, 사울은 이렇게 말했을 것이네. '하늘의 신께서 살인하지 말라 하셨기에, 내가 아각을 죽이지 않았나이다.' 그러나 그는 그런 말을 하지 않았지. 왜냐하면 그 계명이 그보다 훨씬 깊은 뜻을 가진다는 것을 이미 알고 있었기 때문이라네."

그는 말을 멈추지 않고 이어갔다.

"이스라엘 백성들도 마찬가지였네. 가나안의 백성들을 진멸하라는 명령을 받았을 때, 만약 '살인하지 말라' 는 계명을 육신의 죽음으로만 이해했다면, 그들은 그 일을 감당하지 못했을 것이네. 그러나 그들은 알고 있었지. 그 계명의 본질은 '하늘의 말씀을 거스르지 말라' 는 뜻이라는 것을 말일세."

성주는 조금 더 쉽게 풀어 설명했다.

"결국 여섯 번째 계명은 하늘의 생명을 막고, 왜곡하고, 대적하는 것이 있다면, 그것을 제거함으로써 하늘의 생명이 다시 흐르게 하는 것, 그것이 하늘의 뜻이었네. 그러니 하늘의 신을 사랑했던 그들은 주저하지 않고 가나안을 정복했던 것이지."

그는 리안의 눈을 바라보며 마지막 예를 들었다.

"아브라함도 마찬가지였네. 그는 자기 아들을 죽이려 했던 것이 아니네. 생명의 주인이 누구인지 알았기 때문에, 그 아들을 다시 하늘께 돌려드리려고 했던 것이지. 이처럼 '살인하지 말라' 는 계명이 사람들과의 관계 안에서 살인 금지가 아니라, 하늘의 신과의 관계를 깨뜨리는 살인을 금지한 것이지. 그러므로 '살인하지 말라' 는 계명은 사람을 해치지 말라는 도덕적 규칙이 아니네. 그것은 하늘의 생명을 거스르지 말고, 그 생명을 대적하는 어떤 태도와 행위도 취하지 말라는 뜻이지. 하늘의 생명은 육신의 생명보다 높고, 그 생명을 존중하는 것이 곧 하늘의 뜻에 순종하는 길이라네."

리안은 고개를 숙였다. 마음속을 가득 채우던 혼란이 조금씩 가라앉고 있었다. 여섯째 계명의 의미가 이제는 분명했다. 그것은 사람과의 관계 안에서 피를 흘리지 말라는 명령이기 이전에 하늘의 생명을 어떻게 대할 것인가를 묻는 질문이었다. 그리고 그는 그 질문 앞에 이제야 정직하게 서고 있었다.

바람은 여전히 조용히 불고 있었고, 리안의 가슴속에는 그 계명이 조용히 그러나 날카롭게 새겨지고 있었다. 그 침묵 속에서, 계명은 명령이 아니라 깨달음으로 스며들고 있었다. 잠시 후 성주는 조용히 두루마리를 펼치며 말을 이었다.

"말씀은 그 자체로 생명이네. 요한은 태초에 말씀이 계셨고, 그 말씀이 생명이라 했지. 그러니 누군가 그 말씀을 변형하거나 왜곡하여 그 말씀을 훼손한다면, 그것은 단지 해석의 오류가 아니라 하늘의 생명의 흐름을 끊는 행위요, 곧 그것은 말씀을 살해한 것이라네."

리안은 잠시 아무 말 없이 고개를 끄덕였다. 앞서 들은 말들이 하나로 이어지며 정리되고 있었다. 말씀은 단순한 교훈이나 사상이 아니라, 하늘로부터 온 생명의 인격이라는 사실이 분명해지자 그는 조용히 입을 열었다.

"말씀이 생명의 인격이시기에, 그 말씀을 왜곡시키는 것은 단지 잘못된 해석의 문제가 아니라, 생명이 흘러오는 통로 자체를 끊어버리는 일이라는 말씀이군요."

성주는 미소를 지으며 고개를 끄덕였다.

"그렇다네. 그래서 예레미야도 말했지. '내 말이 불같지 아니하냐? 바위를 부수는 방망이 같지 아니하냐?' 고 말일세. 말씀은 스스로 살아 있고, 스스로 능력이 있어 거짓을 부수는 방망이와 같네. 그러나 문제는 그 말씀이 아니라, 그 말씀을 대하는 사람의 태도라네. 사람들이 그 말씀을 정으로 깎고 망치로 다듬어 자기 관념과 사람들의 기호에 맞추려 하지. 그렇게 되면 그 말씀은 더 이상 생명의 불도, 진리의 방망이도 아니게 되네."

리안은 앞선 설명이 마음속에서 하나로 맞물리는 순간을 느끼며 숨을 멈춘 채 말했다.

"그래서 사람들이 자기 기준으로 깎고 다듬은 말씀이 … 결국 말씀이라는 이름만 남고, 생명은 빠져나간 껍데기가 되는 거군요. 겉모습은 그대로인데, 안에는 더 이상 생명이 흐르지 않는 상태 말이에요."

성주는 그 말에 고개를 끄덕이며 차분하게 이어갔다.

"그렇네. 사람들이 하늘의 말씀을 자기 이해와 기호에 맞게 조각하는 순간, 하늘의 신께로부터 흘러오던 생명의 통로는 끊기게 되지. 말씀이 왜곡된다는 것은 단순히 의미가 달라진다는 뜻이 아니라, 말씀의 인격이 상처 입고 피를 흘린다는 말이며, 생명이 흘러갈 길이 막힌다는 뜻이네."

그는 말을 멈추지 않고 논리를 이어갔다.

"사람들에 의해 조각된 말씀은 겉으로는 여전히 그럴듯하고 경건해 보일 수 있지. 그러나 그 안에는 더 이상 하늘의 생명이 없네. 그런 말씀은 살아 있는 말씀이 아니라, 죽은 말일 뿐이네."

성주는 그 결과가 무엇인지 분명히 했다.

"그래서 그런 말씀을 전하는 자는 겉으로는 말씀을 가르치는 교사처럼 보이지만, 실제로는 영혼을 살리는 자가 아니라 영혼을 죽이는 자가 되지. 하늘의 아들께서 바다와 육지를 두루 다니며 교인 하나를 얻어, 그를 자기보다 더한 자로 만드는 자들을 책망하신 이유가 바로 여기에 있네. 그들이 저주를 받은 것은 생명이 없는 말씀을 전하며, 사람들을 하늘의 생명에서 더 멀어지게 만들기 때문이지."

리안은 그 말을 듣는 순간 더 이상 말을 잇지 못했다. 말씀을 왜곡하는 일이 단순한 가르침의 실수나 표현의 문제를 넘어서, 생명의 흐름을 차단하고 영혼을 죽이는 일일 수 있다는 사실이 그의 마음에 무겁게 내려앉았기 때문이다.

그는 말없이 고개를 숙인 채, 자신의 지난 신앙생활을 떠올렸다. 이전에 의지했던 말들, 감동을 받았던 설교들, 사람을 중심에 두고 위로와 공감을 앞세웠던 교훈들이 머릿속을 스쳐 지나갔다. 그 말들 가운데에는 죽은 것을 도려내고 하늘의 생명을 심어 주는 말씀이 아니라, 사람의 감정과 기분을 달래는 말들만 남아 있었다는 사실이 점점 분명해졌다. 하늘의 생명은 자라지 않았고, 대신 사람 중심의 위로만이 쌓여 있었음을 깨닫자 그의 가슴은 점점 무거워졌다.

그 침묵 속에서 성주는 말을 이어갔다.

"히브리서에 기록된 것처럼 하늘의 말씀은 살아 있고 활력이 있어 좌우에 날선 검보다 예리하다네. 혼과 영, 관절과 골수를 찔러 쪼개며, 마음의 생각과 뜻을 판단하시지."

성주는 그 말씀의 성격을 차분히 풀어 설명했다.

"말씀은 본래 사람을 위로하기 전에 먼저 드러내고 무너뜨리는 성질을 지니고 있네. 숨겨진 것을 밝히고, 잘못 세워진 중심을 베어 내는 것이지. 그런데 사람이 그 말씀을 자기 기준에 맞게 손질하고 무디게 만든다면, 그 순간 말씀은 더 이상 생명으로 역사하지 못하게 되네. 그래서 중심이 무너지지 않은 사람은 말씀을 사람이 다루고 가공하려 들고, 그것이야말로 말씀을 죽이는 행위요, 곧 살인이 되는 것이네."

리안은 고개를 들지 못한 채 속삭이듯 물었다.

"그런데도 왜 그렇게 많은 이들이 말씀을 훼손시키는 걸까요?"

리안의 물음에 성주는 잠시 눈을 감았다가, 다시 고개를 들며 조용히 입을 열었다.

"그것은 사람이 자기 마음이 이미 완전히 타락해 있다는 사실을 보지 못하기 때문이라네. 사람은 여전히 자기 기준과 이성, 지식을 붙들고, 자기 지혜로 하늘의 말씀을 이해하려 하지. 하지만 인간의 이해라는 그릇 안에 하늘의 지혜의 말씀이 그대로 담길 수 있겠는가. 그렇게 하려는 순간, 말씀은 더 이상 말씀으로 남지 못하고 사람의 손에서 잘려 나가고 해체되고 마는 것이지."

그는 잠시 말을 고른 뒤, 같은 흐름으로 차분히 이어갔다.

"반대로, 자신이 완전히 타락했음을 인정하고, 하늘의 말씀의 검 앞에서 자기 안에 자리 잡은 타락한 내면의 법이 무너질 때에는 상황이 달라지네. 그때 하늘의 말씀은 손대지 않은 그대로 그 사람의 중심에 들어오게 되지. 그 순간 말씀은 사람을 중심에 세우지 않고, 하늘의 신을 중심에 세우게 되네. 이것이 바로 생명이 임하는 원리라네."

성주는 이유를 더욱 분명히 하듯 말을 덧붙였다.

"그러나 자기 안의 내면의 법이 그대로 살아 있는 상태에서는, 사람에 의해 하늘의 말씀은 반드시 훼손되게 되어 있네. 자기의 법 안으로 말씀을 끌어들이려면, 그 말씀을 해체하고 잘라내는 수밖에 없기 때문이지. 그래서 자기의 법이 무너지지 않은 사람에게서 하늘의 말씀은 언제나 생명으로 역사하지 못하고, 결국 사람이 가공해 낸 말로 남게 되는 것이네."

성주는 천천히 리안을 바라보며, 앞선 말의 흐름을 정리하듯 말을 이었다.

"이렇듯 우리의 이해가 해체되고, 우리의 지식과 지혜가 무너져야만 하늘의 말씀은 생명의 인격 그 자체로 우리 안에 들어올 수 있네. 그러나 사람들은 여전히 자기 지식으로 말씀을 해석하고, 자기 이해로 그 뜻을 판단하려 하지. 그 순간 말씀은 더 이상 하늘에서 오는 생명이 아니라, 사람이 소유하고 다룰 수 있는 대상으로 바뀌게 되네. 그렇게 되면 말씀은 잘려 나가고, 그 안에 흐르던 생명의 통로는 끊어지고 말지."

그는 잠시 말을 고른 뒤, 그 결과가 무엇으로 드러나는지를 분명히 짚었다.

"바로 이렇게 말씀을 다루는 자들이 거짓 교사들이네. 그들은 타락한 사람들과 어울리며 사람들의 칭찬과 인정을 받지. 그러나 그들이 누리는 영광은 말씀에게서 난 것이 아니라, 사람에게서 난 영광일 뿐이네. 그래서 그들은 하늘의 말씀을 자기 의에 맞게 계속 해체하고 훼손하며, 결국 그 말씀 안에 있던 생명을 빼앗아버리지."

성주는 그들의 상태를 드러내듯 말을 이었다.

"그러면서도 그들은 자신들이 진리를 전하고 있다고 믿고, 사람들 앞에서 빛처럼 행세하지. 그러나 그 빛은 하늘에서 온 빛이 아니라, 사람의 눈에만 좋아 보이는 거짓된 빛일 뿐이네."

그는 하늘의 아들께서 하신 말씀을 떠올리듯 낮은 목소리로 덧붙였다.

"그래서 하늘의 아들께서도 이렇게 말씀하신 것이네. '모든 사람이 너희에 대해 좋게 말할 때에 너희에게 화가 있을지어다! 그들의 조상들이 거짓 대언자들에게 그렇게 행하였느니라.' 이처럼 사람에게서 오는 칭찬을 기뻐하는 순간, 그들은 이미 말씀의 생명을 놓치고 사람의 영광을 택한 자리에 서 있게 되는 것이네."

그 말을 들으며 리안은 잠시 숨을 고른 뒤, 자신이 이해한 바를 차분히 정리해 말로 꺼냈다.

"결국 말씀을 왜곡하는 건 단지 설교자들이나 신학자들의 지적 능력의 문제가 아니군요. 그들이 무너지지 않은 상태에서 하늘의 말씀을 해석하려는 것이 문제네요. 그래서 말씀의 인격에서 흘러나오는 생명을 해체하고, 말씀을 윤리적 규범이나 신학적 개념으로 바꾸어 버림으로써, 누군가의 영혼이 살 수 있는 길 자체를 막아버리는 일이 된다는 뜻이군요."

성주는 리안의 말을 가만히 바라보다가, 그 이해가 핵심을 향해 가고 있음을 확인하듯 천천히 고개를 끄덕였다. 그리고 그 말의 논리를 이어 정리하듯 조용히 말했다.

"그렇네. 하늘의 말씀은 본래 생명이네. 그러나 사람이 자기 의를 기준으로 그 말씀을 가공하는 순간, 생명은 죽음으로 바뀌게 되지. 자신의 내면의 법을 중심에 둔 채 말씀을 대하면 결국 그 말씀은 자기 의에 빠진 사람들에 의해 훼손되고, 본래 지니고 있던 생명력은 제거된 채 사람의 기호와 사람 중심의 윤리에 맞게 변형되고 마네."

그는 잠시 말을 멈추며 리안이 그 의미를 따라올 시간을 주었다. 그리고 말씀의 본래 성격이 무엇인지를 분명히 짚어 주듯 다시 말을 이었다.

"말씀은 본래 칼이 되어 먼저 자기 자신의 마음을 찌르고, 죄를 드러내며, 자기 의를 무너뜨리게 되어 있지. 그 과정이 먼저 자기 안에서 일어나야만 하네. 그렇게 자신 안에서 역사한 그 칼로, 비로소 다른 사람들 안에 자리 잡은 내면의 법까지 해체하게 되는 것이지."

성주는 여기서 잠시 호흡을 고른 뒤, 그 흐름이 왜 끊어지는지를 이어 설명했다.

"그러나 거짓 교사들은 그 칼을 제거해 버리네. 말씀을 사람을 베는 칼로 두지 않고, 스스로 부드러운 솜이나 사람을 아름답게 만드는 조형의 틀로 바꾸어 버리지. 듣기 좋은 언어로 다듬고, 사람의 감정에 맞게 포장하며, 사람을 아름다운 형상으로 만들 수 있다고 전하는 것이네."

성주의 목소리는 여전히 낮았지만, 그 말은 분명했다.

"그렇게 변형된 말씀은 이름만 말씀일 뿐, 더 이상 하늘의 신을 대적하는 인간의 근원적인 죄를 드러내지도 못하고, 영혼을 살리는 생명으로도 역사하지 못하게 되지. 그 결과 말씀은 더 이상 생명이 아니라, 위로와 종교 윤리적 규범으로만 남게 되는 것이네."

그는 잠시 눈을 감았다가, 마음속에 정리된 결론을 꺼내듯 천천히 말을 이었다.

"그러나 하늘의 말씀을 그대로 전하는 자, 곧 생명의 말씀을 훼손하지 않는 자는 반드시 미움을 받게 되어 있지. 그 이유는 그 말씀이 사람의 중심을 찌르기 때문이네. 그 말씀은 하늘의 말씀을 대적하는 죄를 드러내고, 인간의 의를 부수며, 사람이 스스로 세운 왕좌를 무너뜨리지. 그래서 말씀의 생명을 보존하며 진리를 전하는 자는 언제나 고립되고, 종교의 안전한 틀 밖으로 밀려나게 되네. 하지만 그 길이 바로 십자가의 길이며, 하늘의 생명이 흘러가는 유일한 통로라네."

그의 목소리는 차분했지만, 그 말은 리안의 가슴 깊은 곳을 울렸다. 리안은 고개를 숙인 채, 그 말들이 마음속에서 하나의 결론으로 모여드는 것을 느꼈다. 말씀은 단순히 기록된 글이 아니라, 사람의 중심을 갈라 생명을 심는 인격의 칼이라는 사실이 분명해지고 있었다. 그리고 그 수술하는 칼을 제거하거나 무디게 만드는 모든 행위가 결국 '살인하지 말라' 는 계명을 어기는 일이라는 깨달음이 조용히 자리 잡았다.

그때 성주는 다시 입을 열었다. 목소리는 낮았지만 단단했다. 그의 말은 앞서 나눈 모든 이야기를 하나의 결론으로 모아가고 있었다.

"생명의 말씀을 중심에 두고 살았던 바울이 무엇이라 말했는지 아는가. 그는 '우리는 하늘의 신의 말씀을 혼잡하게 하지 아니하고, 오직 순전함으로, 하늘의 신께 받은 그대로 말한다'고 했지. 말씀은 사람의 기준에 맞춰 편집될 대상이 아니네. 하늘의 말씀은 생명 그 자체이기에, 그것이 사람의 내면의 법과 기준에 의해 손질되고 재단되는 순간, 그 말씀은 더 이상 생명으로 역사하지 못하게 되지. 그렇게 말씀을 인간의 이해와 판단 아래 두는 행위는, 생명의 근원을 사람의 손으로 끊어 버리는 일이 되고, 바로 그 지점에서 말씀은 사람에 의해 죽임을 당하게 된다네. 이것이 하늘의 신께서 금하신 '살인하지 말라' 는 계명이 가리키는 본질이지. 그러므로 하늘의 말씀은 인간의 기준에 맞게 가공되거나 편집되어서는 안 되며, 있는 그대로 전해질 때에만 생명을 살리는 길이 되는 것일세."

리안은 그 말을 곱씹듯 낮게 중얼거렸다.

"그 말씀은 본래 사람을 살리기 위해 곧게 나아가야 하는 검이었는데, 타락한 사람들은 자신의 이해와 지식으로 그것을 사람 중심의 윤리적 규범이나 신학적 개념으로 바꿔 버린 거군요. 그래서 결국 그 말씀은 더 이상 찌르지도 못하고, 살리지도 못하게 된 거고요."

성주는 리안의 이해가 더 이상 개념의 단계에 머물러 있지 않음을 느끼고 고개를 끄덕였다. 그의 말은 확인이자 정리였다.

"맞네. 사람의 이해와 지식으로 말씀을 손대는 순간, 그것은 더 이상 생명이 아니라 죽음이 되지. 그리고 그 말씀에서 끊어진 자는 결국 자기 자신도 생명을 잃게 되네."

말씀은 본래 생명으로부터 흘러나와 사람을 살리는 것이었지만, 사람이 그것을 자신의 기준으로 재단하는 순간 그 흐름은 거꾸로 뒤집힌다. 생명을 살리던 말씀이 더 이상 생명을 공급하지 못하고, 오히려 죽음의 형식을 띠게 되는 것이다. 그리고 그렇게 변질된 말씀에 기대어 서 있는 사람 역시, 자신도 모르는 사이 생명과 분리된 자리에 서게 된다.

리안은 그 구조를 더 이상 부정할 수 없다는 듯 다시 고개를 숙였다. 그의 목소리는 낮았지만, 이미 결론에 도달해 있었다.

"결국 자신의 타락한 내면의 법으로 거룩한 하늘의 말씀을 정과 망치를 대어 조각하는 것이 생명의 흐름을 끊는 살인의 행위네요."

그 말은 질문이 아니라, 깨달음에서 나온 진술이었다. 성주는 그 고백을 놓치지 않고, 가장 근원적인 이유로 이끌었다. 그의 눈빛이 가라앉았다.

"정확하네. 하늘의 아들께서 사단을 처음부터 살인한 자라 하신 이유가 바로 여기에 있네. 사단은 아담과 하와가 하늘의 말씀을 의심하게 만들었고, 그 말씀에서 벗어나게 하여 생명에서 끊기게 했지. 말씀은 곧 생명이네. 그러니 말씀을 훼손하여 생명의 흐름을 끊어버리는 것이 곧 살인이네."

그제야 살인의 본질이 분명해졌다. 피를 흘리는 행위 이전에, 말씀을 의심하게 하고 말씀에서 떨어져 나가게 만드는 것, 그로 인해 생명과 단절되게 하는 것, 그것이 사단이 처음부터 해온 일이었고, 하늘의 아들이 말한 '살인' 의 실체였다. 리안은 이제 여섯째 계명이 단순한 윤리적 금지가 아니라, 생명을 둘러싼 가장 근본적인 경계선임을 또렷이 보고 있었다.

리안은 성주가 전한 여섯 번째 계명의 의미를 정확히 붙잡은 듯 차분하게 말했다.

"결국 여섯 번째 계명에서 말하는 살인은 육체의 피를 흘리는 윤리적 살인이 아니라, 중심이 무너지지 않은 사람들에 의해 하늘의 말씀이 훼손되어 영원한 생명을 차단하는 일이군요."

그 말에는 이제 망설임이 없었다. 성주는 리안의 이해를 확인하듯 고개를 끄덕이며 말을 받았다.

"그렇네. 오늘날 많은 강단과 교회들이 바로 그 일을 하고 있네. 먼저 타락한 내면을 그대로 둔 채, 자신의 이해와 지식으로 하늘의 말씀을 정으로 다듬고 망치로 조각하여 사람들의 마음에 들게 만들지."

그는 잠시 말을 멈췄다가, 왜 그 행위가 근본적인 문제가 되는지를 분명히 짚어 주었다.

"그러나 말씀은 만들어질 대상이 아니라, 전해져야 할 것이네. 기억하게, 리안. 사람의 이해가 해체되고, 사람의 지식과 지혜가 무너지기 전까지는 하늘의 말씀은 결코 사람의 중심에 인격으로 들어올 수 없네. 그러한 상태에서는 하늘의 말씀이 그들의 내면의 법과 충돌을 일으키게 되고, 사람은 그 말씀을 미워하게 되지. 결국 그 미움은 말씀을 훼손하는 행동으로 이어지고, 그 결과 하늘의 신께서 금하신 살인을 행하게 되는 것이네."

그 말은 비난이 아니었다. 성주는 리안을 정죄하지도, 몰아붙이지도 않았다. 다만 하나의 기준을 그 앞에 조용히 놓아두었을 뿐이었다. 그 기준 앞에서 리안은 한동안 말을 잇지 못했다. 침묵이 흐른 뒤, 그는 마침내 낮은 목소리로 입을 열었다.

"그건 … 제가 사르그에 살면서 늘 해오던 방식이었어요. 저는 제 자신의 중심이 완전히 타락했다는 것을 입으로는 고백했지만, 마음 깊은 곳에서는 받아들이지 못했고, 그러한 상태에서 말씀을 제 이해와 제 지식으로 해체해서 사람들이 듣기 좋아하는 방식으로 전했던 것 말입니다."

성주는 그 고백을 끊지 않았다. 변명도, 설명도 요구하지 않고 조용히 들었다. 잠시 후, 리안을 바라보며 단호하지만 부드러운 목소리로 말했다.

"지금은 자책할 일은 아니네, 리안. 자네는 지금 그 사실을 보고 있잖는가."

리안은 고개를 들지 못한 채 그 말을 들었다. 성주는 말을 이어갔다.

"대부분의 사람들은 자신이 껍데기를 따라 살고 있다는 것조차 보지 못하지. 말씀이 생명인지, 아니면 포장된 말인지조차 구분하지 못한 채 살아가네."

그는 잠시 숨을 고른 뒤, 분명하게 덧붙였다.

"그러나 자네는 지금 그것이 잘못되었다는 것을 알고 있네. 그 사실 자체가 이미 말씀의 생명이 자네 안에서 역사하고 있다는 증거일세."

그 말과 함께 리안이 서 있는 자리가 또렷해지고 있었다. 그는 아직 완성된 자도 아니었고, 도착한 자도 아니었다. 그러나

적어도 껍데기와 생명을 구분할 수 있는 눈을 얻은 자리에는 서 있었다.

성주는 잠시 말을 멈추고 리안을 바라보다가, 앞서 말한 계명의 의미를 더 분명히 하기 위해 말의 결을 바꾸어 조심스레 덧붙였다.

"이 계명도 첫째 계명의 뿌리와 연결되어 있네. '너는 내 앞에 다른 신들을 두지 말라' 는 말씀 말일세. 사람이 말씀을 자신의 지식과 이해로 해체한다는 것은, 이미 마음속에서 하늘의 신의 말씀보다 자기 안의 생각과 기준, 곧 내면의 법을 더 믿고 있다는 뜻이네. 그렇게 되면 말씀을 있는 그대로 받을 수 없고, 결국 자기 생각에 맞게 바꾸어 버리게 되지. 그래서 말씀을 해체하는 일은 단순한 해석의 오류가 아니라, 하늘의 생명을 제거하는 일, 곧 생명을 끊는 살인과 같은 것이네."

그는 다시금 리안을 바라보며, 방금 한 말을 여섯 번째 계명과 연결해 조용히 말을 이었다.

"이 여섯 번째 계명도 결국 첫째 계명의 한 가지가 된다네. '다른 신들을 네게 두지 말라' 는 말씀을 지키고 있는 사람, 곧 하늘의 말씀을 중심에 둔 사람만이 말씀을 결코 훼손하지 않는다네. 반대로 자신의 내면의 법을 섬기는 자는 하늘의 말씀을 반드시 훼손하고 해체하게 되어 있네. 그러니 말씀을 사랑하여 말씀을 그대로 보존하는 것이야말로, 첫 계명이 그 사람의 중심에 뿌리를 내리고 있다는 증거이자, 그 계명에서 나온 가지가 되는 것이지."

성주의 눈빛이 다시 깊어졌다. 그는 자리에서 천천히 일어나 정원 한쪽, 조그만 연못으로 걸음을 옮겼다. 리안도 아무 말 없이 그 뒤를 조용히 따라섰다.

두 사람이 천천히 정원을 거닐고 있는 사이, 낮은 어느새 끝을 향해 기울고 있었다. 나무 사이로 스며들던 빛은 점점 붉어졌고, 서쪽 하늘에는 붉은 노을이 길게 번지고 있었다. 연못 위에 비친 하늘도 함께 붉게 물들며, 바람 한 줄기가 조용히 수면을 흔들었다.

성주는 잠시 걸음을 멈추고 하늘을 올려다보았다. 노을이 숲의 끝자락까지 내려앉아 있었다. 그는 짧게 숨을 고른 뒤, 리안을 돌아보며 말했다.

"이제 날이 저물었네. 정원에서의 이야기는 여기까지 하고, 안으로 들어가도록 하지."

리안은 고개를 끄덕였다. 성주는 정원 한가운데 놓여 있던 테이블로 다가가, 그 위에 놓여 있던 그릇들과 두루마리들을 정리했다. 리안도 말없이 다가와, 남아 있던 잔과 도구들을 함께 들었다. 둘은 조심스러운 손길로 그것들을 들고 정원을 빠져나와 천천히 거실로 향했다.

제 10 장

제7계명
『간음하지 말라』

거실 안에는 창문을 통해 들어오는 저녁 노을빛이 은은하게 비추고 있었다. 나무로 된 바닥과 벽은 태양이 남긴 하루의 온기를 고스란히 머금고 있었고, 창 너머로는 아직 완전히 지지 않은 붉은 하늘이 보였다.

성주는 정원에서 가져온 그릇들을 거실과 이어진 작은 공간에 내려놓은 뒤, 거실로 들어와 리안을 향해 벽 가에 놓인 의자를 가리켰다.

"앉게."

리안이 의자에 앉자, 성주는 벽난로 쪽으로 걸어가 장작에 불을 붙였다. 이내 벽난로 위에 물을 올려놓고 차를 준비했다. 시간이 흐르자 불 위에서 물이 데워지며, 따뜻한 김이 천천히 피어올랐다. 성주는 말없이 찻잎을 잔에 담고, 끓인 물을 조심스럽게 부었다. 차향이 거실 안에 잔잔히 퍼졌다.

그는 잔 두 개를 들고 리안 맞은편에 앉아, 하나를 조용히 내밀었다. 리안은 두 손으로 잔을 받아 들었다. 따뜻한 온기가 손바닥을 타고 전해졌다.

잠시 둘 사이에는 말이 없었다. 잔 위로 피어오르는 김과, 창밖에서 천천히 어두워져 가는 하늘만이 고요하게 시간을 흘려보내고 있었다.

성주는 차를 한 모금 마신 뒤 잔을 내려놓고, 낮고 차분한 목소리로 입을 열었다.

"이제는 다음 계명으로 넘어갈 시간이네. 지금부터는 일곱째 계명에 대해 이야기해주겠네. '간음하지 말라' 는 계명 말일세."

거실 안에는 다시 고요가 내려앉았다. 바깥에서는 마지막 노을이 서서히 사라지고 어둠이 깔리고 있었고, 새로운 이야기가 조용히 시작될 준비를 하고 있었다.

그는 리안의 얼굴을 한 번 바라본 뒤, 천천히 말을 이었다.

"많은 이들이 이 계명을 육체의 부정을 금지하는 도덕적 경고쯤으로 여기지. 그러나 지금까지 말해왔듯이, 십계명은 하늘의 신께서 택한 이스라엘 백성에게 특별히 주신 계명이네. 그러므로 이 계명들은 사람과 사람 사이의 관계를 다루기 전에, 먼저 하늘의 신을 향하고 있지.

죄가 하늘의 신과의 관계에서 벗어난 상태라면, 계명 또한 하늘의 신과의 관계를 바로 세우기 위해 주어진 것이라 보아야 하지 않겠는가. 어떤 사람이 사람들과의 관계가 아무리 원만하다 해도, 하늘의 신과의 관계가 틀어졌다면 그 영혼이 구원받지 못하는 것은 당연한 일일세. 그래서 이 계명 역시 사람 사이의 행위의 겉모습을 겨냥하는 것이 아니라, 하늘의 신과의 관계가 놓여 있는 중심을 향하고 있네. 결국 이 계명은 단순한 윤리적 금지가 아니라, 말씀과 맺어진 언약의 본질을 순결하게 지키라는 명령이라네."

그는 김이 오르는 찻잔을 두 손으로 감싸 쥐고, 잠시 숨을 고른 뒤 말을 이었다.

"그래서 '간음하지 말라'는 말씀도 육체의 부정을 경계하라는 뜻에 머무르지 않네. 그것은 하늘의 말씀 외에 그 어떤 것도 마음의 자리에 두지 말라는 경고이지. 육체의 부정이 잘못되었다는 인식은 이미 타락한 인간의 내면의 법과 양심 속에도 존재하고, 거의 모든 종교와 사회의 법 안에도 있지 않겠는가. 그렇다면 하늘의 신께서 굳이 애굽에서 구원받은 이스라엘 백성들에게, 그것도 시내산이라는 특별한 자리에서 이 계명을 주신 이유는 분명하지 않겠는가."

리안을 향한 그의 시선이 잠시 머문 뒤, 목소리는 더 깊고 낮게 가라앉았다.

"이 계명에서 말하는 간음은 육체의 행위에서 시작되는 것이 아니네. 마음이 하늘의 신을 밀어내고 세상과 연합하는 순간부터 이미 시작되는 것이지. 마음이 진리 대신 세상의 사상과 철학, 이론과 논리에 조금이라도 자리를 내주기 시작하면, 그때 이미 그 마음 안에는 불순물이 스며들기 시작한 것이네."

성주는 한동안 말을 잇지 않았다. 그의 얼굴에는 가르침을 마친 사람의 여유가 아니라, 더 깊은 경고를 앞둔 이의 무게가 담겨 있었다. 그는 찻잔을 내려놓고 시선을 가라앉힌 채, 이전보다 더 느리고 분명한 어조로 입을 열었다.

"하늘의 신은 말씀으로 우리와 언약을 맺으셨네. 그런데 그 말씀이 아닌 다른 것들, 곧 세상의 사상이나 종교, 철학과 논리를 마음에 품는 순간, 사람은 이미 그 언약에서 벗어나 다른 대상과 연합하려는 상태에 들어가게 되지. 경전은 바로 그 상태를 '간음' 이라 부르네. 그것은 육체의 행위 이전에, 마음에서 시작되는 배도이며, 언약을 저버리는 내적인 음욕이지. 그러므로 이 계명은 단순한 종교 윤리의 문제가 아니라, 언약의 신실함이 생명처럼 지켜지고 있는가를 묻는 계명이라네."

리안은 잠시 숨을 고른 뒤, 조용히 되물었다.

"그러면 말씀이 아닌 다른 것을 마음에 품는 것 자체가 음욕이 되고, 그것이 곧 간음이 되는 것이군요."

성주는 고개를 끄덕이며 답했다.

"그렇다네. 경전은 언제나 간음을 육체의 행위보다 먼저, 말씀 밖의 것들을 마음에 품는 내적인 상태로 다루지. 에스겔은 그 사실을 매우 분명하게 드러냈네."

그는 잠시 말을 고른 뒤, 낮고 분명한 목소리로 덧붙였다.

"에스겔은 이스라엘이 애굽과 앗수르, 바벨론과 결탁한 일을 두고 이렇게 선포했지.

'그가 음행을 더하며 앗수르 자손을 연모하였고 … 또 그 음행을 더하여 갈대아 사람들을 연모하였느니라' 이 말은 단순한 정치적 동맹을 가리키는 것이 아니네. 그들의 마음이 그 민

족들의 신과 사상, 철학에 사로잡혔기에, 신께서는 그것을 '간음' 이라 부르신 것이지."

그는 잠시 말을 멈추고, 벽난로에서 타오르는 불길을 가만히 바라보다가 다시 입을 열었다.

"호세아서에서도 같은 말씀이 선포되었네. 신께서는 바알을 따른 이스라엘을 향해 '음행하는 아내' 라 부르셨지. 이것 역시 육체의 문제가 아니라, 마음이 먼저 하늘의 말씀을 떠났음을 드러내는 표현이네. 그러므로 경전에서 말하는 간음은 도덕적 타락이나 육체적 부정에 머물지 않네. 그것은 신의 말씀보다 다른 사상과 이념, 철학을 마음에 받아들이는 상태를 가리키며, 바로 그 지점에서 영적 배도가 시작되는 것이지. 마음이 먼저 말씀을 떠나 세상과 결합할 때, 이미 그 안에서는 음욕이 움직이고 있는 것이네."

성주는 손끝으로 찻잔의 가장자리를 가볍게 만지작거리며 조용히 말을 이었다.

"야고보도 같은 진리를 선포했네. 그는 이렇게 경고했지. '너희 간음하는 남자들과 간음하는 여자들아, 세상과 친구가 되는 것이 하늘의 신과 원수 되는 것인 줄 알지 못하느냐? 그러므로 누구든지 세상의 친구가 되고자 하는 자는 하늘의 신과 원수가 되느니라.' 이 말씀은 특정 시대만을 향한 경고가 아니라, 지금 이 시대를 향한 말씀이기도 하네."

그는 잠시 숨을 고른 뒤 말을 이었다.

"오늘날 많은 이들이 교회를 다니고 하늘의 말씀을 입으로 고백하지만, 마음의 중심은 여전히 세상의 사상과 철학, 종교적 윤리와 도덕, 인간의 논리와 욕망에 결합되어 있지. 겉으로는 말씀을 따른다고 말하지만, 실제로는 다른 기준과 가치가 마음을 지배하고 있는 것이네. 그것이 바로 마음의 음욕이며, 경전이 말하는 영적 간음이지."

성주는 고개를 숙이며 마지막으로 덧붙였다.

"결국 경전이 일관되게 말하는 간음은 단순한 도덕적 행위의 문제가 아니네. 그것은 마음이 말씀을 떠나 세상과 하나 되는 상태를 경계하는 말씀이지. 마음의 방향이 말씀의 인격 중심에서 벗어나는 순간, 영혼은 이미 다른 대상과 결합하고 있는 것이네. 이것이 에스겔이 외쳤던 경고이며, 호세아가 눈물로 선포했던 말씀이고, 야고보가 다시금 깨우쳐 준 하늘의 음성일세."

리안은 입술을 깨물며 조심스럽게 물었다.

"그러면 … 하늘의 신과의 관계에 있어서는 육체의 간음보다도, 말씀 아닌 것과 연합한 것이 더 큰 간음이라는 말씀이군요."

성주는 고개를 끄덕이며 낮은 목소리로 답했다.

"그렇다네. 육체의 간음은 피조물 사이의 관계가 무너지는 죄이지만, 세상의 사상과 간음하는 것은 하늘의 신과의 관계 자체가 깨어지는 죄라네. 사람 사이의 죄에는 중보자가 계시지만, 하늘의 신과의 관계가 끊어지는 죄 앞에서 누가 우리를 대신해 설 수 있겠는가."

그는 잠시 말을 멈췄다가, 경전의 인물들을 떠올리듯 말을 이었다.

"다윗은 분명 육체의 간음을 저질렀고, 권력을 이용해 살인을 부추기는 큰 죄도 범했지. 그러나 그는 말씀을 사랑했기에, 말씀이 자신에게서 떠나는 것을 가장 두려워했네. 그래서 그는 말씀 앞에 나아가 철저히 회개했고, 하늘의 신은 그의 통회를 받으셨지. 요한복음에 나오는 간음한 여인도 마찬가지네. 그녀는 실제로 죄를 범했지만, 하늘의 아들께서는 그 안에 말씀 중심의 믿음을 보셨고, 그녀를 정죄하지 않으셨네."

성주의 시선이 멀어지며 목소리가 더 낮아졌다.

"그런데 지금의 종교 체제 안에서는 참으로 이상한 일이 벌어지고 있네. 사람들은 육체적인 간음에는 민감하게 반응하며 서로를 쉽게 정죄하지. 하지만 세상의 사상과 철학, 말씀을 대적하는 신학과 종교 윤리를 마음에 품고 가르치는 일에는 놀라울 만큼 관대하네. 그것을 '지식' 이라 부르고, '설교' 라 포장하며, 세상의 이론을 말씀 안에 섞어 넣고도 하늘의 뜻인 것처럼 말하지."

성주는 흐름을 끊지 않은 채, 더 낮고 단호한 어조로 말을 이었다.

"그러나 경전은 그렇게 말하지 않네. 육체의 간음은 행위의 죄이기에 회개하면 용서받을 수 있지만, 마음이 세상과 간음하여 그 사상과 하나가 된 자는 배도의 자리로 들어가게 되지. 그것은 행동의 타락이 아니라, 이미 마음이 말씀을 떠나 다른 신과 연합한 상태이기 때문이네. 하늘의 신과의 언약이 끊어진 그 자리에는 더 이상 회개의 통로가 남아 있지 않지."

그는 리안을 바라보며 조용히 물었다.

"그러니 생각해 보게, 리안. 어떤 죄가 더 큰 죄가 되겠는가."

리안은 천천히 고개를 끄덕였다. 그 표정에는 놀람보다도 무거운 인식이 깔려 있었다. 육체의 죄보다 더 깊은 자리에 있는 죄, 곧 마음이 말씀을 떠나 다른 것과 결합하는 간음이 더 크다는 사실이 그의 가슴에 분명히 자리 잡고 있었다. 그는 더 이상 반박하려 들지 않았고, 억지로 이해하려 애쓰지도 않았다. 다만 자신 안에서 무엇이 무너지고 있으며, 그 무너짐이 피할 수 없는 진실이라는 것을 조용히 받아들이고 있을 뿐이었다.

그 모습을 확인한 뒤, 성주는 다시 고개를 들고 단호하게 말을 이었다.

"바로 이것이 하늘의 아들께서 사역하시던 당시 종교 지도자들이 범했던 죄였네. 그들은 겉으로는 간음하지 않았고, 율법을 말했으며, 사람들의 존경도 받았지. 그러나 그들의 마음은 이미 말씀이 아니라 세상의 사상과 사람 중심의 종교 교리, 그리고 욕망에 기초한 이론들과 결합되어 있었네."

그는 잠시 말을 멈췄다가, 의미를 분명히 하듯 덧붙였다.

"그들은 하늘의 신의 말씀을 인용했지만, 실제로는 그 말씀 안에 사람의 전통과 사상, 철학을 섞어 가르쳤지. 그리고 그것을 진리라고 주장했네. 그렇기 때문에 하늘의 아들께서는 그들을 향해 오히려 강하게 정죄하셨던 것이지."

리안은 말없이 고개를 끄덕이다가, 마음속에서 정리된 생각을 조심스럽게 입에 올렸다.

"그러면 … 하늘의 신 중심의 말씀을 사람 중심으로 세우기 위해 말씀을 해체하고 훼손한 그 자리에, 다른 사상이나 교리, 혹은 신학을 섞어 넣는 것이 곧 간음이라는 뜻이군요. 결국 십계명은 처음부터 끝까지 하늘의 신과의 관계가 중심이어야 하는데, 그것을 사람 중심, 곧 사람과의 관계 중심으로 바꾸어 버린 것도 바로 영적 간음이라는 말씀이네요."

성주는 망설임 없이 고개를 끄덕이며 답했다.

"정확하게 보았네. 말씀은 단순한 가르침이 아니라 하늘의 신의 인격이네. 그러므로 그 말씀과의 연합은 곧 신과 맺는 영적 언약이지. 그런데 그 언약 안에 사람 중심의 생각이나 이론, 혹은 신학이라는 이름의 사상을 끼워 넣는 순간, 그 언약은 더 이상 순전할 수 없게 되네."

그는 말의 무게를 더하며 이어 말했다.

"하늘의 신 중심의 말씀이 사람 중심으로 바뀌고, 그 말씀이 세상의 사상들과 섞여 하나가 되는 순간, 그것은 이미 신이 아닌 것과 연합한 상태가 되지. 바로 그것이 경전이 반복해서 경고해 온 영적 간음이며, 영적 배도라네."

성주는 말을 멈추지 않고 차분히 설명을 이어갔다.

"말씀은 배타적이라네. 말씀은 본래 순결하고 거룩하여, 어떤 오염된 것과도 함께 머물 수 없지. 그러니 '간음하지 말라' 는 이 계명은 도덕적 규범이나 종교 윤리를 말하는 것이 아니네. 그것은 마음 안에 하늘의 말씀 외에 다른 사상이나 철학, 기준을 품지 말라는 언약의 명령이지."

그는 잠시 호흡을 고른 뒤, 같은 맥락에서 말을 이었다.

"하늘의 아들께서 산상설교에서 하신 말씀을 기억하게. '여자를 보고 음욕을 품는 자마다 이미 마음에 간음하였느니라' 고 하신 그 말씀은, 행위보다 앞서 마음에서 이미 간음이 시작된다는 사실을 밝히신 것이네. 곧 하늘 중심의 말씀이 밀려나고, 그 자리에 사람 중심의 사상과 기준이 자리 잡는 순간, 이미 간음의 씨앗이 심어지는 것이지."

성주는 손에 들고 있던 찻잔을 천천히 내려놓으며 말을 이었다.

"그래서 하늘의 아들께서 말씀하신 '음욕이 곧 간음' 이라는 뜻은 하늘의 언약을 깨뜨리는 배신이며, 생명의 관계에서 끊어지는 심각한 죄를 가리킨 것이지. 그러므로 '네 손이 너로 실족하게 하거든 찍어버리라' '네 눈이 너로 범죄하게 하거든 뽑아버리라' 고 하신 말씀도 같은 맥락이네. 불구가 되더라도 천국에 들어가는 것이 낫다는 그 말씀은, 마음에 말씀 아닌 다른 것을 품지 말라는 경고이며, 이 간음의 문제가 곧 구원의 문제와 직결되어 있음을 밝히신 것이지. 주께서 지적하신 것은 용서받을 수 없는 간음, 곧 마음의 배도라네."

리안은 숨을 고르며 조심스럽게 물었다.

"그렇다면 … 육신적인 간음은 회개하면 용서받을 수 있다는 말씀이군요. 그 죄가 용서될 수 있다면, 굳이 육체가 불구가 되지 않아도 천국에 들어갈 수 있겠네요. 주께서도 '일흔 번씩 일곱 번이라도 회개하면 용서하라' 고 하셨으니까요."

성주는 미소를 지으며 고개를 끄덕였다.

"그렇다네, 리안. 어떤 간음이든, 얼마나 반복되었든 진심으로 회개하고 말씀의 자리로 돌아온다면 용서받을 수 있네. 육체적인 간음은 분명 죄이지만, 그 죄를 인정하고 말씀 앞에 엎드릴 때 하늘의 신은 자비로 용서하시지. 하늘의 아들이 치르신 대속의 피는 바로 이런 죄를 위한 값이라네."

그는 잠시 말을 멈춘 뒤, 더 분명한 어조로 덧붙였다.

"그러나 기억하게. 사람 사이의 간음의 죄에는 중보자가 계시지만, 하늘의 신께 범한 죄를 대신 중보할 이는 없네. 말씀을 다른 것과 섞어 하늘의 아들을 모욕하는 자들, 곧 진리를 혼합한 자들은 결코 용서를 받을 수 없다네. 그것은 단순한 행위의 문제가 아니라, 진리 자체를 훼손한 죄이며, 하늘의 아들과 맺은 언약을 스스로 깨뜨린 배도이기 때문이지."

성주는 잠시 침묵하다가, 다시 천천히 말을 이었다.

"그러나 자네가 반드시 기억해야 할 것이 하나 있네. 사도 바울도 갈라디아서에서 이렇게 경고했지. '형제들아, 너희가 자유를 위하여 부르심을 입었으나 그 자유로 육체의 기회를 삼지 말라.' 하늘의 은혜 안에서 자유를 얻었다고 해서, 그 자유를 육체의 방종을 정당화하는 이유로 삼아서는 안 되네."

그는 말을 이어, 그 자유의 성격을 분명히 했다.

"말씀 안의 자유는 육신의 죄를 허용하는 자유가 아니라, 하늘을 대적하는 죄를 끊어내는 것으로 오는 자유라네. 그런데 사람이 그 자유로 육신의 기회를 삼아 육신의 자유, 곧 방종을 따라 살기 시작하면 결국 말씀에서 멀어지게 되고, 그 이탈은 다시 마음의 영적 간음으로 이어지게 되지."

성주는 조용히 리안을 바라보며 덧붙였다.

"그러므로 참된 자유는 오직 말씀과의 관계 안에서만 존재하네. 말씀 안에서 자유한 자는 말씀의 인격과 관계를 맺으며 육신의 욕망이나 세상의 사상을 따르지 않고, 하늘의 신과 맺은 언약 안에 머무는 자일세. 반대로 하늘의 말씀이 중심에서 떠난 자는, 아무리 스스로 자유롭다 말해도 이미 간음의 종이

된 것이지."

그는 잠시 말을 멈췄다가, 더 낮고 조심스러운 목소리로 말을 이었다.

"하늘로부터 오는 자유를 잃는 과정은 언제나 작고 미묘하게 시작되네. 처음에는 단지 하나의 생각, 하나의 말이 하늘의 신 중심에서 조금 벗어나는 것에 불과하지. 그러나 그 작은 틈이 점점 넓어지면, 결국 마음은 다른 것과 결합하게 되네."

성주는 그 흐름을 정리하듯 말했다.

"말씀 밖의 자유는 결코 참된 자유가 아니네. 그것은 자유가 아니라 혼합으로 들어가는 문일 뿐이지. 마치 아담과 하와가 사단에 속아 에덴동산 밖으로 나가는 자유처럼 말이네. 그렇게 사람은 자신도 모르는 사이에 세상에 속아 말씀의 동산을 떠나, 세상, 곧 다른 사상과 다른 복음과 하나가 되는 곳으로 나가게 된다네."

그는 리안을 바라보며, 앞선 말의 흐름을 끊지 않고 계속해서 말을 이었다.

"하늘의 신을 중심에 둔 말씀과, 사람을 중심에 둔 다른 종교적 이론이나 사상, 혹은 왜곡된 복음을 함께 섞는 일은 단순한 판단 착오나 실수가 아니네. 그것은 회개로 나아가는 길 자체를 막아버리는 행위지. 왜냐하면 그런 혼합은 마음의 중심을 이미 바꾸어 놓기 때문일세.

사람이 하늘의 신 중심의 말씀보다 다른 사상이나 이론을 더 옳다고 여기고, 더 안전하다고 느끼며, 더 사랑하게 되는 순간, 그 마음은 더 이상 말씀 앞에 서려 하지 않네. 진리를 판단하는 기준이 이미 말씀에서 벗어나 있기 때문이지. 그렇게 되면 하늘의 말씀은 더 이상 회개의 자리로 초대하는 빛이 아니라, 피하고 싶은 소리가 되어버리네. 결국 사람은 말씀 앞으로 돌아오지 못하고, 회개의 자리 자체를 잃어버리게 된다네."

성주는 잠시 말을 멈추었다가, 리안을 향해 시선을 고정한 채 단호하게 덧붙였다.

"경전이 말하는 회개는 도덕적인 실패를 인정하고 반성하는 차원이 아니네. 회개란 방향의 전환이지. 다시 하늘의 신께로, 다시 말씀의 인격께로 돌아가 그분과 연합하는 것이네. 다윗을 보게. 그는 육체적인 죄와 권력의 죄를 범했지만, 말씀을 미워하지 않았네. 그는 끝까지 말씀을 붙들었고, 그분의 얼굴을 구했지. 그래서 다시 말씀 앞으로 나아올 수 있었네.

그러나 사람이 하늘 중심의 말씀을 부담스러워하고, 대신 다른 사상과 기준을 더 사랑하게 되면, 그 마음은 점점 말씀을 싫어하게 되네. 말씀을 피하고, 말씀을 불편해하고, 결국 말씀의 소리를 밀어내게 되지. 그렇게 되면 회개로 돌아갈 마음 자체가 사라진다네. 이것이야말로 가장 두려운 상태일세."

그의 목소리는 낮았지만, 무게는 돌처럼 가라앉아 있었다. 성주는 그 무게를 그대로 실어 말을 이었다.

"이 마음의 간음이 무서운 이유는, 그것이 단순한 도덕적 타락이 아니라 하늘의 신을 정면으로 대적하는 죄이기 때문이지. 하늘의 아들께서 치르신 죗값은, 죄 가운데서라도 말씀 앞으로 돌이키려는 자들을 위한 것이네. 넘어졌어도 다시 말씀을 붙들려는 자들을 위한 희생이지.

그러나 말씀을 거부하고, 끝까지 자기 사상과 자기 기준을 진리로 붙들며 하늘의 말씀을 밀어내는 자들은 그 희생을 받아들일 자리에 서지 않네. 그들은 스스로 말씀 앞으로 나아오는 길을 막아버리고, 자기 손으로 구원의 문을 닫아버리는 셈이지."

그는 리안을 똑바로 바라보며, 의도적으로 목소리를 낮추었다. 말의 크기를 줄인 대신, 그 무게는 더 깊이 가라앉아 있었다.

"그래서 이런 간음은, 비록 입술로는 회개를 말한다 해도 참된 회개로 나아갈 수 없네. 회개란 단순히 잘못을 인정하는 말이 아니라, 다시 말씀을 진리로 붙드는 방향의 전환이기 때문이지. 그런데 이미 마음이 말씀보다 다른 것을 더 옳다고 믿고 있다면, 그 사람에게 말씀으로 돌아가는 길은 이미 막혀버린 셈이네.

그런 상태에서는 아무리 회개를 외쳐도, 그것은 마음에서 나온 고백이 아니라 말로만 반복되는 소리에 불과하지. 말씀을 향해 돌아가려는 의지가 사라진 회개는 스스로를 변화시키지 못하고, 결국 아무 힘도 없는 형식만 남게 된다네."

그는 잠시 숨을 고른 뒤, 깊어진 눈빛으로 리안을 바라보며 말을 이었다.

"그래서 이 계명은 단순히 어떤 행동을 금지하는 명령이 아니라, 신자의 정체성과 사랑의 대상을 묻는 계명이라네. '너는 누구를 사랑하느냐' '무엇을 가장 소중히 여기느냐' 를 묻는 질문이지.

이 계명을 지키는 사람은 말씀 아닌 그 어떤 것도 마음의 중심 자리에 두지 않네. 명분도, 사상도, 이해도, 심지어 자신의 확신조차도 말씀 위에 올려놓지 않지. 그것이 참된 고백이고, 진짜 예배라네. 그래서 진정한 성도는 세상과 타협한 지혜로운 존재가 아니라, 오직 말씀만을 사랑하는 정결한 신부로 살아간다네. 이것이 바로 '간음하지 말라' 는 계명이 품고 있는 깊은 뜻이라네."

그는 서두르지 않고, 조용히 말을 맺었다.

"그러니 결국 이 계명도 첫 번째 계명의 뿌리에서 자연스럽게 나온 가지라네. 오직 하늘의 신만을 사랑하는 사람만이, 그분 외의 어떤 것도 마음에 품지 않게 되지. 참된 사랑은 본질적으로 배타적인 것이네. 진짜 사랑은 결코 다른 대상과 나뉠 수 없고, 어떤 것과도 간음을 허락하지 않는다네. 그것이 참된 순결이고, 그것이 참된 거룩이지."

리안은 말없이 고개를 끄덕였다. 그 순간, '말씀' 이라는 단어가 그의 가슴 깊은 곳에서 조용히 울렸다. 그것은 더 이상 머리로 이해하는 교훈이나 개념이 아니었다. 모든 계명의 근원이자, 생명의 중심이라는 사실이 하나의 확신처럼 자리 잡고 있었다. 진정한 순결이란 행위의 문제가 아니라 마음의 자리의 문제라는 것, 무엇을 가장 사랑하고 무엇을 진리로 붙드느냐의 문제라는 것도 분명해졌다. 이제 그는 알았다. 자신의 마음에 말씀 말고는 그 어떤 것도 두고 싶지 않다는 사실을.

거실 안에는 잠시 고요가 흘렀다. 창밖은 완전히 어두워졌고, 유리창에는 밤의 그림자와 함께 벽난로의 불빛이 잔잔히 흔들리며 비치고 있었다. 성주는 자리에서 천천히 일어나 벽난로 앞으로 다가갔다. 그는 장작 몇 토막을 더 집어 들고 불 속에 가지런히 얹었다. 마른 나무가 타들어 가며 낮은 소리를 냈고, 불길은 한층 더 밝아지며 거실 안을 따뜻한 빛으로 채웠다. 나무 바닥과 벽에 맺힌 그림자들이 불꽃의 호흡에 맞춰 천천히 움직였다.

성주는 벽난로 옆에 놓아두었던 주전자를 다시 불 위에 올렸다. 잠시 후, 물이 데워지며 가늘게 김이 올라왔다. 그는 말없이 찻잔을 꺼내어 테이블 위에 놓고, 끓인 물을 천천히 부었다. 차향이 다시 거실 안에 퍼지며, 방금까지의 엄중한 분위기를 부드럽게 감싸 안았다. 성주는 잔 하나를 리안 앞에 놓고, 자신도 맞은편 의자에 앉았다.

제 11 장

제8계명
『도둑질하지 말라』

두 사람은 잠시 차를 마시며 말없이 불길을 바라보았다. 벽난로의 불은 여전히 잔잔하게 타오르고 있었고, 그 따뜻한 열기 속에서 방금 나눈 말들은 급히 정리되기보다는 천천히 가라앉아 각자의 마음 깊은 곳으로 스며들고 있었다. 일곱 번째 계명에 대한 이야기는 그렇게 자연스럽게 끝을 맺었고, 거실 안에는 밤의 정적과 함께 다음 이야기를 기다리는 고요한 여백이 남아 있었다.

잠시 침묵이 흐른 뒤, 리안은 앞선 계명들과의 연결을 생각하며 조심스러운 목소리로 입을 열었다.

"성주님, 그렇다면 여덟째 계명인 '도둑질하지 말라' 도 … 지금까지 말씀해 주신 계명들과 마찬가지로, 결국 같은 뿌리에서 나오는 계명이라고 볼 수 있겠네요."

그의 질문은 단순한 호기심이 아니라, 이미 형성된 이해 위에서 다음 계명으로 나아가려는 자연스러운 물음이었다. 거실 안의 공기는 다시 천천히 움직이기 시작했고, 불길 옆에서 이어질 새로운 계명의 이야기를 조용히 기다리고 있었다.

성주는 미소를 지으며 고개를 끄덕였다. 그의 표정에는 가르치려는 사람의 여유보다, 오래 품어 온 진실을 다시 꺼내는 자의 차분함이 담겨 있었다.

"그렇다네. 많은 이들이 '도둑질하지 말라' 는 계명을 단순히 물건이나 재물을 훔치는 행위로만 이해하지. 그러나 십계명은 사람의 타락한 내면이나 사회 질서를 바로잡기 위한 윤리 규범이 아니네. 인간의 양심이나 사회의 법, 종교적 윤리만으로도 이미 잘못이라 말할 수 있는 일들을 다시 정리하기 위해 주어진 말씀도 아니지. 십계명은 사람 사이의 옳고 그름을 말하려는 것이 아니라, 하늘의 신과의 관계가 어떻게 깨어졌는지를 드러내기 위해 주어진 언약의 말씀이네. 다시 말해 십계명은 처음부터 끝까지 하늘의 신과 인간 사이의 관계를 지키기 위한 말씀이네. 그래서 그 의미는 우리가 흔히 생각하는 것보다 훨씬 더 깊고, 훨씬 더 거룩하다네."

리안은 자연스럽게 고개를 들어 성주를 바라보았다. 그의 눈빛에는 이해하려는 집중과, 아직 풀리지 않은 질문이 함께 담겨 있었다.

"그렇다면 성주님, 이 계명에서 말하는 도둑질이란 … 단순히 사람의 소유를 빼앗는 것이 아니라, 하늘의 신의 것을 훔치지 말라는 뜻이군요. 그렇다면 구체적으로 무엇을 훔치지 말라는 말씀인가요?"

성주는 그 질문을 이미 예상하고 있었다는 듯, 조금의 망설임도 없이 조용히 대답했다.

"바로 하늘의 신의 소유인 말씀을 도둑질하지 말라는 뜻이라네. 하늘의 신께서는 예레미야를 통해 분명히 경고하셨지. '보라, 여호와의 말씀을 도둑질하는 선지자들을 내가 치리하리라.' 그들은 겉으로는 하늘의 말씀을 전한다고 말했지만, 실제로는 그 말씀을 하늘의 것으로 두지 않았네. 말씀을 자기 손에 쥐고, 사람 중심으로 바꾸고, 사람들을 모으는 도구로 사용했지. 그렇게 말씀의 권위를 하늘에서 빼앗아 자기 것으로 만든 자들이 바로 그들이네."

그는 잠시 말을 멈추고, 리안의 눈을 똑바로 바라보며 덧붙였다.

"하늘의 신께서 그렇게 강하게 경고하신 이유는 분명하네. 그들은 말씀을 하늘의 신과의 관계를 중심으로 그대로 전하지 않았기 때문이지. 하늘의 신과의 관계 중심의 말씀을 사람을 중심으로 세우기 위해 자기 생각으로 잘라내고, 덧붙이고, 사람들이 듣기 편하도록 바꾸었네. 그 순간 말씀은 더 이상 하늘의 말씀이 아니라, 사람의 말이 되어버리지. 그렇게 되면, 그들은 하늘의 신의 소유인 말씀을 훔쳐 자기 이름을 세우는 도둑이 되는 것이네."

성주는 벽난로 앞에 놓인 작은 탁자 쪽으로 시선을 옮겼다. 그의 손이 탁자 위에 놓여 있던 오래된 나무 조각 하나를 집어 들었다. 불빛이 나뭇결을 따라 은은하게 흔들렸고, 그는 그 조각을 손끝으로 천천히 굴리며 다시 입을 열었다.

"하늘의 신께서는 오래전부터 한 가지를 반복해서 말씀하셨네. '내 말을 있는 그대로 전하라' 고 말이네. 그러나 거짓 선지자들은 그 말씀을 제 것처럼 다루었지. 그들은 말씀을 훔쳐 자기 권위를 세우고, 자신의 욕망을 채우며, 자신의 이름을 높이는 도구로 삼았네. 그래서 '도둑질하지 말라' 는 이 계명은, 단지 남의 것을 빼앗지 말라는 말씀이 아니라, 하늘의 신의 말씀을 하늘의 자리에 그대로 두라는 엄중한 경고라네.

그래서 '도둑질하지 말라' 는 이 계명도 본래는 하늘의 신 중심에 놓여 있네. 그런데 이것을 사람 사이의 관계와 윤리 문제로만 바꾸어 버리는 순간, 그 자체가 이미 도둑질이 되는 것이지. 하늘의 신을 향해 주어진 계명을 사람 중심의 규범으로 바꾸는 것은, 하늘의 신께 속한 뜻과 자리를 사람의 것으로 빼앗는 일이기 때문이네. 다시 말해, 계명의 중심을 하늘의 신에게서 사람에게로 옮겨 놓는 것, 그것이 바로 이 계명이 말하는 도둑질과 같은 것이지."

리안은 성주 맞은편 의자에 앉은 채 고개를 숙이고 있었다. 벽난로의 불빛이 천천히 흔들리며 그의 얼굴에 잔잔한 그림자를 드리웠다. 방금 들은 말은 새로운 지식을 더해주는 가르침이 아니었다. 그보다 훨씬 깊은 곳, 오랫동안 옳다고 믿어왔던 중심을 조용하지만 분명하게 건드리는 말이었다.

리안은 잠시 숨을 고른 뒤 낮은 목소리로 물었다.

"하늘의 신과의 관계를 중심으로 주어진 말씀을 … 자기 것을 위해, 사람 중심으로 사용했다는 말씀이신가요?"

성주는 조용히 고개를 끄덕였다. 손에 들고 있던 찻잔을 천천히 내려놓자, 나무 탁자 위에서 잔이 닿는 낮은 소리가 울렸다. 김이 잔 위로 다시 피어올랐고, 그는 잠시 그 모습을 바라보다가 리안 쪽으로 시선을 옮겼다. 그의 눈빛에는 책망이나 감정적인 단호함이 없었다. 다만 이 문제가 단순한 오류가 아니라, 중심의 문제임을 함께 보게 하려는 침착한 무게가 담겨 있었다.

그는 서두르지 않고 말을 이었다.

"그렇네, 리안. 그들은 말씀을 부정하지는 않았네. 오히려 말씀을 말했고, 인용했고, 가르친다고 했지. 그러나 문제는 그 말씀이 어디를 향하도록 전해졌느냐는 것이네. 그들은 말씀을 하늘의 신께 돌려드리기보다, 사람에게로 끌어내렸지."

성주는 잠시 말을 멈춘 뒤, 리안이 흐름을 놓치지 않도록 차분히 덧붙였다.

"하늘의 신 중심의 말씀을 있는 그대로 전하기보다, 사람들이 이해하기 쉽고 듣기 좋은 부분만 남기고, 불편하거나 자신에게 맞지 않는 부분은 덜어내거나 바꾸었네. 그렇게 전해진 말씀은 겉으로 보면 도덕적이고 윤리적이며, 사람을 신앙적으로 바르게 살게 하는 말처럼 보이지."

그는 몸을 조금 바로 세우며 논지를 분명히 했다.

"그래서 많은 이들은 그런 설교를 사람들을 참된 신앙으로 이끄는 말이라고 여기지. 그러나 판단의 기준은 내용의 선함이 아니라 방향이네. 그 말이 사람을 하늘의 신 앞에서 자기 중심이 무너지는 자리로 이끄는가, 아니면 오히려 타락한 내면의 법을 종교적 윤리로 정당화하며 더 굳게 세우는가가 핵심이지."

성주의 목소리는 낮았지만 요지는 분명했다.

"하늘의 말씀은 사람들 사이의 관계를 개선하는 데 목적이 있는 것이 아니라, 사람을 하늘의 신께로 돌이키는 데 목적이 있네. 그런데 말씀이 사람의 행실과 도덕을 다듬는 수준에 머물고, 그 결과 사람들이 하늘의 신이 아니라 말씀을 전한 사람을 바라보고 따르게 된다면, 그 순간 말씀의 중심은 이미 사람 중심으로 옮겨진 것이지."

그는 말을 이어 차분히 정리했다.

"그때 사람들은 회개하며 하늘의 신께 나아간 것이 아니라, 자기 기준에 맞는 '옳은 말'을 해주는 사람에게 모이게 되지. 그 말이 아무리 단정하고 윤리적으로 들려도, 결국 그 설교는 사람의 판단을 기준으로 세우고, 사람의 의로움을 드러내며, 중심을 다시 사람에게 두게 된다네."

성주는 리안을 바라보며 도둑질의 의미를 차분하게 풀어 이어갔다.

"이것이 도둑질이라네. 눈에 보이는 재물을 훔친 것이 아니라, 하늘의 신께 속한 말씀의 권위와 목적을 사람의 손으로 옮겨 놓는 행위일세. 많은 이들은 종교 윤리나 도덕을 말하면 선한 설교라고 생각하지. 그러나 그 말이 사람을 하늘의 진리께로 이끌지 못하고, 오히려 사람에게 묶어 둔다면 그 선함은 이미 방향을 잃은 것이네. 그렇게 되면 그 설교는 더 이상 선이 아니라, 본질을 훼손한 도둑질이 되지."

성주는 잠시 숨을 고른 뒤, 논지를 더 분명히 했다.

"하늘의 신의 말씀은 본래 신의 것이며, 신으로부터 온 것이네. 그 말씀은 사람과의 관계를 정리하거나 사람의 이름을 높이기 위해 주어진 것이 아니지. 그러나 거짓 선지자들은 그 말씀을 자기 소유처럼 다루며, 하늘의 신과의 관계를 향한 뜻이 아니라 사람 중심의 뜻으로 바꾸어 전했네. 그 과정에서 그들은 신의 영광을 자신에게로 돌리고, 신께 속해야 할 백성을 자기 편으로 끌어당겼지."

그의 목소리는 낮았지만 단정했다.

"바로 이것이 십계명에서 경고한 도둑질의 본질이라네. 사람의 물건을 훔치는 죄보다 더 무거운 것은, 하늘의 신께 속한 것을 빼앗아 자기 것으로 삼는 죄지. 그래서 사람의 물건을 훔쳤던 강도는 회개로 구원을 받았지만, 하늘의 말씀을 훔쳐 자기 권위와 체제를 세운 종교 지도자들은 버림을 받았던 것이네."

리안은 그 말을 듣고 숨을 삼켰다. 성주의 설명은 과거의 율법 해석이 아니라, 지금 자신이 살아온 시대 전체를 비추는 거울처럼 느껴졌다.

"그러니까 십계명에서 금지한 도둑질이란 단순히 남의 물건을 빼앗는 행위가 아니라, 하늘의 신을 위해 사용되어야 할 것을 사람이 자기 것으로 삼으려는 마음에서 시작되는 것이군요."

성주는 고개를 끄덕이며 조용히 미소 지었다.

"그렇네, 리안. 바로 그것이 도둑질의 뿌리라네. 말씀은 하늘의 신의 것이고, 그 영광 또한 신의 것이지. 그런데 사람이 그 말씀을 자기 목적을 위해 사용하고, 그 영광을 자기에게 돌리는 순간, 그는 이미 마음으로 하늘의 신의 것을 훔친 것이네. 이것이 하늘의 신께서 가장 엄중히 경계하신 죄였지."

리안은 한동안 말없이 고개를 숙였다. 그는 이해하려 애쓰고 있지 않았다. 오히려 이미 마음 깊은 곳에서 무언가가 풀리듯 내려앉고 있었고, 그 깨달음을 스스로 확인하듯 조심스럽게 입을 열었다.

"그렇다면 … 아무리 설교가 사람들에게는 좋아 보이고, 윤리적이고, 유익해 보여도, 사람을 하늘의 신과의 관계로 이끌지 못한다면, 하늘의 신 앞에서는 그것이 선이 아니라는 말씀이군요."

그의 말은 질문이면서 동시에 정리였다.

"하늘의 말씀을 사람의 이성과 지식, 논리와 이론으로 덧씌워, 중심을 하늘에서 사람에게로 옮겨 놓는 것. 그것이 바로 도둑질이군요. 겉으로는 선해 보이고, 유익해 보이며, 배려처럼 보일지라도, 하늘이 이루려던 목적을 사람의 기준으로 가로챈다면 결국 그것은 악한 일이네요."

리안은 잠시 숨을 고른 뒤, 더 또렷한 인식으로 말을 이었다.

"사람들은 설교를 들으며 스스로 분별할 수 있다고 말하지만, 사실은 이미 타락한 자신의 내면의 법으로 분별하고 있을 뿐이군요. 그래서 윤리적이고 도덕적인 말은 쉽게 '좋다' '선하다' 고 느끼지만, 그것이 사람 중심의 자리를 무너뜨리지 못한다면, 하늘의 신께서 말씀하신 목적에는 도달하지 못하는 것이네요."

그는 고개를 들지 않은 채, 낮은 목소리로 자신의 깨달음에 대한 결론을 맺었다.

"그러니까 하늘의 신 중심에서 벗어난 모든 설교는, 아무리 선해 보일지라도 결국 하늘의 신의 뜻을 이루지 못하기에 악한 것이군요."

이제 리안의 침묵은 혼란이 아니라, 분명한 분별 위에 놓여 있었다. 그는 더 이상 '좋아 보이는 말' 과 '하늘의 뜻' 을 같은 것으로 여기지 않게 되었다.

성주는 리안을 바라보며 천천히 고개를 끄덕였다.

"그렇네, 리안. 말씀은 본래 사람의 것이 아니라 하늘의 신의 소유일세. 그 말씀은 단순한 가르침이 아니라 영이며 생명이고, 하늘의 신께서 사람과 맺으신 언약이며 그분의 거룩한 본질이지."

그는 잠시 말을 멈췄다가, 한 단계 더 깊이 들어가 설명을 이어갔다.

"그런데 타락한 내면의 법이 무너지지 않은 사람이 그 말씀을 다루기 시작하면 문제가 생기네. 그는 말씀을 하늘의 신 앞에서 받기보다, 자기 안의 기준과 이해로 해석하려 하지. 그렇게 되면 말씀을 자기 생각에 맞게 나누고, 덜어내고, 마음에 드는 부분만 붙이게 되네."

성주의 목소리는 낮았지만 흐름은 분명했다.

"그 순간부터 말씀은 더 이상 생명이 아니게 되지. 하늘의 신의 뜻과 지혜를 전하던 말씀이, 인간의 뜻과 인간의 지혜로 바뀌기 때문일세. 말씀이 신의 손에서 사람의 손으로 옮겨지는 순간, 그것은 신의 소유가 아니라 사람의 소유가 되어버리는 것이지."

성주는 리안을 바라보며 차분히 말을 이었다.

"그렇게 붙잡힌 말씀은 더 이상 생명을 비추지 못하네. 오히려 사람의 욕망을 정당화하고, 사람의 이름을 높이며, 사람의 목적을 이루는 도구로 전락하지. 바로 그때 사람이 하늘의 신의 영광을 가로채고, 신의 말씀을 자기 이름 아래 두게 되는 것이네. 이것이 하늘의 신께서 가장 미워하시는 도둑질이라네.

그래서 여덟 번째 계명이 주어진 것이지. 겉으로 보면 남의 물건을 훔치지 말라는 단순한 명령처럼 들리지만, 그 근본의 뜻은 훨씬 깊다네. 그것은 말씀의 주권을 훔치지 말라는 경고였네. 하늘의 신의 말씀을 빼앗아 자기 말로 둔갑시키는 자들에게, 하늘께서 단호히 경계하신 말씀이 바로 이것이네."

그의 목소리는 조용했지만, 단단하게 울렸다. 리안은 아무 말도 하지 못한 채 깊은 숨을 내쉬었다. 그의 마음속에서 '도둑질' 이라는 단어는 더 이상 단순한 죄목으로 남아 있지 않았다. 그것은 말씀이 사람의 손에 의해 변질되고, 생명이 빼앗기는 두려운 현실을 가리키는 말로 새겨지고 있었다.

잠시 침묵이 흘렀다. 벽난로에서 타오르는 불이 낮게 숨을 쉬듯 일렁였고, 그 불빛이 거실 안을 천천히 채웠다. 성주는 자리에서 일어나지 않은 채, 몸을 조금 고쳐 앉으며 찻잔 옆에 놓인 손을 가만히 움직였다.

성주는 잠시 고요를 유지하다가, 다시 말을 잇기 위해 천천히 숨을 고르고 조용히 입을 열었다.

"결국 여덟 번째 계명도 첫 번째 계명에서 흘러나온 것이네. '나 외에 다른 신들을 네게 두지 말라' 는 말씀에서 나온 가지이지. 말씀을 사랑하는 사람은 그 말씀을 결코 자기 욕망을 채우는 도구로 삼지 않네. 그에게 말씀은 이용의 대상이 아니라, 사랑하고 경외해야 할 대상이기 때문이지."

리안은 성주를 바라보며, 이미 마음속에서 정리되고 있는 깨달음을 확인하듯 조심스럽게 말했다.

"그렇다면 … 하늘과의 관계를 위해 주어진 말씀을 사람과의 관계 중심으로 바꾸는 것, 그것이 윤리든 도덕이든 율법이든 어떤 형태의 설교로 포장되든, 결국은 모두 같은 도둑질이라는 말씀이군요. 말씀을 사람을 위해 조작하는 행위 자체가

… 용서받지 못할 무서운 도둑질이라는 뜻이군요."

성주는 조용히 미소 지으며 고개를 끄덕였다.

"그렇네, 리안. 용서받지 못하는 죄가 바로 그것이라네. 하늘의 신의 말씀을 자신의 것으로 훔치는 죄지. 단순히 계명을 어긴 것이 아니라, 신의 영광을 빼앗아 자기 이름 위에 올려놓는 일이네. 이사야가 바로 이런 자들을 향해 말했지. '이는 명령 위에 명령이요, 규례 위에 규례요, 여기서 조금, 저기서 조금이라.' "

리안은 그 말을 듣고 잠시 눈살을 찌푸렸다. 익숙한 구절이었지만, 그 의미는 이전과 다르게 다가왔다. 그것이 단순한 옛 예언이 아니라, 지금의 종교 구조를 정확히 드러내는 말이라는 사실이 그의 마음을 무겁게 눌렀다.

성주는 리안의 반응을 잠시 지켜보다가, 앞선 흐름을 이어 천천히 말을 이었다.

"그 구절은 단순히 율법을 반복한다는 뜻이 아니네. 그것은 하늘의 신의 뜻과 마음은 사라지고, 사람의 욕망과 체계만 남았을 때 나타나는 상태를 가리키는 말이지."

그는 말의 결을 차분히 정리하며 설명을 이어갔다.

"사람들은 하늘의 명령 위에 자기들의 명령을 덧붙이고, 하늘의 규례 위에 자기들의 규례를 세웠네. 여기서 조금, 저기서 조금 자기 뜻을 보태며, 하늘의 말씀을 이용해 자신들이 옳다는 구조를 만들어간 것이지. 그렇게 사람들은 하늘의 신의 말씀을 진리로 받기보다, 자기 목적에 맞게 잘라내고 덧붙이며 새로운 규범을 만들어냈네."

성주는 잠시 말을 멈추고, 발치에 놓인 작은 탁자를 바라보다가 찻잔 가장자리를 손끝으로 가볍게 건드리며 덧붙였다.

"그들은 진리를 전하는 것처럼 보였지만, 실제로는 자기 중심의 말을 하고 있었네. 하늘의 신께로 향해야 할 사람들의 마음을, 사람과 사람 사이의 관계와 체계 속에 묶어두었지."

그의 목소리는 낮았지만 분명했다.

"그 설교는 겉으로 보기에 아름답고 경건해 보였네. 그러나 실상은 하늘의 신의 말씀을 도둑질해 자기 이름을 높이고, 신의 영광을 자신들의 교리와 체계 안에 가두어버린 것이었지. 그래서 그들의 말은 경건해 보일지 몰라도, 그 안에는 신의 마음이 없네. 이것이 바로 '여기서 조금, 저기서 조금' 의 실체라네."

그는 잠시 말을 멈추고, 리안이 그 말의 무게를 받아들이는지 조용히 살폈다. 그러고는 한 문장을 더 붙여, 방금 말한 '말씀 도둑질' 이 결국 무엇을 낳는지 분명히 짚어 주었다.

"말씀을 그렇게 잘라내고 재배치하면, 결국 설교는 사람의 마음을 만족시키는 말로 바뀌게 되네. 그때부터는 하늘의 신께로 나아가는 길이 아니라, 사람들 사이에서 서로를 붙들어 주는 길이 되어버리지. 하늘의 신을 높이는 설교가 아니라, 사람을 중심에 세우는 관계 설교로 바뀌는 것이네."

그는 말을 멈추지 않고, 한 호흡 더 깊이 들어가 조용히 덧붙였다.

"그래서 결국 사람 중심의 관계 설교가 문제 되는 이유가 바로 여기에 있네. 하늘의 말씀을 그렇게 잘라내고 재배치한 결과, 설교는 더 이상 사람을 하늘의 신께로 이끌지 못하고, 사람과 사람 사이에 머물게 되었지. 겉으로는 사랑을 말하고, 이해를 말하고, 공동체와 관계를 말하지만, 그 말의 방향이 하늘의 신께로 향하지 않을 때, 그 설교는 이미 중심을 잃은 것이네."

성주의 목소리는 여전히 낮았지만, 논지는 더욱 또렷해졌다.

"하늘의 아들께서 이 문제를 분명히 말씀하셨지. '정죄는 이것이니, 곧 빛이 세상에 왔으되 사람들이 자기 행위가 악하므로 빛보다 어둠을 더 사랑한 것이라' 고 하셨네. 여기서 말씀하신 빛은 하늘의 신이시고, 어둠은 사람의 세계, 사람 중심의 질서라네."

그는 잠시 리안을 바라보며, 오해가 없도록 차분히 풀어 말했다.

"사람들이 반드시 노골적으로 악을 선택해서 어둠을 사랑한 것이 아니네. 오히려 하늘의 신보다 사람을 더 편안해했고, 진리보다 사람과의 관계를 더 안전하게 여겼으며, 하늘의 기준보다 사람의 시선을 더 두려워했기 때문이지. 그래서 하늘의 신께로 나아가 자신이 무너지는 빛보다는, 서로를 유지해 주는 어둠을 택한 것이네."

성주는 손에 쥔 찻잔을 내려놓으며 말을 이었다.

"사람 중심의 관계 설교는 바로 그 선택을 정당화하네. 하늘의 신 앞에 서서 회개하게 만들기보다, 사람들 사이에서 괜찮은 존재로 남게 하지. 그렇게 사람의 관계를 지키는 것이 신앙의 목적이 되면, 사람들은 자연스럽게 하늘의 신보다 사람을 더 사랑하게 되네. 이것이 바로 빛보다 어둠을 사랑한 상태라네."

그는 잠시 숨을 고른 뒤, 생각의 결을 놓치지 않으려는 듯 조용히 말을 이어갔다.

"그러니 문제는 사람과의 관계 자체가 아니네. 문제는 사람과의 관계가 하늘의 신보다 위에 놓이는 순간이지. 그때 설교는 더 이상 사람을 빛으로 이끌지 않고, 사람과의 관계 안, 곧 어둠 안에 머물게 하지. 하늘의 아들께서 정죄하신 것은 바로 이 선택이었네. 하늘의 신보다 사람을 더 사랑한 것, 하늘의 관계를 버리고 사람의 관계로 나아간 것 말일세."

성주는 그 말 끝에서 아주 조용히 덧붙였다. 마치 방금 설명한 '정죄' 가 단지 개인의 감정이나 선택이 아니라, 한 도시를 지배하는 종교 체계로 굳어질 수 있음을 보여 주려는 듯했다.

"그리고 리안, 사람들이 빛보다 어둠을 더 사랑하게 될 때, 종교는 반드시 사람 중심의 '체계' 가 되네. 그 체계는 사람을 하늘의 신께 데려가지 않지. 오히려 하늘의 신의 말씀을 이용해서 사람을 붙들고, 사람을 움직이고, 사람을 길들이게 되네."

리안은 조용히 숨을 내쉬며 고개를 끄덕였다.

그제야 그는 사르그에서 끊임없이 설교를 들으면서도, 자신의 영혼이 막연히 느껴왔던 불안의 근원이 무엇이었는지를 깨닫기 시작했다. 그 불안은 세상의 부패나 단순한 죄악 때문이 아니었다. 하늘의 신의 말씀을 사람을 중심에 세우는 방식으로 바꾸고, 자기 뜻에 맞게 재배치해버린 종교의 체계 때문이었다. 그 체계 안에서는 말이 계속 흘러나오지만, 생명은 사라져 있었다.

성주는 리안의 눈을 조용히 바라보다가 낮은 목소리로 덧붙였다.

"하늘의 아들께서도 이렇게 말씀하셨지. '도둑이 오는 것은 도둑질하고, 죽이고, 멸망시키려는 것뿐이라.' 하늘의 신 중심의 진리의 생명을 훔쳐 사람 중심의 의를 세우고, 그 말씀으로 영혼을 억누르며, 결국 멸망에 이르게 하는 자들. 그들이 바로 하늘의 아들께서 말씀하신 도둑들이네."

그 말은 짧았지만 날카로웠고, 리안의 내면 깊은 곳을 찔렀다. 그는 문득 사르그에서 들어왔던 수많은 설교들을 떠올렸다. "하늘의 복을 받을 것이다" "너 자신을 사랑하고 사람들을 사랑하라" "네 안의 가능성을 깨워라" "하늘의 신을 사랑하면 철저하게 그 말씀을 살아내라." 그 모든 말들은 그럴듯하게 포장되어 있었지만, 정작 하늘의 말씀으로 사람들을 꿰뚫거나 하늘의 신께로 돌이키게 하지는 못했다. 말씀이라 불렸지만 그 중심에는 하늘의 신 중심의 말씀으로 돌아가는 회개가 없었다. 그 자리를 대신하고 있던 것은 사람 중심의 자기 확신과 외형적 꾸밈, 그리고 성공의 언어뿐이었다.

리안의 가슴은 서늘하게 식어갔다. 그는 마치 스스로의 죄를 깨닫는 사람처럼 천천히 입을 열었다.

"하늘의 말씀은 … 하늘의 신을 사랑하도록 이끄는 말씀이었군요. 사람을 사랑하도록 이끄는 말씀이 아니라는 것을 지금에야 깊이 알게 된 것 같습니다. 하늘의 아들께서 '정죄는 빛보다 어둠을 더 사랑한 것' 이라 하셨는데, 그 빛은 하늘의 신이시고, 어둠은 타락한 사람의 세계라는 뜻이었군요."

리안은 잠시 말을 멈추었다가, 자신의 깨달음이 단지 감정이 아니라 논리라는 것을 확인하듯 다시 이어갔다.

"바울 사도도 '너희가 전에는 어둠이더니' 라고 말했듯이, 사람은 본래 어둠에 속한 존재였는데, 말씀을 듣고도 하늘의 신께로 돌이키지 않고 사람을 더 사랑하는 방향으로 움직였던 것이 바로 정죄의 실체였네요. 하늘의 신보다 사람을 더 중심에 두고, 하늘의 기준보다 사람의 시선을 더 두려워하며, 결국 하늘의 말씀을 타락한 내면의 법으로 끌어내려 사람 중심으로 해석하고 판단하는 것. 그것이 하늘의 신 앞에 범죄가 되는 것이었네요."

성주는 고요히 고개를 끄덕였다.

"그렇네, 리안. 하늘의 말씀은 하늘의 신의 생명일세. 그러니 그 말씀을 사람 중심으로 왜곡하거나 이용하는 자는 하늘의 신의 생명을 훔치고 죽이는 자가 되지. 그 죄는 단순히 말이 잘못된 정도의 문제가 아니라, 하늘의 신의 생명을 모독하는 중대한 범죄라네. 하늘의 말씀은 사람의 도구가 아니라 사람을 살리는 신의 숨결이네."

리안은 숨을 삼켰다. 성주의 말이 그의 가슴을 무겁게 눌렀다. 그동안 자신이 아무렇지 않게 나누었던 '말씀' 이 사실은 생명을 다루는 일이었다는 사실이, 이제는 두려움으로 다가왔다.

성주는 잠시 침묵하다가 다시 입을 열었다.

"리안, 여섯째 계명은 말씀을 죽이는 죄를 다루었네. 그것이 살인이지. 일곱째 계명은 말씀을 다른 사상과 섞는 죄를 다루었네. 그것이 간음이라네. 그리고 지금 다루는 여덟째 계명은 하늘의 신을 사랑하라는 말씀을 자기 유익을 위해 사람을 사랑하도록 훔치는 죄를 다루었지. 그것이 도둑질이라네. 말씀을 죽이는 자는 살인자요, 말씀을 섞는 자는 간음 자이며, 말씀을 자기 유익을 위해 이용하는 자는 도둑이라네."

리안의 눈빛이 흔들렸다. 그의 마음 깊은 곳에서 죄책감과 두려움이 서서히 떠올랐다. 그는 고개를 숙이며 떨리는 목소리로 물었다.

"그렇다면 … 우리가 사르그에서 했던 사람 중심의 설교들, 또 사람들이 서로 전하던 사람 중심의 말들 … 그 안에 있던 수많은 사람 중심의 말들이 … 사실 하늘의 신 중심의 말씀을 도둑질한 것이었나요?."

성주는 리안을 조용히 바라보다가 되물었다.

"리안, 그 말들 안에 하늘의 신의 생명이 있었는지를 스스로에게 물어보게. 그 말들이 정말 하늘의 말씀이라면 사람들은 그 말씀 앞으로 나아와 말씀 앞에서 회개하며 하늘의 신과의 깨어진 관계를 돌이켰을 것이네."

그는 잠시 말을 멈추었다가, 더 분명히 구분해 주듯 덧붙였다.

"하늘의 말씀은 사람을 사람에게로 붙잡아 두는 말이 아니네. 하늘의 말씀은 사람을 하늘의 신 앞으로 끌고 가서, 그 앞에 무릎 꿇게 하지. 그러니 진짜 말씀이 선포되었다면, 사람들은 자기 마음이 위로받는 정도로 끝나지 않았을 것이네. 반드시 '말씀 앞에서' 회개했을 것이고, 반드시 '신과의 관계' 가 돌이켜졌을 것이네."

성주의 시선이 리안의 눈동자에 머물렀다. 그는 리안이 이미 답을 알고 있다는 것을 알면서도, 스스로 확인하게 하려는 듯 말했다.

"그러나 그 말들이 하늘의 말씀이 아니었다면 사람들은 신과의 관계의 회복이 아닌 자기 안의 법으로 돌아가 사람과의 관계에 중심을 두고 서로를 위로하고 평가하고 판단하며 만족했을 것이지."

그는 한 문장씩 끊어 말하며, 논리의 뼈대를 세워 주었다.

"이때 사람들은 하늘의 신을 찾지 않네. 오히려 자기 안에 있는 기준을 다시 붙잡지. 무엇이 옳고 그른지, 누가 더 낫고 못한지, 무엇이 안전하고 위험한지, 무엇이 성공이고 실패인지. 그 기준을 따라 서로를 바라보고, 서로를 위로하고, 서로를 평가하고, 서로를 판단하며 살아가네."

성주는 리안이 말을 따라오고 있는지를 확인하며 조용히 말을 이었다.

"그렇게 되면 결국 말씀은 더 이상 신의 숨결이 아니네. 사람들의 관계를 관리하는 언어가 되지. 설교는 회개로 이끌지 않고, 자존감으로 위로하네. 말씀은 사람을 무너뜨리지 않고, 오히려 사람을 세우지. 그러니 결론은 똑같네. 스스로를 종교 윤리에 세우고 아름답게 꾸미는 일에 열심이었을 것이네."

리안은 숨을 삼켰다. 그는 사르그에서 수없이 들었던 말들이 떠올랐다. 많은 말들이 따뜻했지만, 그 말들이 하늘의 신 앞으로 자신을 데려간 적은 거의 없었다. 오히려 그는 늘 사람들 사이에서 '괜찮은 사람' 이 되기 위해 더 단단해졌고, 더 잘

꾸며지려 했다는 사실이 떠올랐다.

성주는 그 말을 거두지 않고, 리안의 표정을 천천히 살피며 말을 이었다.

"이 차이를 가장 분명히 보여주는 비유가 있네. 하늘의 아들께서 말씀하신 포도원 주인과 농부들의 비유라네."

리안은 조용히 눈을 들었다. 성주의 말이 어디로 향하는지 직감하는 듯했다.

성주는 낮고 단단한 목소리로 설명했다.

"주인은 포도원을 만들었네. 땅을 일구고, 포도나무를 심고, 울타리를 두르고, 망대를 세웠지."

그는 잠시 호흡을 고르고, 그 장면을 리안의 마음에 그려주듯 차근히 말했다.

"그 포도원은 그냥 땅이 아니었네. 주인이 계획했고, 주인이 준비했고, 주인이 보호했지. 울타리는 짐승을 막기 위한 것이었고, 망대는 도둑을 막기 위한 것이었네. 농부들이 아무 걱정 없이 일하고, 열매를 얻으며 살 수 있도록 주인이 모든 구조를 세워 둔 것이지."

성주는 이어 말했다.

"농부들은 그 안에서 살아갈 수 있었고, 열매를 얻으며 보호받을 수 있었네. 그러나 그 포도원의 주인은 농부가 아니었네. 그들은 맡겨진 자들이었지."

그는 '맡겨진 자' 라는 말을 조금 더 또렷이 발음했다.

"농부들이 할 일은 단순했네. 포도원을 자기 것처럼 빼앗는 것이 아니라, 주인의 뜻을 따라 지키는 것이었지. 포도원을 관리하는 그들의 삶 전체는 주인과의 관계 위에 서 있었네. 관계가 살아 있으면 질서도 살아 있고, 주인의 자리가 바로 서 있으면 농부들의 자리도 바로 서게 되지."

성주는 리안을 바라보며 이야기를 이어나갔다.

"문제는 시간이 흐르면서 농부들이 그 사실을 잊어버린 데서 시작되네. 포도원은 익숙해졌고, 자신들의 수고는 포도원을 마치 자기 것처럼 느끼게 만들었지."

그는 이 지점이 핵심임을 알기에, 더 천천히 말을 이었다.

"리안, '익숙함' 이 가장 무서운 이유가 여기에 있네. 처음에는 모든 것이 은혜로 보이네. 주인이 만들어 준 울타리도, 망대도, 포도나무도 은혜로 보이지. 그런데 시간이 흐르면 사람은 그것을 자연스럽게 자기 것으로 느끼기 시작하네. 그리고 자신이 흘린 땀을 근거로 소유권을 주장하려 하지. 그 순간부터 관계가 흔들리기 시작하는 것이네."

성주는 목소리를 낮추며 말했다.

"그래서 주인이 열매를 요구하자 그 요구가 정당한 권리로 들리지 않고, 부당한 간섭처럼 느껴지기 시작했네."

그는 그 이유를 한 줄로 정리했다.

"관계가 살아 있을 때는 '주인의 요구' 가 은혜의 질서지만, 관계가 죽어 있을 때는 '주인의 요구' 가 간섭이 되지. 결국 주인과의 관계가 희미해지고, 자신들이 중심이 된 생각이 그 자리를 대신한 것이지."

그는 리안의 눈을 바라보며, 마치 사르그의 실체를 그대로 비추듯 덧붙였다.

"이것이 바로 말씀이 사라진 종교의 시작이라네. 주인의 자리가 비워지고, 그 자리에 사람이 앉는 순간부터 모든 것이 달라지지. 그때부터는 포도원도, 일도, 열매도, 심지어 종교까지도 모두 자기 중심으로 해석되기 시작하네."

성주는 잠시 말을 멈추고 찻잔을 들어 차 한 모금을 마셨다. 마치 리안이 방금 들은 말의 무게를 스스로 소화할 시간을 주려는 듯했다. 그리고 잔을 천천히 내려놓은 뒤, 다시 말을 이었다.

"주인이 사라진 자리에 사람이 앉는다는 것은, 단순히 '주인을 잊었다' 는 뜻이 아니네. 포도원의 의미 자체가 바뀐다는 뜻이지. 주인의 뜻을 위해 존재하던 포도원이, 사람의 목적을 위해 존재하는 공간으로 바뀌는 것이네. 그때부터 농부들은 더 이상 맡겨진 자로 살지 않고, 주인인 것처럼 살게 되지."

리안은 침묵했다. 그 설명은 단지 비유가 아니라, 사르그의 구조 자체를 꿰뚫고 있었다.

성주는 계속해서 말을 이었다.

"주인은 종들을 보냈네. 종들은 단지 소출을 받으러 온 존재들이 아니었지. 그들은 '이 포도원은 너희 것이 아니다' 라는 사실을 다시 세우기 위해 보내진 자들이었네. 주인과의 관계가 깨어지고 있다는 것을 드러내고, 그 관계를 회복시키려는 존재들이었지."

그는 '종들' 이라는 말을 더 단단히 눌러 말했다.

"종들이 왔다는 것은, 주인이 여전히 포도원의 주인이라는 사실이 아직 살아 있다는 뜻이네. 그리고 그 종들의 말은 결국 한 가지였지. 너희가 포도원을 관리해도, 중심은 너희가 아니라 주인이라는 것. 너희가 땀 흘려도, 주인의 뜻을 따라야 한다는 것. 관계의 질서를 다시 세우라는 것이네."

성주는 목소리를 낮추었다.

"그러나 농부들은 종들을 받아들이지 않았네. 그들은 종들을 불편한 방문자로 본 것이 아니라, 자신들이 이미 선택한 방향을 흔드는 위협으로 보았지."

그는 리안이 놓치지 않도록, 그들의 심리를 논리적으로 짚어 주었다.

"농부들은 이미 마음속에서 주인의 자리를 지워버렸네. 그러니 종들이 가져온 메시지는 그들에게 '교훈' 이 아니라 '위협' 이 된 것이지. 종들은 포도원을 흔드는 자가 아니라, 농부들의 거짓 중심을 흔드는 자였네. 그래서 종들의 존재가 불편했던 것이네. 그래서 종들을 때리고, 내쫓고, 끝내 죽이기까지 했네. 이건 단순한 분노가 아니었네. 주인과의 관계를 회복하라는 요구 자체를 거부한 선택이었지."

리안의 눈빛이 서늘하게 흔들렸다. 그는 자신도 모르게 입술을 깨물었다. 그 장면이 사르그의 현실과 너무 닮아 있었기 때문이다. '말씀' 의 이름으로 말했지만, 실제로는 하늘의 신과의 관계를 회복시키는 진리의 말은 언제나 배척받았고, 사람과의 관계를 중심으로 사람을 만족시키는 말만 살아남았던 도시였다.

성주는 잠시 말을 멈추었다가, 흐트러지지 않도록 논지의 중심을 다시 움켜쥐었다. 그리고 리안이 놓치지 않게 하려는 듯,

가장 중요한 지점을 또렷하게 짚으며 말했다.

"리안, 이 비유에서 중요한 것은 농부들이 얼마나 폭력적이었느냐가 아니네. 핵심은 주인과의 관계가 끊어졌다는 사실이지."

그는 아주 분명히 말했다.

"주인의 자리가 비워지는 순간, 포도원의 질서는 이미 무너졌네. 이후에 나타난 폭력과 불의는 원인이 아니라 결과였지."

성주는 잡고 있던 찻잔을 천천히 내려놓으며 말을 이었다.

"폭력은 어느 날 갑자기 생긴 것이 아니네. 관계의 끊어짐이 먼저 있었지. 주인의 자리가 사라지고, 사람이 중심이 된 순간부터 이미 포도원의 질서는 다른 방향으로 흘러가고 있었네. 종들을 죽인 것은 단지 그 흐름이 드러난 결과일 뿐이지."

그는 조금 더 깊은 장면을 꺼내 들었다.

"그리고 가장 중요한 장면이 있네. 농부들이 주인과의 관계를 끊어놓은 채, 그들끼리는 서로 손을 잡는 것이지. 서로의 이익을 지키고, 내부 갈등을 조정하고, 포도원 안에 평화를 세우려 하네. 겉으로는 협력적이고 안정적이며 관계가 좋아 보일 수도 있지."

성주는 리안이 오해하지 않도록 '겉으로 좋은 관계' 가 어떻게 작동하는지 분명히 했다.

"주인이 없는 상태에서 농부들끼리 관계가 좋아진다는 것은, 그들이 더 선해졌다는 뜻이 아니네. 오히려 그들은 주인을 제외한 채로 더 견고한 질서를 만든 것이지. 주인을 빼고도 포도원을 운영할 수 있는 체계. 주인을 기억하는 목소리를 제거하는 체계. 주인 없는 평화를 유지하는 체계 말일세."

성주의 눈빛이 깊어졌다.

"하지만 주인과의 관계가 깨진 상태에서 농부들끼리의 관계가 무슨 의미가 있겠나. 주인을 몰아낸 평화는 평화가 아니네. 그것은 강탈된 포도원을 유지하기 위한 질서일 뿐이지."

리안은 성주의 말이 가리키는 뜻을 따라가며 조용히 물었다.

"그럼 … 그들이 서로 미워하지 않고, 서로 도와주고, 서로를 위로해도 … 아무 의미가 없다는 말씀이군요."

성주는 고요히 고개를 끄덕였다.

"그 관계가 주인을 대적하는 관계라면 그렇네. 주인을 죽여 놓고 서로 화목하고 서로 사랑하면 무엇이 되겠는가."

그는 한 문장 더 붙이며 비유에 대한 결론을 뚜렷이 만들었다.

"주인의 포도원을 주인 없이 유지하려는 순간, 그 모든 윤리와 질서는 방향을 잃게 되네. 겉은 아름다워도 중심은 이미 도둑질이라네."

리안은 숨을 삼켰다. 성주의 말이 너무 명확해서 도망갈 틈이 없었다. 관계 설교가 말하던 '화평' 이 바로 이 구조였다는 사실이 찔렀다. 하늘의 신과의 관계를 묻지 않은 채, 사람들끼리만 화목하라고 말하던 평화. 그것이 빛이 아니라 어둠 안의 안정이었다.

성주는 비유가 가리키는 결론을 마치 리안의 마음에 새겨 넣듯 또렷하게 말했다.

"그래서 주인은 아들을 보내지. 아들은 단지 더 강한 요구가 아니네. 관계를 회복하기 위한 마지막 초청이지."

그는 단호하게 이어갔다.

"그런데 농부들은 아들을 죽이네. 왜냐하면 아들이 살아 있는 한, 그들은 주인 없는 질서를 유지할 수 없기 때문이지."

성주는 그들의 선택이 얼마나 계획적이고 의식적인지 강조했다.

"아들이 들어온다는 것은 주인이 다시 들어온다는 뜻이네. 관계가 회복된다는 뜻이지. 그러니 그들은 아들을 죽일 수밖에 없었네. 그 아들이 살아 있는 한, 농부들이 세워 둔 중심은 무너질 테니 말일세."

그는 짧게 결론지었다.

"리안, 결국 그들이 거부한 것은 열매 요구가 아니네. 그들이 거부한 것은 주인과의 관계 자체였네. 그 관계를 유지할 마음이 없었던 것이지. 그들은 주인의 뜻은 원하지 않았지만, 주인 없는 자신들의 체제는 원했네. 이것이 바로 사르그의 종교 체제일세."

리안은 고개를 숙였다. 그의 목소리가 거의 들리지 않을 정도로 낮아졌다.

"그러면 … 사르그에서 말하던 사람들과의 관계 중심 설교도 … 결국 농부들처럼 주인을 지워버리고, 사람들끼리의 관계만 붙잡게 만든 말이었군요."

성주는 조용히 리안을 바라보며 답했다.

"그렇네. 하늘의 신과의 관계가 끊어진 상태에서 사람들끼리 관계만 좋게 만들면, 그것은 복음이 아니라 종교 체계가 되지. 그리고 그 체계는 결국 말씀을 도둑질하여 사람 중심의 질서를 지키는 것이네."

리안은 조용히 눈을 감았고, 마음속에 사르그의 설교 장면들이 떠올랐다. 박수와 환호, 눈물과 감정, 그리고 그 뒤에 남은 공허함. 그 모든 기억이 이제는 자신을 고발하는 듯했다.

성주는 부드럽지만 단호하게 말을 이었다.

"진리는 위로하기 전에 꿰뚫고, 살리기 전에 죽이네. 그런데 그들이 전한 설교가 사람의 내면 깊은 죄를 찌르지 않고, 타락한 본성을 덮어둔 채 외형적 꾸밈과 위로와 동기부여만 주었다면, 그것은 하늘의 말씀을 도둑질한 것이네. 그들은 신의 생명을 팔아 사람의 감정을 채우고, 거룩을 포장해 자기 이름을 높였지. 그것이야말로 하늘의 신께서 가장 슬퍼하시는 일이라네."

리안은 그 말을 듣고 한동안 입을 열지 못했다. 마음 한가운데가 조용히 무너져 내리는 듯했다. 그는 자신이 그동안 전했던 말들을 떠올렸다. 사람들을 위로하려 했던 설교, 감동을 주려 했던 말들, 그러나 그 중심에는 생명이 아닌 자기 확신이 있었다는 사실이 가슴을 찔렀다.

리안의 시선이 바닥을 향했다가 다시 성주를 향해 올라갔다. 그의 눈에는 후회와 깨달음이 동시에 비쳤다. 그는 조심스레 입을 열었다.

"성주님의 말씀을 들으니 하늘의 말씀을 … 제가 너무 쉽게 다뤘던 것 같습니다. 하늘과의 깨어진 관계의 회복을 외치기보단, 사람과의 평화의 관계와 질서를 중심으로 하늘의 말씀을 이용했었던 것 같습니다."

성주는 조용히 고개를 끄덕이며 리안을 바라보았다. 그리고 리안이 자기 죄의 실체를 보기 시작한 그 지점을 놓치지 않고, 조용하지만 분명하게 말했다.

"하지만 리안, 진리는 언제나 회개의 길을 열어두고 있네. 말씀으로 돌이키는 회개의 길 말이네. 자네가 지금 자네의 실제를 보고 있다면, 그건 눈이 열렸다는 뜻이지. 그리고 그것은 말씀을 도둑질하던 자리에서 벗어나 다시 생명 앞으로 나아가는 첫걸음이 열렸다는 의미라네."

리안은 천천히 숨을 내쉬었다. 성주의 말이 정죄로 끝나지 않고 회개의 길로 이어졌기 때문이다. 무너진 자리에서 희미한 빛이 비치는 듯했다. 죄책감과 함께, 아주 작은 소망이 그의 마음속에 피어오르고 있었다.

성주는 그런 리안을 바라보며 부드럽게 말을 이었다. 리안이 절망 속에 머무르지 않도록, 성주는 경전 속 한 장면을 떠올리게 했다.

"하늘의 아들께서 십자가에서 만난 강도를 기억하나? 그는 실제로 도둑이었지. 그는 하늘의 아들 앞에서 자기 죄를 부정하지 않았고, 처형당하는 것을 당연하게 여겼네. 하지만 그는 마지막 순간에 사람들이 조롱하던 말씀 앞에 무릎을 꿇었고, 오직 그 말씀을 신뢰했지."

성주의 목소리는 낮았지만, 그 안에는 확신이 있었다. 그 비유는 리안에게 분명한 논리를 남겼다. 도둑이라는 죄 자체가 회개의 길을 막는 그것이 아니라, 말씀 앞에 무릎 꿇지 않는 것이 길을 막는다는 사실이었다.

"그 강도는 도둑으로 죽었지만, 말씀을 믿음으로 다시 살았네. 그가 훔쳤던 모든 그것은 사라졌지만, 그가 붙든 말씀은 그를 살렸지. 이것이 바로 진리의 능력이네. 말씀은 죄인을 책망하지만 동시에 살리시네."

성주는 리안이 분명히 이해하도록 끝까지 이어 말했다.

"그래서 하늘의 신은 아직도 회개의 문을 닫지 않으셨네. 말씀으로 돌아오는 자는 누구든 다시 생명 안으로 들어갈 수 있지."

리안은 눈을 감았다. 마음 깊은 곳에서 무겁던 돌덩이가 조금씩 풀어지는 듯했다. 그는 깨달았다. 말씀은 정죄가 아니라 생명이었고, 심판이 아니라 회복이었다. 그리고 자신이 도둑이었던 자리에서 벗어나려면, 더 이상 말씀을 사용하려 하지 않고 그 말씀 앞에 무릎 꿇어야 한다는 것을.

성주는 리안을 바라보며 조용히 미소 지었다.

"이제 자네는 진리의 인격을 찾아 떠나는 순례자가 되었네. 진리를 사랑하는 사람은 하늘의 인격이신 말씀을 자기 뜻대로 다루지 않네. 오히려 그 말씀을 사랑하고, 그 말씀이 인도하는 길을 따라 동행하지. 그러니 자네가 지금 그 말씀을 인격으로 사랑하며 그 길을 따라가고 있다면, 자네는 이미 도둑질하던 자리에서 돌이켜 생명 앞으로 돌아온 것이네. 전에는 말씀을 자기 유익을 위해 사용하며 도둑질하던 자라 해도, 하늘의 신은 말씀으로 돌이킨 자를 결코 버리지 않으시네."

리안은 고개를 들었다. 성주의 말이 깊은 울림처럼 그의 가슴에 스며들었다. 그 말은 단순한 설명이 아니라, 그의 내면에 남아 있던 오래된 어둠을 부드럽게 비추는 빛처럼 느껴졌다.

성주는 잠시 리안의 눈빛을 바라보다가 천천히 말을 이었다.

"그 강도는 말했네. '당신의 나라에 임하실 때 나를 기억하소서.' 그는 자신의 처지가 고통과 수치로 가득했지만, 그분이 단순한 사람이 아니라는 것을 이미 깨달았네. 그 누구도, 그 순간 그분을 믿지 않았지. 제자들조차 흩어졌고, 백성들은 조롱했으며, 지도자들은 그를 저주했네. 그러나 단 한 사람, 십자가 옆에 매달린 강도만은 그 고통 속에서도 그분을 하늘의 아들로 신뢰했네."

리안의 눈이 커졌다. 그는 처음으로 그 장면을 다른 각도에서 떠올렸다. 자신이 그동안 단순히 쉽게 '용서받은 강도' 라 여겼던 인물이, 모든 사람들이 알아보지 못했던 진리를 알아본 사람이었음을 깨달았다.

성주는 부드럽지만 단호하게 덧붙였다.

"그는 사람들의 소리를 따르지 않았네. 누구도 그를 인정하지 않았지만, 그는 그분 안에 있는 말씀의 진리를 알아본 것이지. 그는 세상이 외면한 말씀을 그는 붙들었네. 그래서 그는 고백했지. '우리는 우리의 죄 때문에 이 벌을 받지만, 이 사람은 아무 잘못이 없다.' 그 말은 단순한 동정이 아니었네. 그는 그분이 하늘의 나라를 다스리는 거룩하신 왕이심을 믿었고, 그분을 말씀 그 자체로 신뢰했네."

리안은 조용히 입을 열었다.

"그럼 … 그는 말씀을 사랑했기 때문에 말씀이 되시는 하늘의 아들을 알아보고 그분을 진리로 받아들인 유일한 도둑이었네요. 그래서 그분께 호소했고, 그분 앞에 자기 자신을 내려놓은 거군요."

성주는 고개를 끄덕이며 잔잔한 미소를 지었다.

“그래서 하늘의 아들께서 직접 그에게 말씀하셨지. ‘오늘 네가 나와 함께 낙원에 있으리라.’ 그는 도둑이었지만, 말씀을 붙든 자였기에 생명을 얻었네. 결국, 십자가 위에서 함께 매달렸던 그 도둑 하나는 생명을 훔친 것이 아니라 생명을 되찾은 셈이지.”

잠시 침묵이 흘렀다. 바람이 거실의 창문을 스치며 부드럽게 울렸다.

성주는 리안을 바라보다가 조용히 입을 열었다.

“그 장면은 우리에게 묻는 것이네. 우리가 말씀을 이용하려 했는지, 아니면 그 말씀 앞에 자신을 내려놓았는지를 말일세. 말씀을 훔치려 하면 도둑이 되지만, 말씀 앞에 무릎 꿇는 자는 세상에서 가장 악랄한 도둑이라도 용서받을 수 있네.

그리고 리안, 바로 여기서 분명히 드러나는 것이 있지. 말씀을 이용하려 했던 자들은 결국 그 말씀을 알아보지 못했네. 그들은 말씀을 자기 뜻에 맞게 쓰려 했지만, 말씀을 ‘도구’로만 보았을 뿐, 정작 그 말씀 자체의 생명과 인격은 보지 못한 것이지. 반대로 말씀을 사랑하는 자는, 그 말씀이신 하늘의 아들을 알아보았네.

그 강도는 그분이 단지 세상에서 고난당하는 한 사람이 아니라, 진리이시며 하늘의 나라를 다스리는 왕이심을 알아보았지. 그리고 그 깨달음은 막연한 감정에서 나온 것이 아니라, 그분의 말씀을 통해 그분을 알아본 것이었네.

그러므로 그는 십자가 아래에서 쏟아지던 조롱과 사람들의 소리에 흔들리지 않고, 죽음 앞에서도 자신의 영혼을 그분께 맡길 수 있었던 것이네. 만일 그에게 확신이 없었다면, 모든 사람들이 하늘의 신께 저주받은 자' 라 외치던 분께 어떻게 자기 영혼을 맡길 수 있었겠는가.

그것이 경전에서 말하는 믿음이라네. 기억하게 리안. 하늘의 말씀은 그렇게 자비롭지만, 동시에 두려운 것이네. 왜냐하면 말씀을 계속 도둑질하는 자는, 결국 그 말씀 자체로 심판을 받기 때문이지."

성주는 잠시 말을 멈추었다.

그리고는 리안의 눈을 똑바로 바라보며, 더 낮고 단단한 목소리로 말을 이었다.

"리안, 이 일은 과거에만 있었던 이야기가 아니네. 오늘날도 동일하네. 지금도 많은 자들이 하늘의 아들을 믿는다고 말하면서 말씀을 사랑하는 것이 아니라 말씀을 이용하려 하네. 말씀이 자신을 무너뜨리게 하는 것이 아니라, 말씀이 자신을 세우게 하려 하지. 말씀이 자신을 죽이게 하는 것이 아니라, 말씀으로 자기 뜻을 이루려 하네."

성주의 목소리가 조금 더 날카로워졌다.

"그런 자들에게 말씀이신 하늘의 아들이 다시 오신다 해도, 말씀을 이용하려는 자들은 그분을 알아보지 못할 것이네. 그들은 입으로는 그분의 이름을 부르며 '믿는다' 고 말하겠지. 그러나 그 믿음은 말씀이신 그분을 사랑해서 나온 믿음이 아니라, 자기 유익을 위해 말씀을 쓰려는 마음에서 나온 고백일 뿐이지.

그러니 정작 진리 되시는 말씀이 그들의 눈앞에 서 있을 때, 그 말씀의 인격을 사랑해 본 적이 없는 자들이 어떻게 그분을 알아보겠나. 또한 알아보지도 못하는 분을, 어떻게 믿을 수 있겠는가."

성주는 단호하게 덧붙였다.

"그들은 하늘의 아들을 믿는다고 말하면서도, 하늘의 아들이 어떤 분이신지를 모르네. 왜냐하면 그분은 말씀으로 계시되기 때문이지. 말씀을 통해서만 알아볼 수 있는 분을, 말씀을 이용하는 자들이 믿는다는 것은 결국 자기 상상으로 믿는 것일 뿐이라네."

리안의 눈빛이 흔들렸다.

성주는 그 흔들림을 놓치지 않았다. 그는 리안의 내면이 무너지고 있다는 것을 알았고, 그 자리에서 논지를 더 분명히 세우려는 듯 한층 더 단단한 어조로 말을 이었다.

"리안, 이름을 부른다고 다 믿는 것이 아니네. 말씀의 본질, 곧 하늘의 신 중심의 말씀을 사랑하지 않으면서 그 이름을 부른다면, 그것은 믿음이 아니라 이용일세. 사람들은 입으로는 '믿는다' 고 말할 수 있지. 그러나 그 안에 말씀의 인격을 향한 사랑이 없다면, 그 고백은 곧바로 껍데기가 되네."

그는 리안을 똑바로 바라보며 말을 이었다.

"그러니 말씀을 이용하는 자는, 정작 말씀이신 하늘의 아들이 앞에 서도 그분을 결코 알아보지 못하네. 그들은 말씀을 도구로만 취급했기 때문에, 말씀 그 자체를 알아볼 눈이 없는 것이지. 그들에게 말씀은 하늘의 신을 사랑하게 하는 진리가 아니라, 사람을 세우고 자기 뜻을 이루기 위한 수단이었네. 그러니 그들이 '말씀' 이라 부르며 사용해 온 것과, 실제로 하늘에서 온 진리이신 말씀은 반드시 충돌을 일으킬 수밖에 없지.

결국 그들은 자신이 만들어낸 '사람 중심의 말씀' 을 붙들고 있기 때문에, 눈앞에 진리이신 그분이 서신다 해도 알아볼 수 없네. 그들이 사용하던 말씀과 진리이신 말씀이 서로 반대되는데, 어떻게 진리이신 그분을 알아볼 수 있겠는가.

반대로 말씀을 사랑하는 자는 다르지. 그들은 이미 말씀으로 하늘의 아들을 알아보고 살아왔기 때문에, 그분이 오시면 알아볼 것이네. 강도가 그랬듯이 말일세."

성주는 잠시 숨을 고른 뒤, 그 핵심을 강도의 장면으로 다시 묶어주듯 덧붙였다.

"강도가 십자가 위에서 그분을 알아보았다는 것은 우연이 아니네. 그가 그 자리에서 단번에 알아본 것이 아니라, 이미 오래전부터 진리를 찾고 있었기 때문이지. 감옥이라는 어둠 속에서, 사람의 소망이 끊어지는 자리에서 그는 무엇이 참인지 붙들려 했을 것이네. 그렇기에 그는 사람들의 눈에는 저주받은 죄인처럼 보였던 그분 안에서, 진리의 인격을 알아볼 수 있었던 것이지."

리안은 고개를 떨군 채 숨을 조심스레 내쉬었다. 그의 마음속 어딘가가 서서히 무너지고 있었다. 그동안 자신이 진리를 전한다고 말하면서도, 하늘의 신 중심의 말씀을 사람 중심으로 끌어내려 해석했고, 그 말씀을 통해 사람들의 인정과 감정의 반응을 더 갈망했던 순간들이 떠올랐다. 그는 그 모든 태도가 결국 말씀을 사랑한 것이 아니라, 말씀을 이용했던 자리였음을 깨달았다. 그리고 그것이 바로 말씀을 훔친 자리였다는 사실이 그의 가슴을 찔렀다.

그는 눈을 감고 십자가 위의 강도를 떠올렸다.

"당신의 나라에 임하실 때, 나를 기억하소서."

그 고백은 절망 가운데서도 오직 말씀만을 신뢰한 자의 마지막 고백이었다. 그리고 그 고백은 헛되지 않았다. 말씀께서 직접 응답하셨다.

"오늘 네가 나와 함께 낙원에 있으리라."

리안은 천천히 눈을 떴다. 그 말씀 한마디가 마음속 깊은 곳을 울렸다. 그는 비로소 깨달았다. 진리는 자신을 심판하기 위해 온 것이 아니라, 도둑질하던 자리에서 돌이켜 다시 생명으로 살리기 위해 온 것임을 깨달았다.

리안은 눈길을 돌려 성주를 바라보며 조용히 물었다. 그의 목소리에는 두려움과 깨달음이 동시에 섞여 있었다.

"그러면 … 하늘의 신 중심의 말씀을 사람 중심으로 끌어내려 사람의 뜻에 맞게 왜곡하고, 사람들을 미혹하며, 진리를 명분 삼아 자신의 인간적인 내면의 욕망을 포장한 자들은 … 결국 생명에 이를 수 없겠군요."

그 질문은 단순한 확인이 아니었다. 리안은 방금까지 들었던 "말씀을 도둑질하는 자" 의 정체가 무엇인지, 그리고 그들의 결말이 어떠한지를 이제 분명히 이해하고 있었다. 말씀을 전한다고 하면서도 실상은 말씀을 이용하여 사람의 체계를 세우는 자들, 그들이 과연 진리의 생명 안에 있을 수 있느냐는 물음이었다.

성주는 고개를 끄덕이며 단호하게 대답했다.

"그렇다네. 하늘의 아들께서는 그런 자들에게 분명히 말씀하셨지. '내가 가는 곳에 너희는 오지 못하리라.' "

그 말은 단순한 경고가 아니라, 관계의 단절에 대한 선언이었다. 성주는 곧바로 그 이유를 덧붙였다.

"그들은 하늘의 신 중심의 말씀을 훔쳐 사람 중심으로 만들었고, 진리를 종교 윤리로 조작했으며, 하늘의 생명을 자기 권위를 세우는 것으로 삼으려 했던 자들이었네. 그들은 진리 자체를 사랑한 것이 아니었네. 그들은 하늘의 생명을 붙든 것이 아니라, 그 생명을 가져다가 사람의 목적을 위해 사용했지. 그렇기 때문에 그들이 붙든 것은 생명이 아니라, 생명을 도구로 만든 체계였던 것이네."

리안의 표정이 어두워졌다. 그는 그 말의 의미를 곱씹었다.

단순히 악한 행동을 한 자들만이 아니라, 진리의 이름을 이용해 자기가 세운 체제를 높인 자들도 포함된다는 사실이 마음을 무겁게 했다. 겉으로는 진리를 말했지만 중심은 사람에게 있었고, 그 결과는 결국 생명과는 반대편에 서게 되는 것이었다.

성주는 리안의 어깨에 잠시 시선을 두며 조용히 덧붙였다.

"이처럼 하늘께서 내려 주신 '도둑질하지 말라' 는 계명은 어느 사회나 법으로 세운 사회 윤리 곧 물건을 훔치지 말라는 외적인 경고가 아니라네."

성주는 이 계명이 단순히 행동의 규범이 아님을 분명히 했다.

"이 계명은 하늘의 말씀을 자기 욕망을 위해 탈취하지 말라는, 생명을 지키기 위한 거룩한 명령이지. 왜냐하면 말씀은 본질적으로 하늘의 신께 속한 것이며, 그 자체가 생명이고 진리이기 때문이네. 말씀의 본질은 항상 하늘의 신 중심이며 말씀은 하늘의 신의 생명이요, 진리는 그분의 본질이라네."

성주는 더 단단해진 눈빛으로 리안을 바라보며, 논지를 끊지 않고 그대로 이어갔다.

"그러므로 말씀을 이용하고, 그 형식만 남겨둔 채 자기 사상을 집어넣는 행위는 단순한 실수가 아니라, 생명을 훔치는 범죄가 된다네. 그것을 자기 유익을 위해 이용하거나, 틀만 남겨둔 채 그 속에 자기 사상을 넣는 자는 결국 그 신과 원수가 되어 대적하게 된다네."

그 말이 떨어지자, 리안은 마치 자신이 투명한 유리처럼 말씀 앞에 드러난 듯한 기분을 느꼈다. 숨을 고르며 한동안 침묵하던 그는, 마침내 고개를 들어 조용히 입을 열었다. 목소리는 낮았지만, 마음 깊은 곳에서 우러나오는 고백이었다.

"저는 말씀을 사랑한다고 생각했습니다. 하지만 돌아보니 … 제가 사랑한 말씀은 하늘의 신을 중심에 둔 말씀이 아니라, 사람을 중심에 세운 말씀이었습니다. 그래서 저는 경전의 구절들을 하늘의 신 중심으로 해석하지 못했고, 결국 사람 중심으로 끌어내려 해석해 버렸습니다.

그 결과 제 해석은 언제나 사람과의 관계, 사람의 윤리, 세상을 아름답게 사는 처세술, 평화와 질서 같은 것만을 전하게 되었습니다. 겉으로는 말씀이었지만, 그 말씀이 사람을 하늘의 신 앞에 세우지는 못했습니다.

그것이 바로 말씀을 도둑질한 것이었다는 사실을 … 저는 몰랐습니다. 그런데 이제야 알겠습니다. 제가 했던 것이 말씀을 훔친 것이었다는 것을요."

성주는 천천히 고개를 끄덕였다. 그의 표정에는 책망이 아니라, 오래 기다려 온 자를 맞이하는 듯한 따뜻한 수용이 담겨 있었다.

"그 고백이 바로 회개의 시작일세."

그는 낮고 잔잔한 목소리로 말을 이었다.

"말씀은 하늘의 인격이시며, 도구가 아니라 생명이네. 그러니 그 말씀을 자기 뜻에 맞게 꺾어 쓰는 순간, 사람은 생명을 다루는 것이 아니라 훔치게 되지. 하지만 자네가 지금처럼 그 죄를 인정하고 돌이킨다면, 길은 다시 열리네. 그 생명을 있는 그대로 사랑하고, 그분의 인격과 동행하는 자만이 진짜 생명을 얻게 되는 것이지."

성주는 리안을 바라보다가, 잠시 숨을 고르듯 찻잔을 내려놓았다. 그리고 여덟 번째 계명에 대한 결론을 내리듯 단단한 목소리로 말을 이었다.

"리안, 결국 여덟 번째 계명, '도둑질하지 말라' 는 말씀은 사람과 사람 사이의 관계를 다루는 윤리로 끝나는 것이 아니네. 그 계명의 뿌리는 더 깊은 곳에 있지. 그것은 첫 번째 계명, 곧 '너는 내 앞에 다른 신들을 두지 말라' 는 말씀에서 시작된다네."

성주는 잠시 리안의 눈을 바라보며, 논지를 정확히 새겨 넣듯 말을 이어갔다.

"사람이 하늘의 신 외에 다른 신을 마음에 세우는 순간, 그 즉시 말씀은 왜곡되기 시작하네. 원래 말씀은 하늘의 신만을 중심으로 서 있어야 하고, 사람을 신과의 관계 속으로 이끌어 신을 사랑하게 만드는 길이어야 하지. 그러나 사람이 자신을 중심에 앉히는 순간부터, 하늘의 말씀은 '신을 사랑하는 길'이 아니라 '사람과의 관계를 세우는 도구'로 바뀌게 되네. 말씀을 통해 신께 돌아가야 할 자리가, 말씀을 통해 사람을 세우는 자리로 바뀌는 것이지. 그러니 첫 번째 계명이 무너지면, 여덟 번째 계명은 반드시 무너지게 되어 있네. 중심이 하늘의 신이 아니라 다른 무엇이 되는 순간, 말씀은 반드시 그 중심을 위해 이용되기 때문이지."

그는 마지막으로 결론을 맺듯 말했다.

"그래서 하늘의 신만을 사랑하는 자들은 결코 그 말씀을 사람 중심, 사람과의 관계 중심으로 이용하지 않네. 그들은 말씀을 자기 뜻을 이루는 재료로 쓰지 않고, 오히려 말씀 앞에 자신을 내려놓지. 하늘의 신만이 중심이 될 때, 비로소 말씀은 도둑질당하지 않고 생명으로 남게 되는 것이네."

그들의 대화는 더 이상 많은 설명을 필요로 하지 않았다. 말이 끝난 뒤, 리안의 내면에는 진리의 빛이 조용히 채워지고 있었다.

거실은 고요했다. 벽난로 속 장작이 타들어가며 낮은 소리를 냈고, 붉은 불빛이 두 사람의 얼굴에 잔잔하게 흔들렸다. 벽난로 위 주전자는 여전히 은근한 열을 품은 채 약한 김을 토해냈다. 차는 긴 대화의 시간을 증언하듯 식어 있었다.

제 12 장

제9계명
『네 이웃을 대적하여 거짓 증언하지 말라』

리안은 지금까지 성주의 말을 들으며, 자신이 꾸며왔던 신앙의 외피가 벗겨지고 그 아래 감추어져 있던 진짜 내면이 드러나는 것을 느꼈다. 지금까지 자신의 마음이 누구를 향하고 있었는지가 점점 분명해지고 있었다.

오래 이어진 대화로 거실의 공기는 가라앉아 있었고, 주전자에서는 아직도 낮은 열기가 은근히 올라오고 있었다.

그때 성주가 리안을 바라보며 조용히 입을 열었다.

"리안, 배고프지 않나?"

리안은 고개를 들었다. 긴 시간 말을 듣고 마음이 흔들린 탓인지, 그제야 몸이 허기를 자각하는 듯했다. 그는 조용히 고개를 끄덕였다.

"예 … 조금요."

성주는 천천히 고개를 끄덕이며 자리에서 일어섰다.

"좋네. 그럼 먼저 저녁을 먹고, 그 다음에 이어서 다음 계명으로 들어가세."

리안도 바로 따라 일어서며 말했다.

"예, 알겠습니다. 저도 저녁 준비하는 걸 돕겠습니다."

성주는 말없이 고개를 끄덕였고, 둘은 함께 거실을 지나 주방으로 향했다. 나무 바닥이 발걸음에 맞춰 낮게 울렸다.

잠시 후 주방에는 따뜻한 공기와 함께 고소한 빵 냄새가 은근히 퍼지고 있었다. 화덕 안에서는 빵이 거의 다 익어가고 있었고, 화덕 위의 냄비에서는 산나물 스프가 조용히 끓고 있었다.

모든 것들이 준비되어가자 리안은 성주에게 자신의 할 일을 물었다.

"이제 제가 뭘 하면 될까요?"

성주는 짧게 말해 주었다.

"그릇과 숟가락을 꺼내게. 그리고 빵을 꺼내면 옆에 둘 마른 열매와 찬장 아래에 있는 소스도 함께 가져오게."

리안은 찬장을 열어 접시와 소스를 꺼내고, 쟁반에 숟가락을 가지런히 놓았다. 성주는 오븐에서 빵을 꺼내 조심히 도마 위에 올려놓았다. 빵에서 따뜻한 김이 올라오며 주방 공기를 순식간에 바꿔 놓았다.

리안은 소스와 함께 열매가 담긴 그릇을 가져와 식탁에 놓고, 스프 그릇을 옮길 준비를 했다.

성주는 스프를 그릇에 담아 내며 말했다.

"뜨거우니 조심하게."

리안은 그 말에 고개를 끄덕이며 조심스럽게 그릇을 함께 옮겼다.

두 사람은 준비한 음식을 거실로 가져가 식탁 앞에 마주 앉았다. 벽난로의 불은 계속 타고 있었고, 식탁 위에는 소스가 뿌려진 빵과 스프, 마른 나무 열매들이 놓여 있었다.

리안은 스프를 한 숟갈 떠먹은 뒤 숨을 천천히 내쉬었다. 따뜻한 기운이 목을 타고 내려가면서 긴 대화로 굳어 있던 몸이 조금 풀리는 것을 느꼈다. 성주도 빵을 떼어 먹으며 허기를 채웠다. 둘 사이에는 많은 말이 오가지 않았지만 침묵이 어색하지 않았고, 두 사람은 조용히 식사를 이어갔다.

간단한 저녁을 마친 뒤 리안은 식탁 위를 정리하며 물컵을 옮겼다. 성주는 벽난로 위에서 끓고 있던 주전자를 조용히 들어 올렸다. 그는 자신의 찻잔과 리안의 찻잔에 찻잎을 넣고, 그 위로 뜨거운 물을 천천히 부었다. 찻잎은 물속에서 서서히 풀어졌고, 향이 올라오며 잔 위로 따뜻한 김이 가볍게 흘렀다.

성주는 차가 우러나는 것을 잠시 지켜보다가 찻잔을 들어 아주 천천히 한 모금을 마셨다. 리안도 조용히 찻잔을 들어 따라 마셨다. 식사가 끝난 뒤의 짧은 쉼이 자연스럽게 이어졌고, 그 쉼이 길지 않다는 것도 서로 알고 있는 듯했다.

잠시 후 성주는 리안을 바라보며 말을 이었다.

"좋네. 십계명의 나머지 계명들을 계속해서 살펴보세."

리안은 고개를 끄덕이며 대답했다.

"예, 성주님."

벽난로 불빛이 잔잔하게 흔들리는 가운데 거실은 다시 조용해졌다. 성주는 찻잔을 내려놓고 숨을 고른 뒤, 낮고 단단한 목소리로 입을 열었다.

"리안, 이제 자네에게 아홉 번째 계명에 대해 말해 주겠네."

리안은 고개를 끄덕이며 입을 열었다.

"성주님, 아홉 번째 계명인 '이웃을 대적하여 거짓 증언하지 말라' 는 말씀도 단순히 사람들을 속이지 말라는 경고만은 아닐 것 같습니다. 성주님의 설명을 통해 더 깊이 알고 싶습니다."

성주는 미소를 지으며 리안을 바라보았다. 그의 목소리는 부드러웠지만 단단한 확신이 있었다.

"정확히 보았네, 리안. 많은 이들이 하늘의 신께서 주신 계명을 사람과의 관계로 끌어내려 윤리적 규범으로만 이해하지."

성주는 그 이해가 왜 얕은지 먼저 짚었다.

"사람을 속이지 말라, 거짓말하지 말라. 그런 것은 세상의 교육으로도 충분히 배울 수 있네. 그리고 앞서 말했듯이, 배우지 않아도 사람의 타락한 양심 안에서도 어느 정도는 그것을 구분할 수 있지."

그러고는 계명이 무엇을 겨냥하는지 누구를 향하는지 그 방향을 분명히 했다.

"하지만 하늘에서 온 계명은 그런 차원이 아니라네. 하늘로부터 온 계명은 언제나 하늘의 신을 향해 있네. 하늘의 신을 향한 사랑의 관계를 담고 있지. 그러니 하늘의 계명은 언제나 더 깊고, 더 넓은 생명의 법을 담고 있다네."

리안은 고개를 끄덕였다. 성주의 말은 그가 막연히 품고 있던 의문을 정확히 짚어 주는 듯했다. 성주는 조용히 말을 이었다.

"이 계명을 바로 이해하려면, 먼저 '이웃' 이 누구인가를 다시 생각해야 하네. 많은 사람들은 이웃을 단순히 인간 관계 속의 대상으로만 생각하지. 그래서 아홉 번째 계명도 사람들 사이에서 거짓말하지 말라는 윤리 규범쯤으로 이해해 버린다네."

성주는 잠시 말을 멈추었다가 리안을 똑바로 바라보며 덧붙였다.

"그러나 여기서 말하는 '이웃' 은 단순히 사람을 뜻하는 말이 아니네. 이 계명에서의 '이웃' 은 예언으로 미리 말씀하신 분, 그리고 그 예언이 성취되어 우리 곁에 오신 분을 의미한다네. 그분은 단지 우리 가까이에 계신 분이 아니라, 우리를 살리기 위해 십자가에서 죽으신 분이지. 그러므로 이 계명에서 말하는 참된 '이웃' 은 결국 그분을 가리키는 것이라네."

성주는 천천히 숨을 고른 뒤, 낮고 확신에 찬 목소리로 말했다.

"그래서 경전에 예언된 이웃은 바로 말씀이 육신이 되어 오신 분, 진리의 인격이라네. 그분은 멀리 계신 신이 아니라, 지금도 우리 곁에 이웃으로 함께 거하시며 생명을 공급하는 분이지."

성주는 곧 이어 하늘의 아들께서 하신 일을 떠올리듯 차분히 말을 이어갔다.

"하늘의 아들께서도 한 율법사가 '영생을 얻으려면 무엇을 해야 합니까' 하고 묻자, 곧바로 답을 주신 것이 아니라 도리어 물으셨네. '율법에 무엇이라 기록되었느냐, 네가 어떻게 읽느냐' 하고 말일세.

그때 그 율법사가 경전에 기록된 가르침을 고백하지 않았나. '하늘의 신을 마음을 다하고 혼을 다하고 힘을 다하고 뜻을 다하여 사랑하고, 또 네 이웃을 네 몸처럼 사랑하라' 고 말일세. 그러자 하늘의 아들께서 그 고백을 들으시고 말씀하셨지. '옳게 대답하였도다. 이것을 행하라. 그러면 살리라' 고 말일세."

성주는 그 다음을 놓치지 않고 짚었다.

"그런데 그 율법사가 다시 물었지. '그렇다면 내 이웃이 누구입니까' 하고 말일세. 이 질문은 단순한 호기심이 아니라네. ‘네 이웃을 네 몸처럼 사랑하라’ 는 계명을 들었으니, 결국 그 말은 ‘그럼 내가 내 몸처럼 사랑해야 할 이웃이 누구냐’ 는 뜻으로 이어지는 것이지. 말하자면 사랑하라는 명령을 들었는데, 그 사랑의 대상이 누구인지 분명히 해 달라는 요구라네.”

성주는 조용히 숨을 고른 뒤, 그 질문에 대한 하늘의 아들의 답이 어떤 방식으로 주어졌는지 곧바로 이어 말했다.

“하늘의 아들께서는 그 질문에 답하시기 위해 비유를 말씀하셨네. 강도 만나 거의 죽어가던 자가 있었고, 그를 지나쳐 간 자들이 있었지. 그러나 어떤 사마리아인은 그를 불쌍히 여겨 살려냈네.”

성주는 그 비유가 끝나는 지점에서 하늘의 아들이 다시 무엇을 하셨는지를 정확히 붙들었다.

“그리고 하늘의 아들께서는 비유를 마치신 뒤, 그 율법사에게 다시 물으셨지. ‘누가 강도 만난 자의 이웃이냐’ 고 말일세. 곧 강도 만난 자가 자기 몸처럼 사랑해야 할 이웃이 누구냐는 질문으로 다시 되돌려 세우신 것이지.”

그의 목소리가 조금 단단해졌다.

“그러니 여기서 중요한 것은 질문이 무엇이냐는 것이네. 하늘의 아들께서 던지신 질문은 처음부터 끝까지 ‘누가 이웃이냐' 라는 질문이지, '누가 더 선한 사람이냐' 라는 질문이 아니네."

성주는 사람들이 어디에서 어긋나는지를 곧바로 짚었다.

"그런데 사람들은 이 대목에서 질문을 바꾸어 버린다네. '누가 강도 만난 자의 이웃이냐' 를 '누가 본받아야 할 더 선한 사람이냐' 로 바꿔버리지."

그는 잠시 멈추었다가, 그 변화가 왜 심각한 결과를 낳는지 논리적으로 이어갔다.

"질문이 바뀌면 결론도 바뀌게 된다네. 원래 이 비유는 '내가 사랑해야 할 대상, 나를 구원하신 분이 누구냐' 를 밝히는 비유였네. 그런데 질문을 바꾸는 순간, 비유는 '내가 본받아야 할 대상은 누구고, 나는 어떻게 해야 하는가' 라는 이야기로 변질되어 버린다네."

성주는 그 변질이 결국 무엇을 무너뜨리는지 분명히 말했다.

"그리고 그렇게 되면 이웃 사랑의 계명은 하늘의 아들과의 관계의 계명이 아니라, 스스로 선을 행하는 행실의 교훈으로 축소되어 버린다네."

그는 고개를 저으며 설명을 더 단단히 붙들었다.

"사랑은 관계가 성립될 때 시작되는 것이라네. 그러므로 사랑은 대상이 분명해야 하고, 그 대상과 하나가 되려는 마음이 있어야 하지. 즉 사랑은 대상이 없으면 결코 성립하지 않는다네."

성주는 대비를 통해 '사랑해야 할 대상' 과 '본받아야 할 대상' 의 차이를 더 분명히 드러냈다.

"그러나 '본받는다' 는 것은 다르네. 본받는다는 것은 관계가 없어도 가능하지. 어떤 선한 사람을 보고 '저 사람처럼 살아야겠다' 는 생각은 서로 알지 못해도 할 수 있다네. 그리고 그 사람처럼 살면 유익이 있다고 여기면, 사람은 그 유익을 얻기 위해 따라 하려 하지. 그래서 그 사람과 관계 없이도 자기 기준대로 따라 하며 '나는 거의 그 사람처럼 살았다' 고 스스로 결론내리고, 나름대로 선하다고 판단할 수도 있다네."

성주의 목소리가 더 낮아졌다. 그러나 논리는 오히려 더 단단해졌다.

"그러면 왜 사람들은 관계보다 본받으려 하는 쪽으로 기울이는가이네. 똑같은 유익을 얻는다면, 사람은 관계를 택하기보다 본받음을 택하지. 사랑의 관계는 반드시 십자가를 지게 만들지만, 본받음은 십자가를 질 이유가 없어지기 때문이라네. 더구나 관계가 없다면, 그 선함을 판단해 줄 대상도 사라진다네.

사랑의 관계라면 상대의 뜻과 기준 앞에서 평가를 받게 되지만, 본받음은 관계가 없으니 평가자가 존재하지 않지. 그러니 결국 사람은 스스로 자기 점수를 매기고, 스스로 합격했다고 결론내어 제출하게 된다네."

그는 그 차이를 리안이 실제로 느끼도록 질문을 던졌다.

"리안, 자네도 생각해 보게. 사람이 자네를 사랑의 대상으로 사랑한다면, 그 관계는 결국 십자가로 들어간다네. 자네를 위해 희생해야 하고, 자네를 위해 자신을 꺾어야 하고, 자네와 함께 동행하기 위해 같은 짐을 함께 져야 하기 때문이지. 사랑은 그렇게 반드시 대가를 요구한다네."

그는 고개를 저으며 반대쪽을 짚었다.

"반대로 자네를 '본받아야 할 대상' 으로 삼는 자는 어떠한가. 그는 자네와 아무 관계가 없어도 된다네. 자네를 몰라도 되고, 자네의 마음을 알 필요도 없고, 자네를 위해 십자가를 질 이유도 없지. 그는 그저 자기 만족을 위해 자기 기준대로 따라 살고, 스스로 점수를 매기며 '나는 이렇게 그를 본받으며 선하게 산다' 고 말할 뿐이라네."

성주는 질문을 더 밀어붙였다.

"리안, 자네와 아무 관계도 없이 스스로 점수를 매기며 '자네를 본받았다' 고 주장하는 자를 위해, 자네가 십자가를 질 수 있겠나. 자네가 그를 위해 생명을 내어줄 수 있겠나. 자네가 그를 위해 죽을 수 있겠나.

관계가 없는 자에게는 사랑이 성립되지 않네. 사랑이 성립되지 않으면 십자가도 성립되지 않지. 그러니 사랑의 관계가 아닌 곳에서는, 누군가를 위해 짊어진 십자가조차 효력을 잃게 되지 않겠는가."

그는 결론을 흐트러짐 없이 묶었다.

"이처럼 '본받음' 은 결국 관계를 요구하지 않는다네. 그러니 그 대상의 뜻과 법과 기준을 끝까지 알 필요도 없어지지. 곧 자신의 내면의 법이 무너지지 않아도, 겉모양으로는 스스로 점수를 매기며 선한 행위를 했다고 말할 수 있게 된다네. 그러나 하늘의 아들께서 찾으시는 것은 그런 관계 없는 본받음이 아니라, 십자가를 지고 따르는 사랑의 관계라네. 그렇기 때문에 하늘의 아들을 단지 본받으려는 자들의 끝은 분명하다네. 마지막에는 하늘의 아들께 '내가 너를 도무지 알지 못한다' 는 평가를 받게 되는 것이지."

성주는 리안을 똑바로 보며 못 박듯 말했다.

"기억하게, 리안. 사람들이 하늘 나라에 들어가지 못하는 이유는 선을 행하지 않았기 때문이 아니네. 더 정확히 말하면, 자기 기준으로 선을 행하는 데 실패했기 때문도 아니지. 문제는 행실의 부족이 아니라 관계의 부재라네. 하늘의 아들과 입맞춤이 없기 때문이지. 곧 그분과 사랑의 관계가 없기 때문이라네.

그래서 복음서에서 하늘의 아들께서 '내가 너희를 도무지 알지 못한다' 고 말씀하신 것이네. 그 말은 '너희가 선하게 살지 않았다' 는 뜻이 아니라, '너희와 나 사이에 관계가 없다' 는 최종 선언이라네."

그리고 성주는 전체 흐름을 다시 묶어 결론을 내렸다.

"이처럼 질문이 바뀌면 모든 것이 바뀐다네. '누가 내 이웃이냐' 라는 질문이 '누가 더 선하냐' 라는 질문으로 바뀌는 순간, 비유는 곧장 '선한 사마리아인처럼 선하게 살아라' 는 본받음의 교훈으로 축소되어 버리지. 그렇게 되면 이 비유가 요구하던 사랑의 관계는 사라지고, 하늘의 아들과의 관계도 가장 중요한 자리에서 떨어져 나가게 된다네. 그리고 남는 것은 하나뿐이지. 오직 자신이 스스로 점수를 매기는 방식의 본받음만 남게 된다네."

성주는 다시 본래 질문으로 되돌렸다.

"그래서 하늘의 아들께서 그 비유로 밝히려 하신 것은 이것이라네. '내 이웃이 누구냐?' 다시 말해 '내가 내 몸처럼 사랑해야 할 이웃이 누구냐?' 바로 그 질문을 통해 하늘의 아들과의 관계를 요구하신 것이지.

그러니 이 비유는 선한 사마리아인처럼 '착하게 살라'는 도덕의 이야기가 아니라네. 너희를 위해 십자가를 지시고 너희를 구속하신 이웃, 곧 하늘의 아들을 네 몸처럼 사랑하라는 초대였네. 다시 말해 자기 몸처럼 사랑해야 할 이웃은 결국 예언된 이웃, 우리 곁에 오신 말씀이시네."

리안의 눈이 서서히 흔들렸다. 이전에 트루드를 통해 '이웃이 누구인가'에 대한 말씀을 들었던 기억이 마음속에서 되살아났다. 그러나 지금 성주의 설명은 그때 들었던 내용보다 더 분명하고 더 깊은 방향으로 이웃의 정체를 확정하고 있었다. 리안은 그 의미를 놓치지 않으려는 듯 조심스럽게 물었다.

"그렇다면, 이 계명은 단순히 사람들 사이에서 거짓말하지 말라는 뜻이 아니라, 우리 곁에 이웃으로 오신 그분, 곧 하늘의 아들을 대적하여 거짓으로 증언하지 말라는 뜻이군요."

성주는 조용히 고개를 끄덕였다.

"그렇다네. 하늘의 신께서 예레미야를 통해 이렇게 말씀하셨지. '그들이 내 이름으로 말한다 하여도, 내가 말하지 아니하였노라.' 이 말은 단순히 '말이 틀렸다' 는 뜻이 아니네. 하늘의 이름을 붙였지만 그 말의 근원이 하늘이 아니라는 뜻이지. 그러니 말씀을 빙자해 진리를 왜곡하는 자들은 단순히 실수를 한 자들이 아니라, 하늘의 신을 대적하는 거짓 증인들이라네."

리안의 눈빛이 깊어졌다. 성주의 말은 설명이 아니라 판단처럼 들렸다. 성주는 목소리를 낮추며 논리를 더 분명히 이어갔다.

"왜냐하면 그들은 하늘의 이름을 빌려 사람 중심의 말을 전하기 때문이라네. 하늘의 말씀을 말하는 것처럼 포장하지만, 실제로는 사람의 기준과 사람의 유익을 중심에 두지. 그래서 사람들을 '하늘' 로 끌어올리는 것이 아니라, 하늘의 말씀을 '사람' 에게로 끌어내려 버린다네. 그 결과는 분명하지. 자신도 속고, 다른 이들도 속이게 된다네. 이것이 곧 우리 곁에 계신 하늘의 말씀을 대적하여 거짓으로 증언하는 일이네."

성주는 차가 우러나는 것을 잠시 지켜보다가 잔을 들어 아주 천천히 한 모금을 삼켰다. 그리고 더 정확히 기준을 세웠다.

"겉으로는 감동이 있고 신비로움이 있을 수도 있지. 신비로운 언어로 사람을 흔들고, 마치 하늘의 음성인 양 말할 수도 있다네. 그러나 판단의 기준은 느낌이 아니라 방향이라네. 그 말이 사람을 하늘의 신을 사랑하도록 이끄는 말씀의 본의로 향하지 않는다면, 그것은 모두 위조된 증언이라네. 결국 그 말은 하늘의 말씀을 도용한 것이고, 진리를 조작한 거짓이지."

리안은 숨을 깊게 내쉬었다. 그 말이 그의 내면 깊은 곳까지 스며들었다.

"그럼 저도 하늘의 말씀을 빙자해 그것을 사람의 도덕과 윤리로 끌어내려 제 생각을 전한 적이 있다면, 그것이 곧 말씀을 대적한 거짓 증언이겠군요."

성주는 단호하지만 정죄하지는 않는 어조로 대답했다.

"그렇네, 리안. 말씀은 단지 '문장' 이 아니라 하늘의 인격이시네. 그러므로 그분이 말씀하신 의도를 왜곡한 채, 그분의 이름을 걸고 말하는 것은 단순한 해석의 실수가 아니라네. 그것은 곧 그분을 대적하는 일이네. 왜냐하면 우리는 겉으로는 '말씀을 전한다' 고 말하지만, 실제로는 말씀을 다른 방향으로 틀어버리는 것이기 때문이지."

성주는 논리를 더 분명히 정리했다.

"증인은 방향을 바꾸지 않는다네. 증인은 그분이 가리키는 곳으로 사람을 이끌지. 그런데 우리가 그분을 대표한다고 말하면서도, 그분께로 향해야 할 말씀을 사람에게로 꺾어 전한다면 우리는 더 이상 증인이 아니네. 그 순간 우리는 거짓된 증인이 되고, 결국 거짓된 대적자가 되는 것이지."

리안은 아무 말도 하지 못했다. 그의 마음속에서는 그동안 무심히 던졌던 말들이 하나씩 정리되듯 떠올랐다. 사람들을 설득하기 위해 왜곡했던 구절들, 사람들을 위로하기 위해 자기 방식으로 꿰어 맞추었던 구절들, 감정에서 나온 말들을 신의 뜻이라 포장해버렸던 순간들이 끊임없이 겹쳤다. 그는 자신이 '말씀을 말한 것' 이 아니라 '말씀으로 포장한 자기 말' 을 전했던 적이 많았음을 부인할 수 없었다. 그 깨달음이 그의 마음을 무겁게 가라앉게 했다.

깊은 생각에 잠긴 리안은 조용히 입을 열었다.

"요한복음에서 하늘의 아들께서 종교지도자들에게 말씀하셨죠. '너희는 너희 아비 마귀에게서 났으니 … 그는 처음부터 살인한 자요 … 거짓의 아비가 되었음이라.' 그 말씀이 지금 너무 생생하게 들립니다. 이제야 알 것 같습니다. 왜 사람들로부터 존경받고, 나름대로 철저하게 종교 규칙들을 지키고, 오래 기도하고 전도도 하고, 십일조와 헌금도 했던 그들에게 하늘의 아들께서 그런 말씀을 하셨는지 말입니다."

성주는 찻잔을 내려놓고 장작 타는 소리가 들리는 벽난로 쪽으로 시선을 돌렸다가, 다시 리안을 바라보며 말을 이었다.

"잘 보았네, 리안. 말씀을 대적하는 거짓은 반드시 살인으로 이어진다네. 그래서 아홉 번째 계명에서 말하는 거짓 증언은 단순히 사람 사이의 거짓말이 아니네. 그것은 진리를 파괴하는 행위이며, 그 끝은 결국 생명을 죽이는 데로 이어진다네."

그 말이 끝나자 거실은 잠시 정적에 잠겼다. 벽난로 불빛만이 일렁이며 공간을 흔들고 있었다. 리안은 깊은 숨을 내쉬었다. 그는 이제 아홉 번째 계명에서 말하는 거짓이 단지 말의 실수나 인간 관계의 문제가 아니라, 진리를 대적하는 태도 자체라는 사실을 깨달았다. 그리고 그 거짓은 결국 생명을 끊는 결과로 흐른다는 것도 함께 보이기 시작했다.

성주는 고개를 천천히 돌리며 조용히 말을 이었다. 그의 목소리는 낮았지만 결론은 단호했다.

"에덴에서 마귀가 했던 그 한마디를 기억하나. '결코 죽지 아니하리라.' 그 짧은 거짓말 하나가 인류 전체를 죽음으로 끌고 갔지. 그 말은 단순히 사실을 속인 말이 아니었네. 하늘의 신이 선포하신 말씀, 곧 생명의 법을 정면으로 부정한 말이었지."

성주는 그 논리를 계속해서 이어갔다.

"하늘의 진리를 대적하는 거짓은 그 순간부터 생명을 끊는 칼이 된다네. 왜냐하면 생명은 말씀에서 나오는데, 거짓은 그 말씀을 끊어버리기 때문이지. 그래서 사단은 '거짓의 아버지' 일 뿐 아니라, 처음부터 살인자였던 것이네. 거짓은 본질적으로 살인을 품고 있다네."

리안은 그 말을 듣고 고개를 떨구었다. 그리고 조심스럽게 입을 열었다.

"그렇다면 지금도 … 말씀이란 이름으로 전해지는 수많은 설교와 예언들이 사람 중심으로 끌어내려지고, 하늘로부터 받았다고 하면서도 사람을 하늘과의 관계로 나아가지 못하게 한다면, 그 말들도 결국 거짓의 구조 안에 있는 거군요. 겉으로는 신의 이름을 말하지만, 실제로는 하늘의 신을 향하게 하지 못하고 사람의 기준과 사람의 만족으로 흐르게 만든다면, 그 말은 진리를 전하는 것이 아니라 진리를 왜곡하는 것이니까요."

리안은 숨을 고르고 말을 이어갔다.

"또 사람들의 감동을 자아내서 사람들을 종교 안으로 들어오게 하는 간증 속에서도, 만약 하늘의 신 중심의 말씀을 사람을 중심에 세우는 방향으로 바꿔버리는 내용이 들어 있다면,

그 역시 거짓 증언이 되는 거군요. 감동은 있을지 몰라도, 그 감동이 하늘의 신을 사랑하는 관계로 이끌지 못한다면, 결국 사람을 살리는 것이 아니라 영혼을 속여 죽이는 구조가 되니까요. 그래서 하늘의 아들께서 말씀하신 것처럼, 바다와 육지를 두루 다니며 개종자 하나를 얻고 나면 오히려 그를 '더 지옥 백성' 이 되게 만든다는 말씀이 바로 그런 의미군요. 사람을 얻었으나 하늘의 신께로 인도하지 못했고, 종교 안에 들여놓았으나 진리의 관계는 잃게 만들었기 때문이군요."

성주는 리안의 깨달음을 확인하듯, 조용히 미소 지으며 고개를 끄덕였다.

"그렇다네, 리안. 그것이 바로 아홉째 계명을 어기는 일이지. 하늘의 말씀을 빙자해 거짓을 말하는 것은 단순한 말의 죄가 아니라, 생명을 막는 죄라네. 왜냐하면 그 거짓이 하늘의 신의 뜻을 가리고, 사람들을 진리로부터 멀어지게 만들기 때문이지. 그래서 하늘의 아들께서는 열심히 전도했던 종교지도자들을 저주하셨던 것이네."

그는 잠시 숨을 고르며 덧붙였다.

"생각해보게, 리안. 자네도 알다시피 에덴의 마귀도 신의 말씀을 완전히 부정하지는 않았네. 오히려 일부를 인용하고, 그 위에 자기의 해석을 덧붙였지. 그처럼 지금도 많은 자들이 하늘의 말씀을 인용하되, 그 중심에 하늘의 신 중심이 아닌 사람 중심의 자신의 생각과 욕망을 끼워 넣는다네. 그러니 그들의 말은 겉으로는 신의 말씀 같지만, 본질은 이미 왜곡된 독, 죽이는 독이 되어버린 것이지."

리안은 잠시 침묵에 잠겼다. 성주의 말이 머리에서 끝나지 않고, 그의 내면 깊은 곳을 직접 건드리고 있었기 때문이었다.

그 침묵 속에서 리안의 마음에는 사르그에서 경전의 교사로 활동하던 시간들이 하나씩 떠올랐다. 그는 그때 죄를 하늘의 신과의 관계의 문제로 보지 못하고, 사람과 사람 사이의 문제로만 이해했었다. 그래서 계명과 말씀을 '하늘의 신을 향한 사랑의 법' 으로 전하지 못하고, 사람들의 감정을 달래고 관계를 정리하는 말로 바꾸어 설교했었다.

그는 이제 그 구조가 무엇이었는지 분명히 보았다. 위로한다는 이유로 감정으로 포장했던 말들, 스스로 감동을 느끼고 그것을 신의 음성이라 착각하며 전했던 순간들, 그리고 진리의 중심이 아니라 자기 의도와 자기 만족을 숨긴 채 전달했던 말들이었다.

리안은 그것이 단순한 실수나 부족함이 아니라, 말씀을 사람 중심으로 끌어내린 왜곡이었고, 자신도 속고 다른 사람도 속이게 만든 구조였다는 것을 깨달았다.

성주는 리안의 침묵을 잠시 바라보다가, 낮고 깊은 목소리로 대화를 정리하듯 말을 이었다.

"리안, 하늘의 신께서 그분의 말씀을 왜곡한 자들에게 강하게 경고하신 이유가 있네. 거짓은 늘 진리를 흉내 내지만, 그 끝은 언제나 생명을 죽이는 칼이 되기 때문이지. 그래서 아홉째 계명은 단순히 '거짓말하지 말라' 는 윤리 규칙이 아니네. 그것은 생명을 보호하는 하늘의 울타리라네. 그 울타리 안에 있을 때 사람은 진리 안에 거하지만, 울타리 밖으로 나가는 순간 사람은 진리에서 끊어지고 생명에서 멀어지게 되지."

리안은 고개를 숙인 채 깊은 숨을 내쉬었다. 그는 이제야 아홉째 계명이 금하는 것이 단순한 말의 거짓이 아니라는 사실을 깊이 이해하기 시작했다. 아홉째 계명은 '사람을 속이지 말라' 는 수준을 넘어서, 말씀을 이용해 진리를 가리고 생명을 막는 영적 거짓을 금하고 있었다.

성주는 리안의 눈빛을 잠시 바라보며 천천히 말을 이어갔다. 말투는 단호했지만 꾸짖기 위한 단호함이 아니었다. 리안이 스스로 분별할 수 있도록 기준을 세워주는 단호함이었다.

“사람들은 자주 말하지. ‘하늘의 신이 내게 이렇게 말씀하셨다.’ ‘이런 감동을 주셨다.’ 그러나 그럴수록 반드시 물어야 하네. 그 말이 정말 사람을 하늘의 신과의 관계로 돌이키게 하는 말인가, 아니면 말씀을 이용해 사람과의 관계 속으로 끌어내리는 말인가 말일세.”

성주는 논리를 더 분명히 정리했다.

“진짜 말씀은 사람을 자기 안의 타락한 내면의 법에서 떠나 하늘의 신 중심의 말씀으로 향하게 하지. 그러니 진짜 말씀은 필연적으로 사람 안의 ‘내가 주인인 구조’ 를 무너뜨린다네. 반대로 거짓된 말은 말씀을 말하는 것 같아도 결국 사람을 무너뜨리지 않으며 사람을 중심에 세우지. 그래서 사람의 감정이 기준이 되고, 사람의 유익이 방향이 되고, 사람의 의가 살아나게 한다네. 말은 하늘에서 온 것처럼 보일 수 있어도, 그 결과가 사람을 하늘의 신께로 인도하지 못한다면 그것은 결국 진리를 가리는 거짓말에 불과하네.”

성주는 다시 리안을 똑바로 바라보며 결론을 질문의 형태로 던졌다.

“그래서 묻는 걸세. 누군가가 그 말을 듣고 정말 하늘의 신 중심의 말씀으로 돌아갔는가. 아니면 그 말이 오히려 하늘의 신 중심의 말씀을 가리고, 진리를 향해 나아가려는 길을 막아선 것은 아닌가. 하늘의 말씀은 언제나 듣는 자 안의 내면의 벽을 무너뜨리고, 진리의 인격으로 향하게 한다네. 다시 말해 진리는 사람을 하늘의 신 중심의 말씀으로 돌이키게 하지만, 거짓 증언은 말씀을 인용하는 척하면서도 결국 하늘 중심의 말씀을 대적하여 사람 중심으로 바꾸지. 그것이 거짓된 예언의 뿌리라네."

리안의 손끝이 조용히 떨렸다. 그의 머릿속에서는 오래된 기억들이 차례로 떠올랐다. 자신이 했던 말들, 다른 이들이 전했던 말들, 감동이라는 이름으로 포장되었지만 실제로는 하늘의 신께로 향하지 못하게 만들었던 말들. 그는 스스로에게 묻게 되었다. 그 수많은 말들 속에서 정말 누군가가 하늘의 신 중심의 말씀으로 돌아간 적이 있었는가. 아니면 그 모든 말이 하늘의 이름을 빌려 자기 뜻을 전하며 사람의 관계 속에만 붙잡아 둔 것은 아니었는가.

리안은 고개를 떨구었다. 성주의 말은 한 줄의 칼처럼 그의 내면을 가르며, 오래된 신앙의 형태를 부수고 있었다. 그는 마침내 이해했다. '하늘의 말씀을 전한다' 는 말 속에도 분명 두 갈래가 존재한다는 것을. 하나는 진리로 돌이키는 말이고, 하나는 진리를 이용해 자기 뜻을 전하는 말이었다.

리안은 조용히 손을 무릎 위에 얹은 채 오랫동안 말이 없었다. 그의 시선은 멀리 벽을 향해 있었지만 마음은 깊은 곳으로 내려가 있었다. 오래전 자신이 했던 말들이 떠올랐다. 그 안에는 진리를 향한 고백보다, 사람을 중심에 세우려 했던 흔적들이 있었다.

그는 마침내 조용히 입을 열었다.

"그분을 사랑한다고 말하면서도 … 제가 그분을 향해야 할 그분의 말씀을 제 뜻대로 사람을 향하게 바꾸고, 제 감정에 맞게 덧입혔다면 … 저는 그분의 친구가 아니라, 그분을 고발한 거짓 증인이었겠네요."

성주는 리안의 말을 곧바로 대답하지 않았다. 그는 잠시 리안을 바라보았다. 그 시선은 책망이 아니라, 리안이 방금 고백한 말이 단순한 감정이 아니라 진짜 깨달음에서 나온 결론인지 확인하는 듯했다. 그리고 성주는 조용히 고개를 끄덕이며 말을 이었다.

"그렇다네, 리안. 말씀이 아닌 것을 말씀이라 하여 전한 자는, 결국 말씀 자체이신 분을 거슬러 대적한 자가 되는 것이네. 겉으로는 말씀을 말하는 것 같아도, 실제로는 말씀이신 분의 뜻을 꺾고 다른 방향으로 돌려버린 것이니까 말일세. 그런 자는 진리를 증언한 것이 아니라, 진리를 고발한 거짓 증인이 되는 것이지."

그 말은 부드럽게 들렸지만, 리안의 마음속에서는 날카롭게 박혔다. 리안은 이제 그 논리를 피할 수 없었다. 말씀을 전한다는 행위는 언제나 '말씀께로 인도하는가' 라는 기준으로 평가되는데, 자신은 말씀의 본질을 무너뜨린 채 말씀을 사용해 왔다는 사실을 깨달았기 때문이다. 그래서 그의 눈동자가 미세하게 떨렸다. 두려움과 깨달음이 동시에 밀려왔고, 마음 깊은 곳에서 오래 잠들어 있던 어떤 부분이 깨어나는 듯했다.

성주는 그 흔들림을 보고도 몰아붙이지 않았다. 그는 오히려 더 분명한 구조로 정리해 주듯 낮은 목소리로 말을 이었다.

"그리고 리안, 이 계명은 결코 다른 계명들과 따로 떨어져 있는 것이 아니네. 사람들은 계명을 조항처럼 나눠 보지만, 계명은 그렇게 따로 존재하지 않네. 각각의 계명은 따로 보일 뿐, 모두 하나의 진리에서 흘러나온 가지들이지."

성주는 곧바로 각 계명이 어떤 방향으로 하나의 진리와 연결되는지를 논리적으로 짚었다.

"여섯째 계명은 '진리를 죽이지 말라' 는 명령이네. 겉으로는 살인을 금하지만, 본질은 생명을 지키라는 말이지. 그리고 그 생명은 말씀에서 나오네. 말씀은 살아 있는 인격이니, 그분을 무시하거나 왜곡하는 것은 단지 규범을 어긴 수준이 아니라 생명의 근원을 끊는 행위가 되는 것이지. 일곱째 계명도 마찬가지라네. 그것은 '진리를 섞지 말라' 는 경고이지. 진리는 순전해야 하는데, 세상의 생각과 섞이는 순간 말씀의 순전함이 훼손된다네. 섞인 진리는 더 이상 진리가 아니지."

성주는 잠시 숨을 고르고, 다음 계명으로 자연스럽게 이어갔다.

"여덟째 계명은 '진리의 가치를 빼앗지 말라' 는 명령이라네. 말씀의 권위를 자기 이름으로 바꾸거나, 하늘의 영광을 사람의 명예로 돌리는 자들에 대한 경고지. 다시 말해 말씀을 훔쳐 사람의 것으로 만드는 일이네."

그는 여기서 멈추지 않고, 아홉째 계명이 왜 중요한지 마지막 경계선으로 결론을 맺었다.

"그리고 아홉째 계명은 그 모든 계명을 꺾어버리는 방식, 곧 진리를 대적하여 거짓 증언하지 말라는 마지막 경계선이라네. 말씀이신 진리 앞에서는 어떤 왜곡도 허용되지 않네. 바로 앞에서도 말했듯이, 이것은 단순한 금지가 아니라 진리를 보호하기 위한 하늘의 울타리이네."

성주는 잠시 멈추고 찻잔을 들어 한 모금 마셨다. 그리고 다시 리안을 바라보며 마지막 뿌리를 짚었다.

"이 계명들이 서로 연결되어 있는 이유는 분명하네. 모두 같은 뿌리에서 줄기로, 가지로 자라났기 때문이라네. 그 뿌리가 바로 첫 번째 계명이지. '너는 내 앞에 다른 신들을 두지 말라.' 말씀 외에 어떤 것도 중심에 두지 말라는 그 명령이 모든 계명의 근원이네."

성주는 결론을 단단히 붙였다.

"진리를 중심에 두고 사랑하는 자만이 말씀을 왜곡하지 않을 수 있네. 그러나 말씀보다 자기 내면의 법을 중심에 두고 자기 생각을 앞세우는 자, 자기 감정과 자기 기준을 중심에 두는 자는 결국 말씀을 자기 뜻에 맞게 꺾게 되지. 그리고 그 끝은 반드시 거짓 증언으로 흐르게 된다네. 이것이 계명이 하나로 연결된 이유이며, 그 연결의 중심은 언제나 말씀이라네."

성주의 말이 끝나자, 리안은 조용히 고개를 숙였다. 그는 방금 들은 내용이 단지 설명이나 교훈이 아니라, 계명의 구조 전체를 하나로 꿰는 열쇠라는 것을 느끼고 있었다.

리안의 마음속에서는 십계명이 더 이상 낱개의 조항으로 흩어져 있지 않았다. 마치 한 그루 나무처럼, 줄기와 가지가 질서 있게 연결되어 있었다. 그리고 그 연결의 중심에는 뿌리처럼 박혀 있는 한 문장이 분명히 보였다.

"너는 내 앞에 다른 신들을 두지 말라."

리안은 깊은 숨을 내쉬었다. 그의 내면은 고요했지만, 그 고요 속에서는 깨달음이 조용히 번지고 있었다. 이제 그는 각 계명이 단순히 "하지 말라" 는 금지 조항이 아니라는 사실을 깊이 이해하고 있었다. 계명은 결국 무엇을 중심에 두고 살아야 하는가, 더 정확히 말하면 누가 왕이 되어야 하는가를 말하고 있었다.

말씀을 죽이지 말라.

말씀을 섞지 말라.

말씀을 훔치지 말라.

말씀을 대적하여 거짓 증언하지 말라.

그 모든 명령은 서로 다른 방향이 아니라, 정확히 한 방향을 가리키고 있었다. 그 방향은 사람을 향한 것이 아니라, 말씀 자체이신 하늘의 신을 향한 것이었다. 그래서 리안은 마침내 그 전체를 하나의 문장으로 이해하게 되었다.

"말씀은 하늘의 신이며, 왕이 되신다."

리안은 천천히 고개를 들었다. 그의 눈빛은 전과 달리 흔들리지 않았고, 그 안에는 분명한 결심이 서 있었다. 그는 조용하지만 단호한 목소리로 말했다.

"이제 비로소 '네 이웃을 대적하여 거짓 증언하지 말라'는 계명의 깊은 의미를 알게 되었습니다. 이 계명은 사람 사이의 말에 대한 규범이 아니라, 하늘의 신으로부터 나온 계명이기에 처음부터 끝까지 하늘의 신이 중심이 된다는 것을 깨달았습니다. 그리고 이 계명에서 금하는 거짓 증언은 단순히 사람을 속이는 거짓이 아니라, 하늘의 신을 대적하는 거짓이라는 것도 알게 되었습니다. 또한 하늘의 신은 곧 말씀이시니, 하늘의 신을 대적하는 거짓 증언은 결국 하늘의 말씀을 향한 대적임을 선명하게 보게 되었습니다.

이제부터라도 저는 이웃이 되시는 하늘의 말씀을 사랑하며, 진리를 거스려 거짓 증언하지 않기를 소망합니다."

성주는 미소를 지으며 고개를 끄덕였다.

"그 고백이 마음 깊은 곳에서 흘러나온 진실이길 바라네. 그런 진실은 언제나 사람을 말씀 곁에 머물게 하지."

그 말이 리안의 가슴을 스쳤다. 그는 이제 분명히 알게 되었다. 진리는 단지 지켜야 할 규범이 아니라, 떠나지 말고 곁에 머물러야 할 하늘의 인격이었다.

거실은 따뜻했다. 장작이 타들어가며 내는 소리만이 조용히 공간을 메웠고, 벽난로 불빛은 붉은 숨결처럼 잔잔히 흔들렸다. 리안은 고개를 숙인 채 한동안 움직이지 않았다. 그의 내면에는 방금 깨달은 말씀의 의미가 선명히 남아 있었다. 아홉 번째 계명은 단순히 말의 거짓을 금하는 규칙이 아니라, 이웃이 되신 하늘의 말씀을 대적하지 말라는 경계선이었다.

리안이 마침내 고개를 들었을 때, 그의 눈빛에는 감정이 아니라 결론이 서 있었다. 성주는 그런 리안을 잠시 바라보다가 더 말하지 않고 조용히 자리에서 일어났다.

성주는 벽난로 옆 탁자 위에 있던 주전자를 집어 들었다. 주전자의 입구에서는 얇은 김이 가늘게 피어올랐다. 그는 주전자와 함께 벽난로 옆 탁자 위에 놓인 찻잎 통을 들고 테이블로 가지고 왔다. 이어 그는 찻잎 통을 열고 찻잎을 집어 두 잔에 나누어 담은 뒤, 주전자를 들어 조심스럽게 뜨거운 물을 부었다. 그리고 다시 주전자를 난로 위로 가져다 놓고 자리에 앉았다. 잠시의 시간이 흐르며 찻잎은 천천히 풀어졌고, 맑던 물은 점점 짙어지며 향이 고요히 퍼져 나갔다.

성주는 차가 우러나는 것을 잠시 지켜보았다. 그 짧은 기다림은 이야기가 멈춘 시간이 아니라, 방금 들었던 계명의 무게를 마음 안에서 정리하는 쉼이었다. 리안도 말없이 그 모습을 바라보았다. 벽난로 불빛이 찻잔 위로 흐르는 김을 비추고 있었다.

성주는 잔을 들어 천천히 한 모금을 마셨고, 리안도 따라 마셨다. 따뜻한 기운이 목을 타고 내려가자 긴 대화로 굳어 있던 몸이 조금 풀리는 듯했다. 두 사람 사이에는 잠시 침묵이 흘렀지만, 그 침묵은 불편하지 않았다. 오히려 말보다 더 분명한 정리가 그 침묵 속에서 이루어지고 있었다.

제 13 장

제10계명

『네 이웃의 집을 탐내지 말라』

잠시 동안 차를 마시며 쉼을 갖던 성주는 들고 있던 찻잔을 천천히 내려놓았다. 그는 벽난로 쪽으로 시선을 돌렸다. 타닥타닥 장작이 타는 소리가 따뜻한 거실을 잔잔하게 채웠다. 불빛이 흔들리며 벽에 그림자를 만들었고, 난로 위 주전자에서는 얇은 김이 조용히 피어올랐다.

성주는 그 고요한 온기 속에서 다시 리안을 바라보았다. 그의 목소리는 한층 낮아졌다.

"리안."

리안이 고개를 들었다.

성주는 조용히 물었다.

“자네, 마지막 열 번째 계명을 알고 있는가?”

리안은 잠시 생각한 뒤 고개를 끄덕였다.

“네, 알고 있습니다. ‘이웃의 집을 탐내지 말라’ 입니다.”

성주는 부드럽게 미소 지으며 천천히 말을 이었다.

“잘 알고 있네. 하지만 이 계명을 더 자세히 보면 이렇게 되어 있지. ‘너는 네 이웃의 집을 탐내지 말지니라. 네 이웃의 아내나 남종이나 여종이나 소나 나귀나, 네 이웃의 소유 중 어떤 것이든지 탐내지 말지니라.’ ”

그는 한 문장씩 분명히 끊어 말하며 뜻을 이어갔다.

“이 계명은 이웃의 ‘집’ 만을 말하는 것이 아니네. 집이라는 말 속에는 그 안에 있는 관계와 질서가 들어 있고, 더 나아가 그에게 속한 모든 것까지 포함되어 있지. 그러니 이 계명은 단지 ‘남의 것을 빼앗지 말라’ 는 수준이 아니라, ‘그에게 속한 것 전부를 욕망으로 삼지 말라’ 는 뜻이라네.”

성주는 잠시 말을 멈추었다가, 왜 이 계명이 마지막에 놓였는지를 논리적으로 짚었다.

“만일 이것이 단지 사람 사이의 재산 문제라면, 세상의 법과 양심으로도 충분히 막을 수 있지 않겠는가. 그런데 하늘의 신께서 굳이 마지막 계명으로 이 말씀을 못 박으신 이유는 분명하네. 이것은 사람과 사람 사이의 질서를 지키게 하려는 계명이 아니라, 하늘의 신과의 관계를 끝까지 보존하게 하려는 계명이기 때문이지."

그는 계명의 핵심이 흐려지지 않도록, 다시 '이웃' 이라는 단어부터 붙들었다.

"그래서 여기서 말하는 '이웃' 또한 단순히 사람이 아니네. 이미 아홉 번째 계명에서 말했듯이, 이 계명에서의 이웃은 예언으로 약속되었고 마침내 우리 가운데 오신 분, 말씀이 육신이 되어 거하신 분, 곧 진리의 인격을 가리키는 말이라네."

성주는 그 흐름을 놓치지 않고 곧바로 결론을 붙였다.

"그러므로 열 번째 계명은 결국 이런 뜻이 되네. 신께 속한 영역이 있고, 신께서 세우신 질서가 있으며, 신께서 주신 말씀이 있지. 그런데 사람은 그 모든 것을 신께 돌려드리기보다, 자기 뜻과 욕심을 섞어 '내 것' 으로 삼으려 한다네. 열 번째 계명은 바로 그 마음을 경계하는 말씀이네. 신께 속한 것을 신께 두지 않고, 사람이 자기 유익을 위해 소유하려는 그 탐심을 꺾으시는 것이지."

리안은 그 말을 들으며 조용히 고개를 끄덕였다. 성주는 그의 시선을 받아내며 더 깊은 곳으로 들어가 말을 이었다.

"그래서 열 번째 계명에서 말하는 '이웃의 것' 이 무엇인지도 여기서 분명해진다네. 이 계명에 언급된 '이웃의 아내' 는 하늘의 영께서 직접 전하신 말씀을 뜻하고, '이웃의 남종과 여종' 은 그분을 위해 일했던 믿음의 사람들을 통해 나온 예언과 계시와 복음을 가리키며, '소와 나귀' 는 그분의 뜻을 전하기 위해 경전에 담아 두신 비유와 상징을 의미한다네.

그러므로 경전에 기록된 모든 말씀과 예언과 계시와 복음, 그리고 비유의 한 조각까지도 다 그분께 속한 것이네. 그 어떤 사람도 그것을 자기 뜻대로 사용하거나 자기 유익을 위해 꺾어 해석할 권리가 없지. 사람이 그것을 자기 목적을 위해 끌어다 쓰는 순간, 그는 이미 '이웃의 것' 을 탐하고 있는 것이네."

잠시 벽난로 속 장작이 더 크게 타들어가며 가볍게 소리를 냈다. 성주는 그 소리를 배경처럼 두고, 핵심을 단번에 정리했다.

"그러니 '이웃의 것을 탐하지 말라' 는 말씀은, 단지 사람 사이의 물질적 욕심을 제어하라는 말씀이 아니라, 이웃이 되시는 그분의 소유를 자기 유익을 위해 마음대로 쓰지 말라는 경고라네."

지금까지 성주의 목소리는 차분하고 낮은 음성이었지만, 그 순간만큼은 목소리에 힘이 실렸다. 그의 음성은 마치 리안의 내면 깊은 곳에 박혀 있는 뿌리를 정확히 끄집어내려는 사람처럼 단호해졌다.

"타락한 내면의 법이 중심인 사람은 하늘의 직접적인 말씀과 비유와 상징과 계시를 들으면, 그것을 먼저 '하늘의 신께 속한 것' 으로 받지 않으려 하지. 오히려 자기 목적을 이루기 위한 수단으로 삼으려 한다네. 그래서 그 말씀을 자기 마음에 맞게 꺾어 버리고, 자기 생각과 감정을 섞어 원하는 결론을 만들어 내지."

성주는 그 흐름을 멈추지 않고, 바로 그 행위가 무엇에서 시작되는지를 짚었다.

"그것이 바로 마음에서 일어나는 탐심의 결과라네. 말씀을 '내 유익' 을 위한 것으로 삼고 싶어 하는 마음 말이네. 그래서 열 번째 계명은 바깥으로 드러난 행동을 먼저 다루는 것이 아니라, 사람 안에 숨은 탐심을 드러내어 경계하시는 말씀이네."

그는 곧바로 탐심의 뿌리를 더 깊은 곳에서 꺼내 보였다.

“그 탐심은 단순한 감정이 아니네. 사람 안에 이미 자리 잡은 타락한 내면의 법에서 끊임없이 흘러나오는 욕망이지. 그러니 그 중심이 무너지지 않으면, 그가 아무리 외적인 모습으로는 천사와 같은 모습이라 할지라도 속은 달라지지 않는다네. 그 욕망은 언제나 한 방향으로 흐르지. ‘하늘의 것’ 을 ‘내 것’ 으로 만들려는 방향 말일세.”

성주의 목소리가 더 단단해졌다.

“그래서 사람은 결국 하늘의 신의 소유를 붙잡고도, 하늘의 신이 아니라 사람을 향해 방향을 틀어버린다네. 그 순간 하늘의 말씀은 더 이상 하늘의 신을 향하고 신을 높이는 증언이 아니라, 사람을 세우는 도구로 전락해 버리지. 바로 그렇게 하늘의 신의 소유를 가지고 자신의 뜻을 세우려 할 때, 사람은 결국 말씀으로 ‘다른 신’ 을 만들어 내게 된다네. 그리고 그것이 곧 우상숭배라네. 그래서 바울 사도는 탐심이 곧 우상숭배라고 정의한 것이지.”

리안은 그 말을 듣자 마음 한구석이 무겁게 내려앉는 것을 느꼈다. 성주의 말은 단순한 경고가 아니라, 자기 안에서 실제로 일어났던 일들을 하나씩 꺼내 보여 주는 말처럼 들렸다.

그는 자신도 모르게 지나쳤던 많은 순간들을 떠올렸다. 감동

받은 말씀을 자신의 처지에 맞게 끌어다 썼던 일들, 누군가를 설득하기 위해 인용했던 구절들, 진정한 뜻을 구하기보다 자신이 원하는 결론을 얻기 위해 말씀을 이용했던 기억들이 차례로 떠올랐다.

그의 눈빛이 흔들렸다. 그것은 진리를 사랑한 행동이 아니라, 진리를 이용한 탐심이었다는 사실이 마음속 깊이 박혔다.

성주는 그런 리안을 조용히 바라보다가, 이번에는 부드러운 목소리로 말을 이었다.

"하늘의 말씀은 우리가 필요할 때마다 꺼내 쓰는 도구가 아니네. 경전에 기록된 모든 말씀은 처음부터 끝까지 그분께 속한 것이지. 그러니 말씀의 목적도 분명하네. 말씀은 사람을 높이기 위해 존재하는 것이 아니라, 반드시 그분을 향하고, 그분을 높이고, 그분을 섬기며, 사람을 그분께로 이끌기 위해 존재한다네.

그래서 말씀이 누구의 것이 되느냐가 곧 중심을 정하는 것이지. 사람이 말씀의 주인이 되어 그것을 쥐면, 말씀은 결국 사람을 중심에 두게 된다네. 그러나 말씀이 하늘의 신께 속한 것으로 남아 있으면, 말씀은 끝까지 하늘의 신을 중심에 두게 되지. 그러니 사람이 말씀의 주인이 되려는 순간, 말씀은 이미 본래의 방향을 잃어버리게 된다네."

그러므로 타락한 내면의 법이 아직 무너지지 않은 사람은, 하늘의 말씀을 '쥐고' 자기 마음대로 다루려 해서는 안 되네. 오히려 그 사람은 먼저 하늘의 말씀 앞에서 자기 자신이 무너져야 하네. 왜냐하면 그런 사람이 말씀을 손에 쥐는 순간, 말씀은 더 이상 그분께로 사람을 이끄는 길이 아니라, 사람의 뜻을 세우는 도구로 바뀌어 버리기 때문이라네."

성주는 잠시 말을 멈추었다. 리안이 숨을 고르며 그 말을 마음에 새기는 것을 확인한 뒤, 다시 조용히 입을 열었다. 이번에는 비유가 아니라, 누구나 단번에 이해할 수 있는 비교를 꺼냈다.

"이 세상에도 저자의 권리라는 것이 있지 않나. 저자에게 권리가 주어지는 것은 그것이 그의 소유물이기 때문이라네. 저자가 직접 쓴 문장과 그 안의 비유와 사상과 논리와 구조는 모두 그의 것이지."

성주는 짧게 고개를 끄덕이며 결론을 맺었다.

"그런데 누군가가 그중 좋은 문장만 골라 자기 목적에 맞게 바꾸거나 끼워 넣는다면, 그것은 무단 사용이자 도둑질이네. 그 도둑질이 바로 탐심에서 비롯된 것이지. 자기 것이 아닌 것을 마치 자기 것처럼 쓰는 것이니까 말일세."

그는 리안을 바라보며 부드럽게 덧붙였다.

"하늘의 말씀도 마찬가지일세. 경전 안의 한 문장, 한 비유, 하나의 상징까지도 모두 그분의 것이네. 그러니 그것은 반드시 그분의 뜻과 목적 안에서만 사용되어야 하지.

그런데 사람이 그 말씀을 자기 논리나 자기 주장을 뒷받침하는 근거로 삼기 시작하면, 그 순간 그는 이미 그 말씀을 '사용' 하는 것이 아니라 '탐' 하고 있는 것이네. 겉으로는 훌륭한 인용처럼 보이고, 해석의 아름다운 장식처럼 보일 수도 있지. 하지만 말씀은 사람의 미사여구를 위한 인용이나 장식이 아니네. 말씀은 하늘의 영이며 생명이라네. 그러니 사람이 그 생명을 자기 생각의 틀 안에 가두려는 순간, 그는 말씀을 섬기는 것이 아니라 말씀의 자리를 침범하게 된다네."

리안은 숨을 고르며 그 말을 곱씹었다. 성주는 그가 깊은 생각에 잠긴 것을 보고, 한층 더 부드럽지만 단호한 어조로 말을 이었다.

"그래서 우리가 하늘의 말씀을 대할 때 가장 경계해야 할 것은 하나라네. 하늘의 말씀을 '내 생각에 맞게' 쓰려는 마음이지. 사람은 자기 뜻에 맞고, 자기 상황에 어울린다는 이유로 말씀을 꺼내 들고, 그것을 자기 판단과 해석의 근거로 삼으려 하네. 그것이 겉으로는 신앙처럼 보일 수 있지. 그러나 그렇게 하는 순간, 속으로는 이미 그분의 소유를 탐하고 있는 것이네.

그리고 그 탐심은 반드시 방향을 바꾸게 하지. 탐심을 가진 자는 진리를 세우는 것처럼 보이지만, 실제로는 진리를 가장하여 사람을 이용하게 되고, 그분의 뜻을 세우는 것이 아니라 그 뜻을 꺾어 자기 뜻을 세우는 자가 되어 버린다네."

성주의 말에 리안의 눈빛이 흔들렸다. 그 말은 마치 그의 마음속에 숨겨져 있던 어떤 조각을 정확히 집어 들어, 빛 아래로 끌어내는 것처럼 느껴졌기 때문이었다. 리안은 자신도 모르게 손끝에 힘이 들어가는 것을 느꼈다. 가슴 깊은 곳에서부터 얇고 길게 막혀 있던 무언가가 풀리는 듯했지만, 동시에 그 풀림이 곧 무너짐이 될 것 같은 두려움도 함께 밀려왔다.

그는 하늘의 말씀을 읽던 수많은 순간들을 떠올렸다. 사르그에서 사람들을 가르치고 설교하던 날들, 경전을 펼쳐 들고 누군가에게 "이 말씀이 당신에게 주신 위로입니다" 라고 말했던 순간들, 누군가 울고 있을 때 익숙한 구절을 찾아 건네며 그 사람을 붙잡아 주려 했던 장면들이었다. 그 순간마다 그는 스스로를 진리를 전하는 사람이라고 믿었다. 오히려 그는 자신이 사람을 살리고 있다고 생각했다.

하지만 성주의 말이 닿자, 그 기억들은 한 장면씩 다른 얼굴로 바뀌기 시작했다. 하늘의 말씀이 원래 향하던 대상은 '내면의 법이 무너진 자들' 이었다. 하늘의 신 앞에서 자신이 끝났음을 인정한 자들, 더 이상 자기 힘으로 살 수 없음을 고백한 자들, 스스로의 의와 기준이 깨져 진리 앞에 엎드린 자들에게 주어진 위로였다. 그런데 리안은 자신의 내면의 법이 무너지지 않은 채로, 그 말씀을 붙잡고 사람 중심으로 끌어다 쓰며 이용하고 있었던 것이다.

그는 자신이 위로받던 방식조차도 사실은 '말씀으로 무너지는 방식' 이 아니라 '말씀으로 자신을 지키는 방식' 이었다는 것을 깨달았다. 말씀은 그의 안을 부수고 중심을 전복시키고 바꾸기 위해 주어진 것이었는데, 그는 오히려 그 말씀을 이용해 자기 안의 불안을 누르고, 자기 의를 유지하고, 자기 마음을 편안하게 만들고, 결국 자신의 내면의 법을 더 단단히 굳히는 데 사용하고 있었던 것이다.

그리고 더 깊은 곳에서 더 무거운 것이 올라왔다. 그는 사람들을 위로하면서도, 사실은 자신이 그 사람들 위에 서 있다는 만족감을 느꼈던 순간들이 있었다. "내가 저 사람을 붙잡아 줬다.” “내가 저 사람에게 답을 줬다.” 그런 감각이 그의 안에 아주 얇게, 그러나 분명하게 스며 있었던 것이다.

그제야 그는 분명히 알게 되었다. 자신은 말씀을 ‘사랑한’ 것이 아니라 말씀을 ‘필요로 했던’ 것이었고, 그 필요는 진리를 위해서가 아니라 자기 목적을 위해서였다. 그 목적은 늘 하나였다. 자기를 무너지게 하지 않고, 자기 중심을 지켜내는 것, 바로 그것이었다.

리안은 입술을 깨물었다. 얼굴이 뜨거워졌다. 부끄러움이 먼저 올라왔고, 그 다음에는 두려움이 뒤따라 올라왔다. ‘그렇다면 … 나는 지금까지 무엇을 했던 거지?’ 그 질문은 단순한 반성이 아니었다. 그는 이제 알게 되었다. 자기 안에 있던 욕망은 단지 실수가 아니라, 타락한 내면의 법에서 흘러나오는 탐심으로서 진리의 방향을 꺾는 힘이었다. 하늘의 말씀을 듣고 있으면서도 그 말씀을 하늘을 향하게 하지 않고, 결국 사람을 향하게 만들었던 힘이었고, 진리를 따르는 척하며 진리로 자기 목적을 이루려 했던 욕망이었다.

리안은 더 이상 변명할 수 없었다. 그는 마음속 깊은 곳에서 그것을 인정할 수밖에 없었다. 자신은 진리를 따른 것이 아니었다. 진리를 이용하고 있었던 것이다.

성주는 잠시 말을 멈추고 리안을 바라보았다. 거실은 조용했다. 그 고요 속에서 성주의 낮은 목소리가 다시 흘러나왔다.

"명심하게, 리안. 하늘의 말씀은 사람이 만든 말이 아니네. 그분께서 친히 주신 생명의 말씀이네. 그러니 그 말씀은 사람의 소유물이 될 수 없고, 사람이 마음대로 다룰 수도 없지. 사람은 그 말씀 앞에서 주인이 아니라 피조물이네. 그래서 말씀을 대할 때는, 이해하려는 태도보다 먼저 무릎 꿇는 경외가 있어야 하고, 말씀을 이용하는 것이 아니라 말씀 앞에 예배해야 하네."

그 말이 끝나자 리안은 고개를 숙였다. 그는 자신이 늘 말씀을 사랑한다고 말해왔지만, 돌아보니 그 사랑의 중심에는 언제나 '자기 자신' 이 있었다. 말씀이 자신을 살리고, 자신을 위로하고, 자신의 삶을 더 나아지게 해주기를 바랐던 것이다. 그 사실을 깨닫는 순간 리안의 얼굴은 뜨겁게 달아올랐다.

성주는 그런 리안을 잠시 바라보다가 다시 조용히 말을 이었다.

"결국 마지막 계명은 하나의 경고네. 말씀의 자리를 넘보지 말라는 경고 말일세. 내면의 법이 무너지지 않은 사람은 자기도 모르게 말씀의 주인이 되고 싶어 하지. 그분의 뜻을 흠모한다고 하면서도, 사실은 그 뜻을 내 뜻으로 바꾸고 싶어 하는 마음이 그 마음에 스며든다네. '말씀대로 살겠다' 고 포장하면서도, 결국은 말씀을 내 삶의 목표에 맞게 조정하고 싶어 하는 것이네."

성주의 말은 차갑게 들리지 않았다. 오히려 너무 분명해서 피할 수 없었다.

"그래서 열 번째 계명에서 언급한 탐심은 사람의 물건을 탐내는 것이 아니네. 그 탐심은 말씀의 권세를 탐내는 것이고, 말씀의 자리를 탐내는 것이네. 내 법이 말씀 위에 서려고 하는 마음, 내 기준이 말씀의 기준과 같다고 느끼는 마음, 내 해석이 그분의 뜻을 대신하려는 마음, 이것이 바로 탐심이며 이 계명을 어기는 뿌리가 되네."

그제야 리안은 마지막 계명의 문장이 실제로 마음에 새겨지기 시작했다. '네 이웃의 집을 탐내지 말라' 는 말씀이 사람의 것을 빼앗지 말라는 윤리적 명령이 아니었다. 그것은 하늘의 질서를 지키라는 명령이었다. 하늘의 말씀을 사람의 욕망과 목적 아래 두지 말라는 뜻이었다.

리안은 마음속에서 천천히 결론이 만들어지는 것을 느꼈다. 그는 잠시 생각에 잠긴 뒤 조심스럽게 입을 열었다.

"결국 … 이웃의 것을 탐낸다는 건, 하늘의 인격이신 그분의 모든 말씀을 내 안의 타락한 내면의 법을 무너뜨리는 도구로 받는 게 아니라 … 오히려 그 내면의 법을 그대로 유지한 채, 말씀을 내 뜻대로 해석하고 이용하려는 마음이라는 뜻이군요."

말이 끝나자 리안은 자신이 지금껏 무엇을 하고 있었는지 더 선명히 보았다. 그는 말씀을 따라온 것이 아니라, 말씀을 데리고 자기 길을 가고 있었던 것이다.

성주는 고개를 끄덕이며 부드럽게 답했다.

"그렇지. 오늘날 많은 이들이 경전을 자기 목적에 맞게 가져다 쓰지. 마음을 합리화하거나, 자기 주장을 정당화하려고 구절을 끌어오기도 하네. 그래서 말씀은 어느새 '내 논리를 세우는 재료' 가 되어 버리지. 하지만 하늘의 말씀은 본래 그런 용도로 주어진 것이 아니네. 말씀은 사람과 사람 사이의 관계를 유지시키는 규칙이 아니고, 사회를 무너뜨리지 말라는 도덕의 수준에 머무르는 것도 아니네. 하늘의 말씀은 처음부터 끝까지 하늘의 신과 사람 사이에 있어야 할 '질서' 를 세우는 진리라네."

그 말은 단순히 설명이 아니라, 리안이 지금까지 붙들고 있던 신앙의 관점을 정면으로 바꾸는 선언처럼 들렸다.

"하늘의 말씀은 사람이 자기 뜻을 돕기 위해 쓰는 도구가 아니라, 오히려 사람의 뜻을 꺾고, 그분의 뜻을 드러내며, 그 뜻을 받아들이는 자에게 생명이 되는 진리라네. 그러니 말씀을 내 목적 아래 두는 순간, 사람은 이미 질서를 뒤집어 버린 것이지. 그래서 열 번째 계명은 단지 사람의 욕심이 공동체의 평화를 깨지 않도록 막는 법이 아니라, 하늘의 질서를 무너뜨리지 말라는 경고이며, 무엇보다도 생명의 영역을 침범하지 말라는 경고라네."

리안은 눈을 감고 조용히 숨을 내쉬었다. 거실의 고요 속에서, 그의 마음은 천천히 정리되기 시작했다.

그제야 그는 깨달았다. 그분의 말씀은 더 이상 사람이 필요할 때 가져다 쓰는 인용문이 아니었다. 말씀은 '정보' 가 아니었다. 말씀은 곧 그분 자신이었다. 그분의 숨결이었고, 그분의 뜻이었으며, 사람이 감히 소유하거나 조정할 수 없는 생명 그 자체였다.

리안은 고개를 숙였다. 그는 자신이 얼마나 오래 말씀을 자기 편으로 끌어오려 했는지 떠올렸다. 말씀이 자신을 살리는 생명이 되기보다, 자신의 욕망을 정당화하는 근거가 되었던 날들이 스쳐 지나갔다.

그는 조용히 숨을 삼킨 뒤, 깊은 깨달음이 마음속에 박히는 듯 낮은 목소리로 말했다.

"결국 … '이웃의 집에 대한 탐심' 은 남의 것을 갖고 싶어 하는 욕망이 아니라, 하늘의 말씀을 내 목적에 맞게 끌어다 쓰려는 마음이었네요. 그리고 그건 … 말씀 위에 자신이 서고 싶다는 교만에서 시작된 것이었고요."

그 말 속에는 고백이 섞여 있었다. 그리고 질문이 섞여 있었다.

성주는 리안을 바라보다가, 부드럽지만 단호한 어조로 답했다.

"그렇네. 사탄은 처음부터 그 마음을 노렸지. 아담과 하와를 무너뜨릴 때도 사탄은 그들의 탐심을 자극했네. '너희가 하늘의 신과 같이 되리라' 는 말은, 단순히 지혜를 얻는다는 뜻이 아니었네. 그 말의 본뜻은 하나였지. '너희가 말씀의 자리를 대신 차지할 수 있다' 는 거짓 약속이었네."

성주는 천천히, 그러나 확실한 논리로 이어갔다.

"하늘의 신께서는 분명히 말씀하셨네. '그 열매를 먹는 날에는 반드시 죽으리라.' 그 말씀은 생명을 지키는 질서였네. 그런데 하와는 그 말씀을 하늘의 신과의 관계를 유지하기 위한 질서로 받지 않았지. 오히려 자기 욕망을 이루기 위해 그 말씀 위에 올라서 있었네. 그 순간부터 열매는 달라져 보였지. 먹음직해 보였고, 보암직해 보였고, 지혜롭게 할 만큼 탐스러워 보였네. 그것이 바로 탐심일세. 그 탐심이 결국 하늘의 신과의 관계를 깨뜨려 버렸네. 그들은 그 관계가 끊어지는 순간 생명을 잃었고, 동시에 그들에게 주어졌던 모든 특권도 함께 잃었네. 탐심은 언제나 이런 방식으로 작동하네. 먼저 마음에서 하늘의 질서를 무너뜨리고, 그 다음 삶 전체에서 생명과 보호와 은혜의 자리까지 무너뜨리는 것이지. 그래서 하늘의 신께서는 이 탐심이 가져올 파괴를 계명으로 미리 경고하신 것이네."

리안은 조용히 고개를 끄덕였다. 그리고 이번에는 깨달음을 정리하듯 천천히 말했다.

"그러면 … 결국 율법도 그분과의 관계를 위해 존재하는 그분의 것이고, 예언도 그분께로 인도하는 그분의 것이군요. 그분께서 직접 하신 말씀도, 비유와 상징도, 하늘의 아들의 제자들이 전했던 복음도 … 모두 그분을 사랑하도록 하는 그분의 소유이고요."

리안은 눈빛을 반짝이며 계속해서 말을 이었다.

"그러니 인간은 말씀을 마음대로 해석할 수 있는 주인이 아니네요. 그분께서 드러내실 때, 그분께서 주실 때에만 받을 수 있는 것이고, 이해할 수 있는 영역이네요. 우리는 그저 … 말씀 아래 서야 하는 존재였어요."

리안은 말하며 하나의 결론에 이르렀다. 율법과 예언과 복음은 인간이 자기 뜻을 이루기 위해 붙드는 것이 아니라, 처음부터 끝까지 그분께로 향하여 오직 그분을 사랑하도록 하는 것이었다. 그래서 그 모든 말씀은 결국 그분의 뜻과 소유 안에 있으며, 사람은 그것을 자기 목적대로 다룰 수 없다는 사실이 분명해졌다.

성주는 리안의 말을 듣고 고개를 끄덕였다. 그리고 낮고 단호한 목소리로 말했다.

"그렇네, 리안. 인간은 말씀을 마음대로 해석할 수 있는 주인이 아니네. 하지만 그렇다고 가만히 기다리기만 하라는 뜻도 아니지. 하늘의 뜻은 생명이네. 그러니 그 뜻은 보화를 찾듯 찾아야 하네. 은을 구하듯 구하고, 감추어진 재물을 파헤치듯 찾고, 사슴이 시냇물을 찾듯 갈급하게 구해야 하네. 그 물을 마시지 않으면 죽을 수밖에 없는 자처럼 말일세."

성주는 잠시 숨을 고르고 말을 이었다.

"그리고 보화를 진짜로 찾는 자는 결국 자기의 모든 재산을 팔아 그 땅을 살 수밖에 없는 자가 되네. 찾는 과정이 그 보화의 가치를 마음에 새기기 때문이지. 반대로 찾지 않는 자는 보화를 보아도, 자기 전부를 내어줄 만큼 소중히 여기지 못하네. 자기가 찾지 않았으니 그 가치를 모르는 것이네."

성주는 잠시 말을 멈추었다가, 더 낮은 목소리로 말을 이었다.

"그런데 왜 사람들이 그 말씀을 찾지 않는지 아는가. 사람들이 그 말씀을 생명으로 보지 않고, 그저 사람과의 관계를 지키는 규범으로만 보기 때문이네. 그렇게 되면 사람들은 말씀을 '하늘의 뜻'으로 받지 않게 되지. 누구나 글을 읽으면 자기 방식대로 해석할 수 있다고 여기게 되고, 말씀은 어느새 사람과 사람 사이의 질서를 유지하기 위한 윤리적 규범으로만 남게 되네."

성주는 그 말을 끊지 않고 곧바로 이어갔다.

"그 순간부터 하늘의 말씀은 더 이상 사람에게 영원한 생명을 주는 보화가 아니라, 사람들도 이미 알고 있다고 생각하는 종교적 지식이 되고 마는 것이지. 그러니 누가 그 말씀을 목숨처럼 찾겠나. 하늘의 생명과 하늘의 영으로 보지 않으니 그 가치는 사라지고, 영생을 주는 양식으로 믿지 않으니 필사적으로 얻으려 하지도 않지. 결국 하늘의 진리의 가치는 학생

들이 시험을 보기 위해 읽는 윤리 책의 가치밖에 되지 않네."

그는 고개를 조금 숙이며 단정하게 결론을 붙였다.

"이것이 바로 말씀의 자리를 빼앗은 인간의 타락한 내면의 법에서 흘러나온 탐심이 만들어 낸 결과라네. 그 탐심은 하늘의 말씀을 사람의 윤리로 끌어내리고, 결국 자신이 그 말씀 위에 서려 하지. 사람이 말씀의 자리를 차지하려는 그 탐심이 진리의 가치를 무너뜨리고, 마침내 사람들로 하여금 진리를 찾지 못하게 만드는 것이라네."

리안은 한참 동안 눈을 감았다. 잠시 침묵이 흘렀다. 그리고 다시 눈을 뜬 그는 천천히 고개를 들어 담담히 말했다.

"이제 알겠습니다. 십계명의 마지막 계명이 인간 사회의 탐욕을 금하는 법이 아니라는 것이 마음에 깊이 새겨졌습니다. 왜 탐심을 금하셨는지도 명확하게 알게 되었습니다. 결국 마지막 계명은 탐심의 위험성을 경고하며 말씀의 질서를 다시 하늘의 주권 아래로 돌려드리는 회개의 자리였네요."

성주는 고요히 고개를 끄덕이며 말했다.

"그렇네, 리안. 십계명은 열 개의 법이 아니라 하나의 통치였네. 말씀의 주권 아래에서 인간의 모든 생각과 행위가 제자리를 찾는 구조였지. 그러니 자네가 그 뜻을 깨달았다면, 이제 율법은 자네를 묶어 율법의 자리에 머무르게 하는 쇠사슬이 아니라, 말씀께로 돌아가게 하는 인도자가 될 것이네."

리안은 깊은 숨을 내쉬었다. 그 숨결에는 두려움이 아닌 평안이 담겨 있었다. 그리고 그는 자신의 깨달음을 정리하듯 담담히 고백했다.

"이제야 알겠습니다. 십계명은 저를 억누르는 명령이 아니라, 제가 세상의 모든 사상을 버리고 오직 하늘의 신을 향한 마음을 품고 말씀의 인격으로 돌아가게 하는 부르심이었고 인도자였습니다."

성주는 그 고백을 듣고 미소 지으며 답했다.

"그렇지. 이제 자네는 십계명의 끝에서 다시 처음으로 돌아왔네. 그 처음은 곧 말씀 자신이시지. 말씀이신 그분이 모든 계명의 시작이며, 모든 계명의 끝이라네. 그래서 십계명은 처음부터 마지막까지 말씀의 생명과 주권을 지키는 거룩한 울타리일세."

그의 목소리가 고요히 울렸다.

"그러니 그 모든 계명은 결국 하나의 음성으로 이어져 있네. '말씀을 하늘의 신으로, 하늘의 신을 말씀으로 섬기라.' 바로 이것이 십계명의 중심 명령이라네. 이제 그 절대적 명령을 품은 율법이 자네 마음에 새겨지길 바라네. 이 율법은 결국 진리의 성에 이르면 자네 마음의 중심에 새겨지게 될 것이네. 그때 비로소 자네에게 율법은 글자가 아니라 생명이 될 것이며, 자네는 기쁨으로 그 율법의 뜻을 따라 살게 될 것이네."

그는 잠시 말을 멈추었다가 리안의 눈을 바라보며 조용히 이어 말했다.

"하늘의 신은 예레미야 선지자를 통해 이렇게 말씀하셨네. '내 법을 그들의 속에 두며 그 마음에 기록하리라.' 또 에스겔 선지자를 통해서도 말씀하셨지. '새 마음을 너희에게 주고 새 영을 너희 속에 두어 내 율례를 따라 행하게 하리라.' 이 말씀은 결국 율법이 돌판 위에 머무는 것이 아니라 사람의 속으로 들어와 살아 움직이게 된다는 뜻이라네. 그리고 그 말씀이 이루어지는 곳이 바로 진리의 성이라네. 그곳에 이르면 하늘의 율법은 더 이상 외부에서 명령하는 글자가 아니라, 생명의 법으로서 자네 마음의 중심에 새겨질 것이네."

리안은 그 말을 들으며 천천히 고개를 숙였다. 성주는 그의 침묵을 깨며 덧붙였다.

"그래서 야고보는 '형제를 비방하거나 판단하는 자는 율법을 비방하고 판단하는 자니라' 했지. 이는 야고보가 형제와 율법을 같은 선상에 두었다는 뜻이네. 왜냐하면 하늘의 아들들, 곧 진리 안에서 태어난 하늘의 형제들의 중심에는 율법의 본질이 이미 새겨져 있기 때문이지. 그 율법의 본질은 곧 하늘의 신을 사랑하는 법이라네."

성주는 그 말의 의미가 자연스럽게 연결되도록 차분히 이어 말했다.

"그러므로 하늘의 아들에게 속한 형제를 비방하거나 판단한다는 것은 단순히 사람을 판단하는 것이 아니네. 그 사람의 안에 새겨진 하늘의 법을 판단하는 것과 같네. 하늘에 속한 형제들은 율법을 마음에 품고, 그 법 곧 하늘의 신을 사랑하는 길을 따라 사는 자들이기 때문이지."

리안은 성주의 말을 들으며 오랫동안 아무 말도 하지 않았다. 그의 마음속에서 깊은 울림이 일었다. 그는 비로소 하늘에 속한 형제들은 중심에 하늘의 율법이 새겨진 존재들이며, 그들을 판단하는 것은 곧 하늘의 율법을 판단하는 일이라는 것을 깨달았다.

그의 가슴이 서서히 뜨거워졌다. 진리의 성, 그곳에서 율법이 마음의 중심에 새겨지는 자리로 나아가고 싶은 갈망이 그의 안에서 깊은 강물처럼 흘러나왔다. 그는 조용히 고개를 들며 속삭였다.

“이제 알겠습니다. 그분의 법이 사람 안에 살아 있다는 말씀이 무엇인지 말입니다. 저도 그 법이 제 마음에 새겨지길 원합니다. 진리의 성에 이르러, 하늘의 율법이 제 중심에 새겨져서, 그 율례를 따라 행해지는 은혜가 임하기를 원합니다.”

그 고백은 단지 ‘율법을 지키겠습니다’ 라는 결심이 아니었다. 리안은 이제야 알았다. 율법이 마음에 새겨진다는 것은 돌판의 글자를 옮겨 적는 일이 아니라, 말씀의 뜻이 자신의 중심을 차지하도록 허락하는 일이라는 것을 말이다. 그러므로 리안이 구한 것은 규칙을 외우는 힘이 아니라, 말씀을 사랑하는 마음이었다.

리안의 고백을 들은 성주는 잠시 고개를 끄덕이며 미소를 지었다. 그의 눈빛에는 조용한 기쁨이 머물렀다. 잠시 침묵이 흐른 뒤, 그는 찻잔을 들어 한 모금 마시고는 다시 입을 열었다.

“시편을 보면, 수많은 사랑의 고백이 있네. ‘주의 말씀을 천천 금은보다 더 사랑합니다’ ‘내가 말씀을 얼마나 많이 사랑하는지요’ ‘주의 말씀은 나의 즐거움 입니다.’ 이 모든 고백은 결국 말씀을 향한 깊은 사랑의 고백들이지. 그런데 이상

하지 않은가. 그렇게 강렬하게 '말씀을 사랑한다' 고 말했는데도, 하늘의 신께서 그 고백을 두고 질투하셨다는 기록은 단 한 번도 없다네."

성주는 잠시 말을 끊고 리안을 바라보았다. 그리고 조용히 이어 말했다.

"왜 그렇겠는가. 그것은 말씀과 하늘의 신이 분리된 것이 아니기 때문일세. 말씀이 곧 하늘의 신의 인격이며, 하늘의 신의 뜻이며, 하늘의 신 자신이시네. 그러니 사람이 '말씀을 사랑합니다' 라고 고백하는 순간, 그것은 단지 글귀를 좋아한다는 뜻이 아니라, 곧 신을 사랑한다고 고백하는 것이 되지. 그래서 신께서는 그 사랑을 기뻐 받으시는 것이네."

리안의 마음에 번져가던 갈망이 그제야 분명한 형태를 갖추기 시작했다. 그가 원했던 '율법이 마음에 새겨짐' 이란 결국 말씀 사랑의 자리였고, 그 사랑은 곧 신 사랑의 자리였다.

성주는 다시 리안을 바라보며 고요하게 말을 이었다.

"리안, 자네가 진리의 성에 들어가게 되면 알게 될 것이네. 십계명은 단지 과거 이스라엘 백성에게만 주어진 계명이 아니라 하늘의 신께서 구속하신 모든 백성에게 주신 계명이라는 것을 말일세."

성주는 잠시 말을 멈추었다. 마치 리안의 생각이 따라오는지 확인하듯 눈빛이 조용히 머물렀다. 그리고 곧 다시 이어 말했다.

"사람들은 십계명을 생각하면 먼저 '옛날 이스라엘에게 주신 율법' 이라고 여기지. 마치 그것이 한 시대의 종교 규칙이었던 것처럼 말일세. 하지만 십계명은 시대를 묶는 종교 규범이 아니라, 하늘의 신께서 인간에게 요구하시는 하늘의 신과의 관계의 질서를 드러내는 하늘의 선언이라네."

성주는 목소리를 낮추되 더 단단하게 눌러 말했다.

"출애굽기에 기록된 열 가지 계명은 처음부터 끝까지 구속받은 사람들이 하늘의 신을 향한 사랑 안에 머물도록 주어진 것이네. 그러니 그 사랑의 관계가 깨지는 것이 곧 죄가 되지. 그래서 이 계명은 결코 '사람들끼리 착하게 지내라' 는 윤리 규범이 아니라, 인간이 누구를 중심에 두고 살아야 하는가를 가르는 하늘의 질서가 된다네. 결국 사람이 계명의 중심이 되면 그것은 사람의 윤리로 바뀌고, 신이 중심이 되면 그 계명은 하늘의 계명으로 남게 되네."

성주는 짧게 숨을 고르고, 리안이 놓치지 않도록 논리를 단정히 정리했다.

"결국 십계명은 인간의 행동을 고쳐서 사람과의 관계를 유지하게 하려는 목적에서 주어진 것이 아니라, 인간의 중심을 사람에게서 하늘의 신께로 되돌리기 위해 주어진 것이네. 다시 말해 하늘의 신께서 계명을 주신 이유는 '착한 사회' 를 만들기 위함이 아니라, '신을 중심에 모시고 신을 사랑하는 존재' 로 다시 세우기 위함이지. 그래서 십계명은 처음부터 끝까지 하늘의 신을 향한 사랑 안에 머물도록 설계되어 있네."

그는 잠시 숨을 고르고 단정히 덧붙였다.

"그러니 모든 계명의 본질은 단순한 규범이나 종교 조항들이 아니네. 규범이라는 것은 사람이 만든 질서를 지키게 하는 것이고, 종교 조항이라는 것은 사람이 정한 틀 안에서 행동을 제한하는 것이지. 하지만 하늘의 계명은 그보다 깊네. 계명은 신의 마음에서 흘러나온 것이고, 신의 인격에서 나온 것이네. 그러니 계명은 단지 '하지 말라, 하라' 는 조항이 아니라, 신께서 어떤 분이신지를 드러내며 인간을 그분께로 돌려놓는 말씀이네."

성주의 눈빛이 더욱 선명해졌다.

"그래서 그 계명들이 끝내 요구하는 것도 하나뿐이지. 오직 그분의 말씀 곧 하늘의 신만을 사랑하라는 명령이라네."

성주는 잠시 말을 멈추었다. 그 결론이 가볍게 지나가지 않도록, 리안의 마음에 새겨지는 시간을 주듯 고요히 앉아 있었다.

“리안, 그러니 십계명은 ‘열 개의 규칙’ 이 아니라, 신을 사랑하라는 하나의 길이 열 갈래로 펼쳐진 것이네. 그 길이 곧 신의 통치이며, 말씀의 통치이지. 그리고 자네가 진리의 성에서 만나게 될 것은 바로 그것이네. 십계명은 돌판 위에 남은 의무의 글자가 아니라, 마음판에 새겨져 하늘의 신을 향한 사랑이 본능처럼 움직이게 되는 살아 있는 계명 말일세.”

리안은 성주의 눈빛을 바라보며 조용히 고개를 끄덕였다. 그의 마음속에는 이제야 비로소 한 줄기의 명확한 길이 열린 듯한 감각이 흘렀다.

성주는 그 고개 끄덕임 속에 담긴 깨달음을 느끼며 말을 이었다.

“그러니 십계명은 단순히 구약 시대의 법률이 아니라, 지금 이 시대에도 살아 역사하는 하늘의 신의 말씀이네. 이제 그 말씀은 돌판 위에 새겨진 죽은 문장이 아니라, 자네처럼 진리를 사랑하는 자가 결국 진리의 성에 이르러 마음 중심에 새겨지는 생명의 계명이 되는 것이지. 그리고 그 계명이 중심에 새겨진 하늘의 형제들은 율법의 뜻에 따라 하늘의 말씀만을 사랑하며 살게 되네."

그는 잠시 숨을 고르고 조용히 덧붙였다.

"많은 이들이 하늘의 아들께서 오셔서 구원을 완성하셨으니 이제 십계명은 사라졌다고 오해하고 있지만 그것은 결코 사실이 아니네. 오히려 그 구원을 통해 십계명은 더 깊이, 더 실제로 진리와 연합한 자의 마음판에 기록되는 법이 되어 영원히 사라지지 않네."

성주는 곧바로 그 이유를 한 가지로 정리해 주었다. 그의 목소리는 조용했지만 확신에 가득 차 있었다.

"그 마음에 말씀이 새겨진 사람은 더 이상 계명을 외워 의무적으로 지키려 하지 않네. 자연스럽게 하늘의 신을 사랑하게 되고, 그분의 뜻을 기쁘게 따르고자 하는 마음이 자연적으로 일어나게 되지. 이는 하늘의 말씀이 그의 중심에 있기 때문이라네. 이것이 바로 새 언약의 사람, 곧 말씀 안에 새로 태어난 이들의 모습이라네."

성주의 말이 깊어지자 리안의 눈빛도 점점 그 안으로 잠겨 들었다.

"많은 사람들이 십계명을 단순한 윤리나 도덕의 규범으로만 보는 이유가 뭔지 아는가? 그것은 그들이 아직 하늘의 신의 구원을 체험하지 못했기 때문이네. 구원이 없는 상태에서는 계명이 관계가 아니라 의무로 보이고, 생명이 아니라 윤리로 보이게 되지. 그러나 하늘의 구원을 경험한 자에게는 그 계명이 하늘의 신과의 관계 안에서 흐르는 생명의 인격으로 다가오게 된다네."

성주는 리안이 잊지 않도록 가장 처음의 선언을 다시 꺼내 들었다.

"하늘의 신께서 이스라엘 백성들에게 십계명을 주시기 전에 먼저 이렇게 선포하셨지. '나는 너를 이집트 땅, 곧 속박의 집에서 데리고 나온 주 네 하늘의 신이라.' 바로 이 말씀이 십계명이 시작되기 전에 먼저 선포된 구원의 선언이라네."

그는 손을 모아 무릎 위에 올려놓고 천천히 말을 이어갔다.

"그러니 잊지 말게. 십계명은 단순한 도덕적이고 윤리적인 명령이 아니네. 그것은 구원받은 자에게만 주어진 생명의 법이라네. 먼저 구원이 있었고, 그다음에야 십계명, 곧 하늘의 말씀이 주어진 것이지."

성주는 리안이 따라오는지를 확인하며 계속해서 말을 이었다.

"이스라엘 백성이 애굽에서 구원받은 뒤, 이후 시내산에서 돌판에 새겨진 계명을 받았다는 사실은 우연이 아니네."

그는 말을 끊지 않고, 더 분명히 짚어주듯 이어갔다.

"하늘의 신께서 그들에게 구원을 주신 다음에 계명을 주셨다는 것은, 구원이 '사람들과 평화롭게 살라' 는 사회적 선언이 아니라, '신의 통치 아래로 돌아와 오직 신과의 관계 안에 머물며 오직 신만을 사랑하라' 는 부르심이라는 뜻이네. 다시 말해 애굽에서의 구원은 단지 종살이에서 풀려난 사건이 아니라, 구원받은 자가 누구의 백성이며 누구를 중심으로 살아야 하는지를 드러낸 사건이었지."

성주는 리안을 바라보며 천천히 결론으로 이어갔다.

"그러니 애굽에서의 구원은 장차 오실 하늘의 아들, 곧 신의 인격께서 이루실 더 큰 구원을 미리 보여준 그림이었고, 그 뒤에 돌판으로 계명을 받은 사건은 구원의 문으로 들어선 자에게 반드시 '신을 중심에 세우는 질서' 가 주어지며, 그 질서가 삶 전체를 통치하게 될 것을 미리 보여준 그림이었네."

그는 손끝으로 찻잔 가장자리를 가볍게 눌렀다. 말은 더 조용해졌지만 더 단단해졌다.

"그때는 돌판이었지. 왜냐하면 아직 '모형의 시대' 였기 때문이네. 하지만 하늘의 아들께서 구원을 완성하신 이후에는 더 이상 돌판 같은 겉모양으로 계명이 주어지는 것이 아니라, 그 계명이 사람의 마음판에 직접 새겨지게 되네. 이것이 바로 새 언약의 실체라네."

성주가 말하는 동안 리안의 눈빛이 더 깊어졌다. 돌판이라는 말이 이제 단순한 과거의 사건이 아니라, 자신에게 향하는 길의 단계처럼 느껴졌기 때문이다.

성주는 조용히 덧붙였다.

"하늘의 법은 더 이상 돌에 적힌 글자로 머무르지 않네. 구원받은 자의 마음의 중심에 기록되어 살아 움직이는 생명이 되지. 그래서 십계명도 돌에 새겨진 외적인 법으로 끝나는 것이 아니라, 구원받은 자 안에 인격적으로 새겨지는 하늘의 법이 되는 것이네. 그 법은 곧 하늘의 계명이자 하늘의 말씀이며, 진리의 성에서 진리와 연합한 자 안에 머무르는 생명의 씨앗이라네."

리안은 그 말을 들으며 숨을 고르게 내쉬었다. 그의 눈동자가 미세하게 떨렸다.

마치 오래 닫혀 있던 문이 열리듯, 마음 깊은 곳에서 무언가 깨어나는 것을 느꼈다.

그는 자신이 지금 단순히 이야기를 듣고 있는 것이 아니라, 진리와 하나 되는 과정 한가운데 서 있다는 사실을 깨닫고 놀라움에 잠겼다.

성주는 한 손을 자신의 가슴에 얹으며 천천히 말했다.

"히브리서는 이렇게 말하지. '주께서 이르시되 그 날 후에 내가 그들과 맺을 언약이 이것이라 하시고, 내 법을 그들의 마음에 두고 그들의 생각에 기록하리라.' 이것은 십계명이 더 이상 돌판 위의 율법이 아니라, 하늘의 영을 통해 진리의 성에 이른 자의 마음 중심에 직접 새겨질 법이 된다는 선언이라네. 그분의 말씀이 외적인 계명이 아니라 자네 안에서 살아 움직이는 생명이 되는 것이지."

리안의 눈빛이 흔들렸다. 그 말은 단순한 교리가 아니라 마음을 꿰뚫는 진실처럼 느껴졌다.

"그러면 … 정말 그 말씀이 제 안에 새겨지게 되는 것이 믿기지 않아요. 진리의 성에 들어가면, 돌판이 아니라 마음판에 기록된다는 그 언약이 제게도 이루어지는 건가요?"

성주는 조용히 고개를 끄덕였다.

"그렇다네. 하늘의 계명은 지켜야하는 의무적인 율법의 조항들이 아니라, 하늘의 영을 통해 사람의 내면에 새겨져 하늘의 신을 향한 자발적인 사랑과 순종을 이끌어내는 법이지. 즉 그 계명들은 강요가 아니라 사랑이라네."

리안은 가슴에 손을 얹었다. 그 안에서 무언가가 조용히 움직였다. 오랫동안 외부의 법 아래 눌려 있던 그의 내면이 처음으로 자유의 숨결을 느끼고 있었다.

"이제 … 그 법이 나를 억압하지 않고, 기쁨으로 살게 하겠네요. 하늘의 아들께서 말씀하신 '진리를 알지니 진리가 너희를 자유롭게 하리라' 는 말씀이 무엇인지 알 것 같습니다."

그 고백을 들은 성주의 입가에 잔잔한 미소가 번졌다. 그는 리안의 말이 단지 감정의 반응이 아니라, 율법의 실체가 무엇인지 깨달은 증거임을 알고 있었다.

"그래, 바로 그것이네."

성주는 낮게 고개를 끄덕이며 말을 이었다.

"하지만 리안, 자네가 말한 '진리를 안다' 는 말은 단지 경전의 지식이 늘어난다는 뜻이 아니네. 사람들은 흔히 진리를 안다는 것을 '경전 내용의 정답을 아는 것' 처럼 여기지만, 하늘의 아들께서 말씀하신 그 '앎' 은 그런 종류의 앎이 아니지."

성주는 잠시 말을 멈추었다가, 더 분명히 단정하며 이어 말했다.

"진리는 글이나 정보의 조각이 아니네. 진리는 하늘의 인격이네. 그러니 진리를 안다는 것은, 진리의 인격 되시는 그분이 자네 앞에 자신을 계시하심으로 자네가 그분을 인격적으로 만나고, 그분을 깊이 알아가는 것을 뜻하네. 다시 말해 진리를 안다는 것은 지식을 쌓는 일이 아니라, 그분 자신을 신뢰하게 되는 일이네."

그 말은 리안의 가슴을 더 깊이 찔렀다. 리안은 입술을 떼지 못한 채 그 말을 그대로 마음에 받아들였다. 마치 '앎' 이라는 단어가 전혀 다른 뜻으로 다시 태어나는 것 같았다.

성주는 조용히 결론을 이어갔다.

"그러니 자네가 말한 그 자유 또한, 그분과 관계없이 마음대로 살아도 된다는 자유가 아니네. 돌판의 글자 아래 묶여 있던 자가, 마음판에 새겨진 생명 아래서 그분을 향한 사랑으로 움직이게 되는 자유지. 그분을 알게 되면, 그분이 자네 안에서 살아 움직이시니 억지가 아니라 기쁨이 되고, 의무가 아니라 사랑이 되네. 그래서 진리가 사람을 자유롭게 하는 것이네."

성주는 미소 지으며 바울의 고백을 인용했다.

"바울도 이렇게 말했지. '잉크로 쓴 것이 아니요, 살아 계신 하늘의 영으로 쓴 것이며, 또 돌판에 쓴 것이 아니요, 육체의 마음 판에 쓴 것이라.' "

그는 잠시 말을 멈추었다가, 리안이 이해할 수 있도록 더 쉽게 이어 말했다.

"이 말은 간단하네. 하늘의 신께서 주신 법이 이제는 바깥 돌판에 적힌 글자로 남아 사람을 억지로 몰아붙이는 것이 아니라, 하늘의 영으로 사람 안에 새겨져 마음이 스스로 움직이게 된다는 뜻이지."

성주는 조용하지만 단단한 목소리로 결론을 붙였다.

"그러니 이것이야말로 복음이라네. 돌판에 기록된 글자는 사람의 죄를 드러내기만 하고 정죄할 뿐이지만, 마음에 새겨진 계명은 사람을 살려 신을 사랑하게 하지. 이처럼 하늘의 영께서는 율법을 없애버리신 것이 아니라, 하늘의 아들께서 성취하신 그 율법을 구원받은 자의 마음에 심어 살아 있게 하신 것이네."

리안은 성주의 말을 들으며 고개를 숙였다. 눈물이 고여 흐르기 직전이었다. 그것은 억눌림의 눈물이 아니었다. 오히려 생명이 안쪽에서 터져 나오듯 솟구칠 때 흘러나오는 눈물이었다. 그는 처음으로 신의 사랑이 얼마나 깊고 높고 넓은지를, 머리가 아니라 마음으로 느끼고 있었다.

성주는 그 모습을 바라보다가 미소 지으며 조용히 말했다.

"내가 말하지 않았는가, 리안. 자네가 진리의 성에 이르게 되면 십계명은 자네 마음에 기록될 것이라고."

그는 숨을 고른 뒤, 단어 하나하나를 리안의 심장에 새기듯 이어갔다.

"그때부터 그 법은 더 이상 바깥 돌판에 새겨진 글이 아니네. 자네 심장 안에서 살아 움직이는 법이 될 걸세. 그러니 순종은 억지가 아니라 기쁨이 되고, 계명은 짐이 아니라 동행이 되지. 자네는 말씀이 이끄는 길을 함께 걷게 되고, 그 안에서 하늘의 뜻을 따르는 일은 더 이상 억지나 두려움이 아니라, 자연스러운 삶의 방향이 될 것이네."

리안은 더 이상 눈물을 멈출 수 없었다. 그 눈물은 무너짐이 아니라, 오히려 살아남의 증거였다. 그는 떨리는 입술로 속삭였다.

"그 말씀 … 그분의 계명이 제 안에서 살아 숨 쉬게 되는 날이 오겠군요. 오직 그 말씀만을 사랑하며 사는 날이 …"

성주는 자리에서 조용히 일어나 리안의 어깨에 손을 얹었다. 그리고 확신으로 대답했다.

"그렇다네. 그 말씀이 자네의 생명이 될 것이네."

그는 리안이 붙들고 있던 모든 두려움을 풀어주듯 마지막 말을 천천히 맺었다.

"과거에는 율법이 외부의 명령이었기에 사람은 그 뜻을 지킬 수 없었지. 그러나 그 법이 자네 안에 새겨지는 순간부터는 달라지네. 그때 자네는 하늘의 뜻을 억지로 따르는 자가 아니라, 기쁨으로 순종하며 그분과 동행하는 자가 되지. 그래서 마침내 알게 될 걸세. 계명은 짐이 아니라 은혜였고, 억압이 아니라 자유였다는 것을 말일세."

성주의 말은 끝났고 거실은 조용했다. 창밖은 어느새 완전히 어두워졌고 실내의 불빛만이 잔잔히 내려앉아 있었다. 테이블 위에는 조금 전까지 먹던 말린 과일과 빵 부스러기들, 마시던 차의 흔적이 남아 있었고, 찻잔에서는 아직 은은한 향이 가시지 않았다.

리안은 고개를 숙인 채 숨을 고르게 내쉬었다. 계명에 대한 말씀을 나누는 동안 시간이 이렇게 깊어질 줄은 몰랐다. 그러나 피곤함보다 더 크게 남은 것은 마음속 깊은 울림이었다. 오늘 들은 말씀이 아직도 그의 안에서 조용히 움직이고 있었다.

성주는 찻잔을 내려놓으며, 모든 말을 마치려는 듯 낮게 말했다.

"시간 가는 줄도 모르고 많은 이야기를 나누었구만."

잠시 머물던 침묵 위로 그의 목소리가 다시 얹혔다.

"이제는 푹 쉬게. 오늘 들은 말씀을 마음에 품고 묵상하며, 그 안에서 자네의 영혼이 쉬기를 바라네."

리안은 고개를 깊이 숙여 인사를 올렸다.

"예, 성주님. 오늘 들은 말씀을 마음에 새기겠습니다."

그는 더 말을 잇지 않고 성주가 머무르던 거실을 나와, 자신이 머무는 방으로 향했다. 늦은 밤의 공기는 이미 가라앉아 있었고, 회랑을 따라 걸음을 옮길수록 오늘 들은 말씀이 오히려 또렷해졌다.

방에 도착한 리안은 창문을 열었다. 바깥은 고요했고, 어둠 위로 수많은 별들이 박힌 듯 반짝이고 있었다. 그 빛은 마치 그의 안에서 천천히 깨어나는 말씀의 숨결처럼 느껴졌다.

리안은 한동안 그 별빛을 바라보다가 조심스럽게 창문을 닫고 침대에 몸을 눕혔다. 눈을 감는 순간, 성주의 말이 마음 깊은 곳에서 다시 울렸다.

"그 법은 자네 안에서 살아 숨 쉬는 법이 될 것이네."

이번에는 붙잡으려 하지 않았다.

말씀이 그의 안에 고요히 머물고 있었고, 그는 그 안에서 잠잠해졌다. 세상의 소음은 멀어지고, 마음에는 설명도 판단도 없는 평안만이 남았다.

그렇게 리안은 말씀의 숨결 속에서, 깊고 조용한 잠으로 천천히 가라앉았다.

다음 이야기 …

이름 없는 왕

율법의 정 율법

성주로부터 십계명의 가르침을 들은 뒤, 리안은 다음 단계로 나아간다. 그 단계는 새로운 규칙을 더 배우는 과정이 아니었다. 오히려 율법 전체가 무엇을 말하고 있는지를 정리해 이해하는 과정이었다.

이 과정은 율법의 내용을 늘려 가는 이야기가 아니라, 율법이 어떤 구조로 이루어져 있는지를 드러내는 이야기였다. 성주와의 대화를 통해 리안은 한 가지를 깨닫는다. 율법은 단순히 행동을 규정하는 기준이 아니라, 하늘의 신을 삶의 중심에 두라는 질서를 선포하는 말씀이었다.

율법은 여러 갈래로 펼쳐져 있지만, 그 뿌리는 하나였다.

“하늘의 신을 마음을 다하고 혼을 다하고 힘을 다하여 사랑하라” 는 명령이 그 중심이었다. 이 사랑이 무너지면, 나머지 조항들은 형식만 남게 된다. 그러나 그 중심이 바로 서면, 율법은 억지로 지켜야 할 규칙이 아니라 삶의 방향이 된다.

리안은 성주와의 긴 대화를 통해 율법이 왜 주어졌는지를 배운다. 율법은 사람을 억누르기 위해 주어진 것이 아니라, 잘못된 중심을 드러내기 위해 주어졌다. 사람이 율법 아래에서 자기 의를 세우면 그것은 종교 체계가 되지만, 하늘의 신을 사랑하는 마음으로 율법을 붙들면 그것은 생명의 법이 된다.

따라서 다음 권에서 펼쳐질 이야기는 율법이 폐기되는 이야기가 아니다. 오히려 율법의 자리가 외부의 기준에서 성도의 중심으로 옮겨지는 과정을 다룬다. 율법은 밖에서 사람을 재는 도구가 아니라, 안에서 중심을 하늘을 향해 움직이게 하는 힘으로 작용한다.

이 과정을 지나며 리안은 분명히 알게 된다. 율법은 행위를 교정하는 것이 아니라 중심을 겨냥한다는 사실이다. 하늘의 신이 중심이 되지 않으면, 아무리 많은 조항을 지켜도 결국 자기 의로 돌아가게 된다.

그러므로 앞으로의 이야기는 율법을 더 많이 아는 과정이 아니라, 율법의 본질을 바로 세우는 과정이다. 십계명이 그 구조를 보여 주었다면, 이후의 전개는 그 구조가 삶 전체에서 어떻게 적용되고 열매를 맺는지를 드러낸다.

리안은 그 질서를 받아들이며 다음 길로 나아간다. 이제 그는 율법을 두려움으로 대하지 않는다. 그는 율법이 무엇을 요구하는지 알게 되었고, 그 요구가 사랑이라는 사실을 깨달았기 때문이다.